U0663591

本书为宁波大学浙东文化与海外华人研究院项目"日本浙籍华人调查与研究"

（课题编号：ZYJYS1206）最终成果

本书出版承蒙宁波大学浙东文化与海外华人研究院资助

郑乐静 著

温州人在日本

温籍华侨华人口述历史

ZHEJIANG UNIVERSITY PRESS
浙江大学出版社

图书在版编目(CIP)数据

温州人在日本：温籍华侨华人口述历史/ 郑乐静
著.—杭州：浙江大学出版社，2017.10
ISBN 978-7-308-17518-0

Ⅰ.①温… Ⅱ.①郑… Ⅲ.①华侨—历史—日本②华
人—历史—日本 Ⅳ.①D634.331.3

中国版本图书馆 CIP 数据核字（2017）第 250370 号

WENZHOU REN ZAI RIBEN

温州人在日本
——温籍华侨华人口述历史

郑乐静　著

责任编辑	杨利军	
文字编辑	仲亚萍	
责任校对	董　唯　张培洁	
封面设计	项梦怡	
出版发行	浙江大学出版社	
	（杭州市天目山路 148 号　邮政编码 310007）	
	（网址：http://www.zjupress.com）	
排　　版	杭州林智广告有限公司	
印　　刷	杭州钱江彩色印务有限公司	
开　　本	710mm×1000mm　1/16	
印　　张	18	
字　　数	313 千	
版 印 次	2017 年 10 月第 1 版　2017 年 10 月第 1 次印刷	
书　　号	ISBN 978-7-308-17518-0	
定　　价	54.00 元	

版权所有　翻印必究　印装差错　负责调换
浙江大学出版社发行中心邮购电话：(0571) 88925591；http://zjdxcbs.tmall.com

CONTENTS

目　录

下编　落叶归根抑或落地生根
——新华侨华人家族口述历史

绪　　论

第一节　研究缘起

近年来,"口述历史"越来越受到学术界的重视。口述历史是什么？它是由准备完善的访谈者,以笔录、录音等方式收集、整理口传记忆以及具有历史意义的观点的一种研究历史的方式。[①]

中国学者关于"口述历史"概念的界定存在不同的观点。钟少华认为：口述历史是受访者与历史工作者合作的产物,通过人类的语言,利用科技设备,把双方合作谈话的录音作为口述史料,将录音整理成文字稿,再经研究加工,可以写成各种口述历史专著。杨祥银则更广义地将口述史学定义成是运用一切手段(包括现代科学技术手段)收集、保存和传播即将逝去的声音,然后整理成文字稿,并对这些口述史料进行研究的历史学分支学科。[②]

口述历史正是由于其不同于以往只重视政治史、精英史、军事史等上层社会声音的研究传统,把研究的焦点转向社会底层和普通大众而日益受到研究者的青睐。口述史学作为历史学的一门重要分支学科,自20世纪中叶在美国兴起以来,在世界各地迅速发展起来。

中国的口述历史研究起步晚于欧美学界,到20世纪80年代才兴起。进入90年代以后,逐渐有口述史著作问世。其中具有代表性的著作有钟少华的《早年留日者谈

---

① 定宜庄,汪润.口述史读本.北京：北京大学出版社,2011：1.
② 杨祥银.试论口试史学的功用和困难.史学理论研究,2000(3)：38.

日本》、张晓的《西江苗族妇女口述史研究》、定宜庄的《最后的记忆——十六位旗人妇女的口述历史》以及何天义主编的《二战掳日中国劳工口述史》等。① 这些研究多关注普通民众的日常生活,撰写自下而上的历史,促进了中国口述历史的发展。

然而,在华侨华人研究领域,由于受种种条件限制,运用口述历史手法的研究并不多见。中华全国归国华侨联合会于 2004 年启动老归侨口述历史研究工程,分别采访天津、山西、广西、海南、广东、福建的 300 余名老归侨,并在这些采访资料的基础上,出版了归侨口述录系列丛书:《回首依旧赤子情——天津归侨口述录》《风雨人生报国路——山西归侨口述录》《蹈海赴国丹心志——广西归侨口述录》《椰风蕉雨话侨情——海南归侨口述录》《岭南侨彦报国志——广东归侨口述录》《八闽侨心系故园——福建归侨口述录》,②真实展现了归侨们的心路历程和爱国之情。此外,《"猪仔"华工访问录》③是基于 1963 年由中山大学和厦门大学组成的调研组在广东省阳江县(今阳江市)农场对近百名契约华工的采访调查整理而成,为我们提供了研究契约华工历史的宝贵的一手资料。

上述这些归侨口述录作为华侨华人口述历史的一个尝试,在弥补文字史料的缺失、丰富侨史研究方面有着重要的意义。由于受时间和经费等条件影响,以往的华侨华人口述录大都是在国内进行访谈。黄晓坚等编写的《从森林中走来——马来西亚美里华人口述历史》是为数不多的走出国门、由作者亲自在海外现地采访华侨华人的口述史研究。访谈对象既有精英阶层,亦兼顾普罗大众,讲述了一个个移民家庭的悲欢离合,为我们了解美里华侨华人历史打开了一扇窗。④

而笔者开始关注日本的温州籍华侨华人群体缘起于多年前在东京的一场偶遇。

笔者祖籍浙江省温州市,于 2004 年赴日留学。2007 年冬天里的一天,笔者在东京街头偶遇一位日本老人,当他得知笔者是来自温州时,深深地鞠了个躬,说道:

① 钟少华.早年留日者谈日本.济南:山东画报出版社,1996;张晓.西江苗族妇女口述史研究.贵阳:贵州人民出版社,1997;定宜庄.最后的记忆:十六位旗人妇女的口述历史.北京:中国广播电视出版社,1999;何天义.二战掳日中国劳工口述史.济南:齐鲁书社,2005.

② 林晓东,张秀明.回首依旧赤子情:天津归侨口述录.北京:中国华侨出版社,2007;林晓东.风雨人生报国路:山西归侨口述录.北京:中国华侨出版社,2007;林晓东.蹈海赴国丹心志:广西归侨口述录.北京:中国华侨出版社,2008;林明江.椰风蕉雨话侨情:海南归侨口述录.北京:中国文史出版社,2008;林明江.岭南侨彦报国志:广东归侨口述录.北京:中国文史出版社,2008;林明江.八闽侨心系故园:福建归侨口述录.北京:中国文史出版社,2008.

③ 刘玉遵,黄重言,桂光华,等."猪仔"华工访问录.广州:广东人民出版社,2016.

④ 黄晓坚,陈俊华,杨姝,等.从森林中走来:马来西亚美里华人口述历史.广州:广东人民出版社,2014.

"对不起。"对于老人的这一举动,笔者一头雾水,不知所措。老人说:"第一次世界大战后你们温州山区的人来东京做苦力,不幸遇难了,我为这件事情向你们温州人道歉。"那一刻,笔者为自己身为在日温州人的一员却不知道自己祖辈的历史而感到羞愧。于是从那以后,笔者就开始潜心研究日本的温州籍华侨华人群体。当笔者于 2009 年拜访日本温州总商会,希望能在调研方面得到他们的协助时,会长林立先生马上表示非常支持。林会长说总商会很早就开始酝酿建立"在日温州人档案",只是商会事务繁忙,尚未有专职人员来做此事。在会长的协调下,总商会成立了"在日温州人华侨史编写委员会",由笔者及其他 3 位在日温州人负责调研、收集资料等工作。2015 年,《温州人在日本——温籍华侨华人口述历史》作为"日本浙籍华人调查与研究"项目的组成部分,得到了宁波大学浙东文化与海外华人研究院的大力支持。从 2009 年至 2015 年,笔者走访了近百名活跃在各行各业的在日温州人,聆听他们的故事,记录他们的生活。

　　本书选取了不同行业、不同时期赴日的 32 位温州人的口述,试图原汁原味地展现温州人在日本的奋斗历程。由于记忆的不可靠性,口述历史的真实性和准确性一直以来受到学界的各种质疑。笔者采取口述材料和其他资料相互佐证的方法,在尽量真实再现采访录音内容的基础上,对口述的失真失实之处、记忆偏差之处以及谈话中所出现的相关历史事件背景加以适当的校正性注释。口述多为口语表达,整理时尽量保留其原汁原味,仅修改语病、口误等不当之处。本书的采访使用温州方言、普通话和日语进行,采访稿则统一用汉语表述。基于研究伦理,本书对部分人名、学校名、企业名及地名做了匿名处理。另外,为便于分析,本书对部分日本机构、法规、政策等的日语名称予以保留,不做翻译,仅在需要时加注说明。由于本人学识有限,书中有诸多不足之处,恳请读者给予批评指正。作为第一部日本温州籍华侨华人口述录,虽囿于本人水平与精力,不能全面涵盖各行各业,但仍希望拙稿能起抛砖引玉之效,殷切地期待海外华侨华人的口述历史研究能在更广和更深的层面上展开。

第二节　日本温州籍华侨华人社会变迁简史①

　　温州地处浙江省东南沿海,是中国著名的侨乡之一。据 2015 年温州市基本侨

---

　　①　由于丽水市青田县在历史上曾一度隶属于温州,谈到温州华侨华人史就不能不提到青田人,因此本书中的温州华侨华人不专指现在的温州市的华侨华人,还包括青田县的华侨华人。

情调查①显示,温州市是浙江省内海外华侨华人最多的城市,共有68.89万人,占34.1%。也就是说在海外的浙江籍华侨华人中,每3个人中就有1个温州人。温州人侨居海外的历史最早可以追溯到北宋咸平元年(998年),温州人周伫随商船赴高丽经商,成为温州华侨的先驱。② 移居海外的温州人在中华人民共和国成立之前只有3.5万人,改革开放前也仅5万人,现今的海外温州籍华侨华人主要是改革开放以后移民的新侨,占总人数的85%以上。温州籍华侨华人在海外呈现"全球分布,地区集聚"的特点,80%左右聚居在欧洲和美国。

《温州华侨史》将第一次世界大战以后的温州华侨华人史分为三次高潮期。③第一次移民潮始于一战后至1923年。其主要移居地为日本,移居者以永嘉、瑞安等地的山区农民和手工业者为主,主要在日本从事搬运煤炭、修筑铁路等体力劳动和青田石等小商品的贩卖活动。第二次移民潮是从1929年至1937年。由于1923年日本发生了关东大地震,在地震后的混乱中温州劳工惨遭日本军民屠杀,大部分幸存者被遣返回国。大屠杀的消息传到温州后,由于对日本怀有巨大恐慌心理以及日本排斥华工的政策日趋严厉,温州人转向赴东南亚和欧洲谋生。在东南亚的温州人中,一部分人从事木工行业,一部分人则在橡胶园、矿山等地做工。去欧洲的温州人以行商为主。因国际形势巨变,日本侵华战争以及第二次世界大战的爆发,此次移民潮的持续时间也不长,很快走向低谷。第三次移民潮出现在改革开放以后,温州人走向世界各国。此次移民潮中的出国人员构成以及出国目的等均不同于之前两次以劳工和小商贩为主的移民潮。继承家业、家族团聚、海外创业、国际婚姻等移民动机占多数。

纵观温州华侨华人史,不难发现,日本因地理位置相近而颇受温州人青睐。温州地区出现的第一次出国热就是涌向日本。另外,近年来随着旅欧温州人的规模和影响力日益增强,温州移民现象引起了国内外众多学者的高度关注,④学界掀起了一股旅欧温州人研究热,然而却鲜有学者研究旅日温州人群体。是什么原因造成了今日的旅日温州人群体与旅欧温州人群体如此不同?

---

① 唯敏.温州侨情详细数据新鲜出炉.温州日报,2015-01-08(11).
② 温州华侨华人研究所.温州华侨史.北京:今日中国出版社,1999:23.
③ 温州华侨华人研究所.温州华侨史.北京:今日中国出版社,1999:16-17.
④ 关于旅欧温州人的研究请参照:李明欢."相对失落"与"连锁效应":关于当代温州地区出国移民潮的分析与思考.社会学研究,1999(5):83-93;王春光.巴黎的温州人:一个移民群体的跨社会建构行动.南昌:江西人民出版社,2000;徐华炳.区域文化与温州海外移民.华侨华人历史研究,2012(2):44-52;夏凤珍.互动视野下的海外新移民研究:以浙江侨乡发展为例.北京:中央编译出版社,2013.

笔者试将日本的温州籍华侨华人史划分为四个时期：萌芽期（19 世纪以前）、繁荣期（20 世纪初至 1923 年）、低迷期（1924 年至 1977 年）和新时期（1978 年至今）。

（一）萌芽期（19 世纪以前）

自古以来，中日两国一直保持着经济文化交流。日本学界一般认为日本的华侨华人社会开端于 16 世纪下半叶的长崎开港（1571 年）。[①] 1635 年，德川幕府发布第三次锁国令，禁止日本人出国，同时也禁止外国人来日本进行贸易，唯独中国人与荷兰人例外，并限定长崎为唯一的贸易口岸。到 17 世纪上半叶，日本的长崎已经形成以"唐四寺"[②]为核心的早期华侨华人社会，主要由贸易商人、船主、船员、僧侣、儒士等组成。浙江人作为当时的华侨华人社会的主要同乡团体——三江帮的重要成员，从日本华侨华人社会形成伊始，就非常活跃。而关于温州人是何时到日本的，并无定说，只能在文献资料中找到些零星记录。

据《温州华侨史》记载，在唐代，温州和日本以文化交往为主，贸易往来次之，从温州运往日本的物品主要是经卷、佛像、佛画、书籍、药品和香料。宋元时期，温州造船业的发展，进一步促进了与日本的贸易活动。从元末明初至 1632 年，倭寇不断侵扰温州沿海长达 260 多年。进入清朝，由于海禁、迁界等严格的闭关锁国政策的推行，沿海地区的人们被严禁出海。温州人移居海外被迫中断。[③]

（二）繁荣期（20 世纪初至 1923 年）

到 19 世纪末为止，移居海外的温州人以进行经济文化交流的个体移民为主，而大规模的集体移民始于一战前后，其主要去向国就是日本。

随着日本经济变动和移民政策的调整，在这一时期温州人在日本经历了一个大起大落的历史变迁进程，笔者又将其分为三个阶段：形成阶段（一战结束以后至

---

① 关于日本华侨华人社会的出现，日本学界有两种观点，一种观点认为形成于 16 世纪下半叶的长崎开港（1571 年），另一种观点认为形成于 19 世纪下半叶的日本开国（1854 年）。過放.在日華僑のアイデンティティの変容——華僑の多元の共生.東京：東信堂,1999：21.

② 1612 年，日本政府实行禁止天主教政策，早期的旅日华侨华人为了表明信仰，免受株连，纷纷兴建寺庙。1623 年三江帮（江西、浙江和江南，江南即现在的江苏和安徽）建造兴福寺，1628 年泉州、漳州帮建造福济寺，1629 年福州帮建造崇福寺，1678 年广州帮建造圣福寺，统称"唐四寺"。这些寺庙不仅是华侨华人举行宗教活动的场所，也起着联系同乡，丧葬祭祀，调解仲裁的重要作用。

③ 温州华侨华人研究所.温州华侨史.北京：今日中国出版社,1999：21-25.

1921 年)、兴盛阶段(1922 年至 1923 年 8 月)和衰退阶段(1923 年 9 月以后)。

1. 形成阶段(一战结束以后至 1921 年)

一战期间,日本资本主义工业得以迅猛发展,工厂和企业普遍缺乏劳动力。而此时的温州地区,由于战乱和苛捐杂税,民众正生活在水深火热之中。特别是瓯海、瑞安等地的部分山区,由于可耕地面积极少,当地的山农大多以种植番薯为生。据《温州华侨史》记载,瓯海区老归侨陈崇帆说:"我去日本谋生之前,全家十几口,仅有两亩山田与 1000 株番薯藤园,终年劳作,不得温饱。"①当得知日本有赚钱机会时,这些穷苦的温州农民和手工业者为了生计,纷纷踏上了东渡日本的轮船。温州人之所以选择日本,除了中日经济差距之外,主要还有以下三个原因。

其一,日本政府根据相互主义原则,自 1918 年起对中国人入境实施免持护照或国籍证明的政策。1918 年 1 月 24 日,日本政府颁布了内务省令第一号《有关外国人入国的规定》。② 由于当时的中国政府对日本人进入中国境内免除其出示护照或者国籍证明,因此日本政府根据相互主义原则,在该省令中明确规定给予进入日本境内的中国人同样的待遇。该规定的出台,为中国人东渡日本提供了政策层面的便利性和可行性。据笔者采访的一位旅日温州老华侨回忆:"我爷爷来日本那时和现在不一样,不需要护照。只要和在日本的人联系上,买张船票就能过来了。"③

其二,相比去欧洲而言,赴日费用不高,且相对安全。当时从中国到日本的船票约为 10 至 15 银元,仅为去欧洲的船票的 5%,④一般民众都负担得起。一位旅日归侨说:"当年东渡日本谋生,旅费并不高,只要卖两分半山田或者一头牛就够用。"⑤另外,航行途中的安全性也是需要考虑的要素之一,正如一位旅日老华侨的孙子回忆:"在我爷爷那个年代,比起去欧洲,来日本更安全。"⑥在那个以轮船为主要长途交通工具的年代,航海具有一定的危险性,所以温州人首选地理位置近、航程时间短的日本作为其谋生地。

---

① 温州华侨华人研究所.温州华侨史.北京:今日中国出版社,1999:30.

② 外国人入国二関スル件.官報,第 1641 号,1918-01-24.

③ 摘自笔者于 2010 年 1 月 23 日在东京都采访旅日浙江籍老华侨第二代 P 氏的访谈笔记。

④ 比如,当时上海至神户的船票为 13 元 5 角至 15 元 4 角.申报,1923-07-17.

⑤ 温州市政协文史资料委员会,浙江省政协文史资料委员会.东瀛沉冤.杭州:浙江人民出版社,1995:6.

⑥ 摘自笔者于 2009 年 11 月 26 日在静冈县采访潘鸿江的访谈笔记。

其三，赴日中介服务业兴盛。由于市场需要，上海和温州地区出现了专门将温州人送至日本的"包客"。在上海，一般是通过商店或旅馆店员，宣传在日本行商如何能赚钱，募集到大批赴日卖雨伞等日用品的温州人。包客在包办一切赴日手续的同时，收取不菲的费用。"上海至门司的三等船票为10块半银元，但是应征者每人必须支付14银元，其中的3块半为手续费。"①为了招募劳工，一些日本工头和中国工头联手直接在温州设立劳工招募点进行招工。他们夸大宣传，说在日本有大量工作机会，待遇优厚，以此召集了大批劳工。但是由于日本的移民政策不允许非熟练劳动力入境，所以这些包客让劳工佯装成小商贩混入日本境内，与此同时收取昂贵的费用。②

就这样，一批又一批的温州山区农民和手工业者怀着各自的"日本梦"踏上东渡之路，在异国他乡开始了他们的奋斗史。

2. 兴盛阶段（1922年至1923年8月）

温州人主要从门司、大阪、神户、横滨、名古屋等港口上岸，其总人数在1922年达到顶峰。据《晨报》数据显示，1922年旅日温州劳工和小商贩多达5000余人，③而当时的旅日中国人总数仅为16936人。由此可见，旅日温州人总数约占旅日中国人总数的30％，成为举足轻重的一大移民群体。由于日本学术界将华工排除在华侨华人研究领域之外，所以，旅日中国人总数很有可能并未将温州劳工的人数包含在内。倘若如此，那么1922年在日中国人总数应为21936人左右，温州劳工和小商贩所占比例虽降至20％左右，但依旧是个不小的数字。

这个时期赴日的温州人多以青壮年男子为主。《共济》中附有一张老妇人照片，底下注明："华工中本无女子，此老妇因寻儿子只身来日，其冒险精神大可表彰。"④可见，在那个年代携带家眷出国者几乎没有。

温州人主要作为劳工和小商贩在日本谋生。小商贩大多贩卖雨伞、青田石等浙南特产小商品。其中有些人因所卖商品销路不好，改卖六神丸、人参糖、樟脑丸、

---

① 福冈县知事安河内麻.渡来支那人二関スル件.大正十二年10月2日,高秘第20956号,日本外務省外交史料館蔵,外務省記録 MT.3.9.4.121：443-444.

② 大阪府知事土岐嘉平.不正入国関係支那人二関スル件.大正十二年7月23日,高秘第□167号,日本外務省外交史料館蔵,外務省記録 MT.3.9.4.121：308-310.

③ 晨报,1923-12-07.

④ 中华民国侨日共济会.共济,1923：9.

草鞋、钱包以及自来水笔等。[①] 他们大多是采取提篮叫卖的形式,分散在日本各地,在长崎、门司、神户、大阪、名古屋、东京,甚至是北海道都能见到他们的身影。最兴盛的时候,其人数多达 3500 人以上。[②]

值得一提的是,小商贩和劳工的职业划分并非是一成不变的。许多小商贩由于生意好,到日本后商品很快就售罄,在等待商品从中国运来的时候,也会加入劳工队伍。或者有些人经商不利,干脆从事体力劳动,糊口谋生。所以,华工中有一部分是由小商贩转变而来的。

而大部分去日本的温州人是以从事体力劳动为主的劳工。20 世纪 20 年代初,随着日本城市化发展,铁路、港口、电信、水利等工程建设需要大量劳动力,为华工提供了诸多就业机会。他们从事的工种主要为挑煤工、挖土工、工厂工和杂工等。除了能吃苦耐劳之外,低廉的工资也是温州劳工容易获得工作机会的原因之一。1922 年至 1923 年,华工的日工资约为 2 日元,比日本劳动者低 20% 至 30%。[③] 比如,挑煤工的工作时间是早上 7 点至晚上 5 点,日工资为 1 日元 70—80 钱至 3 日元 40—50 钱不等。仅在东京一处,从事挑煤的华工人数多时达 900 人。挖土工的日工资为 2 日元,被中国工头扣去 70—80 钱,实际所得为 1 日元 20—30 钱。工厂工一般在铁工厂、玻璃工厂、镀金工厂、铅笔工厂和自来水笔工厂等处工作,其人数在 300 人以上,月工资为 40—50 日元。另外,失业者或者无固定职业者,会去从事拉车、修路等不固定的工作,统称为杂工,人数不多。[④]

劳工主要分布在东京、神奈川、名古屋、兵库等地方。而且在各个城市中,他们又多群居在工地附近的贫民窟。比如在东京,他们主要聚居在南千住町、三河岛町和大岛町等地。其居住环境非常恶劣,往往是 10—15 人挤在一间屋里,一天的房费加其他费用为 0.15—0.18 日元。[⑤]

旅日华工群体规模的不断壮大,引发了一系列问题。首先就是和日本劳动者之间的利益冲突。日本从 1920 年起发生了严重的经济危机。特别是 1922 年

---

① 中华民国侨日共济会.共济,1923:13-14.

② 温州市政协文史资料委员会.浙江省政协文史资料委员会.东瀛沉冤.杭州:浙江人民出版社,1995:40.

③ 阿部康久.1920 年代の東京府における中国人労働者の修業構造と居住分化.人文地理,1999(51):32.

④ 中华民国侨日共济会.共济,1923:11-12.

⑤ 大阪府知事井上孝哉.支那労働従事者ニ関スル件.大正十二年 1 月 20 日,外秘第 432 号,日本外务省外交史料馆藏,外務省記録 MT.3.9.4.121:645-660.

以后,日本国内的兵工厂、造船厂等纷纷出现了大量失业者。许多日本劳动者将失业或者害怕失业的情绪转向了华工。他们认为,正是华工以低廉的工资,夺取了他们的工作机会。因此,日本各地相继爆发了多起日本劳动者和华工的冲突事件。比如,1922年10月,东京隅田川沿岸的300余名搬运工聚集到警视厅外事课请愿,要求遣返他们的竞争者华工;1923年5月,东京本所深川的工头对他所负责地区的工厂提出要求,要求工厂不要雇佣华工来搬运煤炭;1923年7月,在千叶县北总铁道株式会社从事铺设铁路轨道工作的日本劳动者集体发起了驱逐华工的运动等。①

虽然华工也是日本华侨华人社会的重要组成部分,但是他们和当时主流的华侨华人社会处于一种互不干涉的平行状态,被置于边缘地位。而在整个日本社会,他们又生存在职业构造的最底层,不时面临着来自周围的歧视和排斥。因此,当经济危机发生时,孤立无援的华工便成了替罪羔羊,他们的切身利益受到严重侵犯,急需一个属于他们自己的社团组织为其维权。但是华工们每天为了生计而奔波,遇到不公平待遇多采取忍气吞声的方式息事宁人。加之华工文化水平不高,在组织社会运动方面毫无经验,因此迟迟没有组建任何社团。所幸,华工的处境引起了旅日中国留学生的注意。以王希天、王兆澄等人为代表的留学生为了改善华工的困难处境,竞相奔走,于1922年在东京设立了"中华民国侨日共济会",并在京都、大阪和名古屋设立分会,积极地开展对外交涉,保护华工华商权益。至此,旅日温州人终于有了属于自己的团体。

3. 衰退阶段(1923年9月以后)

温州人从一战后开始东渡日本,其人数一直处于上升趋势,加之1922年在旅日中国留学生的帮助下,加入了以维护华工华商权益为目的的中华民国侨日共济会,一个规模巨大的温州人社群在日本已然形成。但是,1923年9月的关东大地震却彻底改变了他们的命运。

1923年9月1日,日本发生了史无前例的关东大地震,给旅日温州人社群带来了重创。据统计,地震前在横滨的中国人大约有4600名,在东京的中国人大约有4500名。② 地震后,横滨的中国人中死亡和去向不明者达到2000多人,大部分幸

---

① 法政大学大原社会問題研究所.日本労働年鑑第四卷.東京:法政大学出版局,1923:403-404.

② 在东京的约4500名中国人中,约2000名为华工.本邦変災並救護関係雑件.日本外務省外交史料館蔵,外務省記録 I.6.0.0.5-2:98.

存者逃难到京都和大阪。而在东京的中国人却祸不单行,除了蒙受天灾之外,等待他们的是更加惨烈的人祸。日本军民趁地震后的混乱,对华工进行了集体屠杀。受害者中绝大部分正是来自温州地区的劳工。当时的温州旅沪同乡会向中国外交部提交的《日人惨杀温处侨胞调查表》①详细记载了受害者的姓名、年龄、出生地以及被害情况。在这场大屠杀中,遇难的温处籍②华工多达700多名。③

从1923年9月中旬开始,大地震的幸存者被陆续送回中国。据1923年11月1日的统计,到10月底为止,被送回的商人和劳工为3677名,学生以及其他身份者为454名,合计为4131人。④ 随着大批中国人的回国,1923年在日中国人总数也随之剧减到12843人。由此可见,曾作为旅日华侨华人社会的一大组成部分的温州籍华工华商社群,在关东大地震之后,或遭杀害,或被遣返,以1923年10月为限瞬间瓦解。

(三) 低迷期(1924年至1977年)

笔者根据所掌握的现有史料,尚未发现1923年的屠杀劳工事件之后,有温州人大规模移民日本的记录。⑤ 其原因何在? 笔者认为,这不仅与大屠杀所造成的恐慌心理有关,更重要的是日本排华政策的强化。

首先来看大屠杀后的恐慌心理。日本学者仁木富美子曾在20世纪90年代初深入旅日华工的祖籍地走访幸存者。在被问到为何后来不再有人去日本做工时,

---

① 「日人惨殺温处侨胞调查表1」(1923年11月8日)、「日人惨殺温处侨胞调查表2」(1923年12月6日)、「日人惨殺温处侨胞调查表3」(1924年5月5日)。今井清一,仁木ふみ子.関東大震災下の中国人虐殺事件.東京:明石書店,2008:625-663.

② 温州和处州,即现在的温州市和丽水市。

③ 关于死伤华工的人数,最早是由侨日共济会的王兆澄基于实地调查,公布于《民国日报》(1923年10月15—17日、20—21日)。仁木富美子于20世纪90年代初多次深入温州和丽水山区调查,增加了不少遗漏的遇难者信息。近年来,日本民间友好团体"关东大地震屠杀中国人劳动者追悼会执行委员会"发起了寻找温州、丽水及其他地区遇难者后裔的活动,又新增几名遇难者信息。

④ 变灾及救济关系杂件.日本外务省外交史料馆藏,外务省记录MT.6.3.1.8-17-17.另外根据资料的不同,被遣送回国的人数可能有一定的出入。据《温州华侨史》的统计,1923年9月17日到11月18日,被遣送回国的温州人为4445名。

⑤ 笔者在1923年10月之后的外务省记录中,依旧零星地发现了几件日本各地海关禁止温州籍华工入境的报告。虽然人数非常少,与地震前的几十人甚至上百人被禁止入境的规模无法相比,但是这些史料仍能说明,在地震的影响告一段落后,依旧有一些和日本尚有联系的小商贩以及有冒险精神的华工前往日本。

幸存华工告诉她："在那件事情之后,太可怕了,所以大家都不敢去日本了。"①经历过大屠杀的华工幸存者是九死一生才得以回国,所以很难想象他们自己以及同乡人还有勇气再次去往日本做工。

其次再看日本政府如何在政策层面加强排华力度,杜绝华工入境。1924 年 4 月,日本内务省警保局的一份报告书中介绍了日本各地政府判定华工禁止入境的一系列基准。② 其中的大部分判定依据偏指温州人,比如:依据一,出生地和入境后的去往地。根据以往的经验,温州人中体力劳动者为多,入境后去往大阪市冈町、东京三河岛町、名古屋御器所町等处的人多为劳工。依据二,外貌着装。体力劳动者一般体格比较健壮,肤色为浅黄或者黝黑,头发不干净。依据三,学历智力。劳工多为文盲,不会写自己的名字,即使佯装成商人,也不具备任何商业知识。依据四,携带物品。劳工一般会随身携带他们在日本生活所需的简易日用品,以及劳动工具。

从以上规定可以窥见,大地震后,日本各地均加强了限制华工入境的力度。因此,赴日的温州人也随之日益减少。特别是 1927 年的昭和金融恐慌和 1930 年的昭和恐慌后,日本陷入了严重的经济危机,对劳动力的需求骤减。而中日政局也发生动荡,1931 年的九一八事变、1937 年的卢沟桥事变引发大批旅日华侨华人回国避难。随着中日关系恶化,日本于 1939 年公布了内务省令第六号《关于外国人的入境、滞留以及遣返》,严格限制中国人入境。因此,从 1923 年 9 月至 20 世纪 30 年代,赴日的温州人越来越少,他们转向去东南亚和欧洲等地谋生。从 1930 年到 1939 年为止,移居日本的温州人仅为 48 人,而去往东南亚的为 346 人,去往欧洲的为 246 人。③

1949 年,中华人民共和国成立。但是日本政府在 1952 年与台湾当局签署了《日华和平条约》,承认"中华民国政府"是代表中国的合法政府。因此,直至 1972 年中日两国在北京发布《中华人民共和国政府和日本政府联合声明》,才结束了中日之间的不正常状态,正式建立外交关系。

---

① 摘自笔者于 2010 年 9 月 9 日在埼玉县采访仁木富美子的访谈笔记。仁木富美子(1926—2012),日本劳动运动家,曾担任"关东大地震受难华工悼念会"负责人、温州市山地教育振兴基金会副会长,致力于关东大地震后残杀华工事件研究。

② 内务省警保局外事课.支那人劳働者取缔状况.大正十三年 4 月.日本外务省外交史料馆藏,外务省记录 MT.3.7.1.5-1:1-24.

③ 温州华侨华人研究所.温州华侨史.北京:今日中国出版社,1999:63.

从 1949 年至 1978 年改革开放为止的近 30 年间,温州地区出国人数骤然减少,从大陆出国的仅数千人。① 虽然在国内外政治形势风云变幻的背景下,温州人出国受到种种限制,但依旧有不少人经由澳门、香港等地的非正式途径走出国门。② 笔者在对日本温州籍华侨华人的采访中也遇到了这样的事例。

潘进法于 1922 年和众多的同乡一起东渡日本。他先是从大阪上岸,在大阪逗留了一段时间。之后为了生计,潘进法一路贩卖雨伞、布料等,到了仙台。在仙台,他娶了一位日本妻子。之后,潘进法继续在日本各地行商,过着漂泊的生活。直到后来他到了静冈,决定在那里定居下来。潘进法为什么选择定居静冈,他的孙子潘鸿江回忆说:"静冈这里的天气跟温州差不多,是很温暖的一个地方。静冈是日本一个很温暖的地方。大概原因是这个吧。还有水好喝,主要是水。"

就这样,潘进法携着日本妻子在静冈定居了下来。由于第二次世界大战结束后,日本国内食物供给紧缺,而在日本的联合国、中立国以及无国籍的外国人,却能享受到食物特别配给制度(Special Food Rations for Foreign Nationals)。所以,潘进法一家的生活得到了保障,再加上做小商贩时所积累的资金,夫妻俩开了一家肉店。1947 年,潘进法关掉肉店,转向经营拉面店。

潘进法和日本妻子只养育了 2 个女儿。随着岁月的流逝,拉面店该由谁来继承这个问题开始困扰着年事日高的潘进法。潘进法和当时众多的老华侨拥有同样的传统观念——希望自己的家业由儿子来继承。其实潘进法出国前在温州已有家室,并养育了 3 个儿子、1 个女儿。由于大儿子在很小的时候,被洪水冲走,不幸遇难,所以潘进法希望把老二潘宝吉接到日本来继承家业。但是战后,中国和日本并没有建立任何外交关系,所以,潘宝吉无法通过正常的途径去日本。

潘进法在温州的家人都住在温州市的华侨新村。华侨新村里的住户均为和世界各地有着各种联系的华侨家眷。在中日邦交尚未正常化的年代里,帮助潘宝吉出国去日本的,正是住在华侨新村里的一个香港人。

---

① 温州华侨华人研究所.温州华侨史.北京:今日中国出版社,1999:102.
② 王春光在对巴黎的温州人的调查中也接触到不少转道香港去往欧洲的温州移民.王春光.巴黎的温州人:一个移民群体的跨社会建构行动.南昌:江西人民出版社,2000:68.

据潘鸿江回忆:"那时候,香港的温州人很多的嘛。是谁我忘记了,我们那个华侨新村里有一个香港的,很有名的人,是个老板,都是他帮忙的。"就这样,潘宝吉在这个香港人的帮助下,于1962年只身去了香港。在香港等待了1年多,潘宝吉终于拿到了香港护照,于1964年5月成功地到了日本。到日本后,潘宝吉继承了他父亲的拉面店。

由此可见,在中日两国无邦交的年代里,虽然有种种障碍,温州人移民日本的路径并没有完全断绝。虽然人数不多,但依旧有温州人途经香港等地移居日本。

(四) 新时期(1978 年至今)

随着1972年中日外交关系正常化以及1978年党的十一届三中全会决定实行改革开放政策,长期被关闭的国门终于再次打开,温州地区又掀起了新一轮的出国热,历久不衰,到今日依旧延续着。据2015年温州市侨情调查数据统计,温州有海外华侨68.89万人,其中文成县最多,有168598人,瑞安市159964人,鹿城区120760人,瓯海区119757人,永嘉县65808人,乐清市25890人,龙湾区11090人,苍南县8336人,平阳县6767人,洞头县(现洞头区)903人,泰顺县576人。温州市的归侨、侨眷、港澳同胞眷属340584人,归国留学人员和海外留学人员以及海外留学人员眷属共有37990人。①

温州籍华侨华人主要集聚于意大利、法国、荷兰和美国等国家,呈现"全球分布,地区集聚"的空间分布特点。虽然比起欧美各国来,日本不再是温州人的主要移居地,但是改革开放以后,赴日留学、工作、创业的温州人源源不断。现今,在日温州人大部分聚居在东京、横滨等地,主要从事餐饮、外贸等行业。以下从中日间友好交流事业、在日温州人社团等方面来概观日本温州籍华侨华人社会的现状。

1. 温州和日本两市的友好交流事业

温州和日本的石卷市及吴市是友好城市、友好港口。

1984年10月23日,温州市和日本宫城县石卷市缔结为友好城市。从1984年至1988年,两市政府间每年都进行友好互访,从1989年开始隔年互访。除了政府间的定期互访之外,两市人民还开展了丰富多彩的民间交流活动,如缔结海鲜产品

和农产品的贸易协定,开展中小学生交流会、乒乓球大赛等国际交流活动。其中最重要的是研修生①派遣项目的推行。温州市从 1991 年开始每年向日本派遣水产加工技术研修生,总人数合计 1200 多人。② 这些研修生大多在契约期满后回到了国内,也有一部分人重新去日本留学、探亲、工作等。

1986 年,温州市和日本广岛县吴市开始进行友好交流,同年 10 月设立了"吴·温州经济交流协会",1987 年 3 月成立了"温州·吴经济技术交流协会",开展了派遣研修生、中日两国高中生交流等活动(表绪论-1)。2001 年 5 月 3 日,在温州市正式缔结了两市的友好港口协定。

表绪论-1　温州市和吴市的友好交流

交流项目	交流次数/次	交流总人数/人
吴市访中团	17	360
温州市访日团	17	110
研修生派遣	9	186
吴市青年海外派遣研修团	9	80

资料来源:http://www.city.kure.lg.jp/kureintrod/wenzhou.html,最后浏览日期:2016 年 7 月 22 日。

其实早在两国缔结友好港口协定之前的 1974 年,吴市就已经开始接收第一批来自温州的研修生。至 2000 年的最后一批为止,一共 9 期,累计 186 人。③ 2001 年友好港口协定签订后,温州市和吴市共同企划了一系列项目,但是还没有任何进展。2001 年以后的友好交流活动主要以两市政府间的互访和初高中生的交流活动为主。

2. 日本的温州籍华侨华人团体

到 2016 年,在日本比较活跃的温州籍华侨华人团体是"日本温州同乡会"(以下简称"同乡会")和"日本温州总商会"(以下简称"总商会")。

日本温州同乡会成立于 1985 年(当时为"留日温州同乡会筹备会")。20 世纪 80 年代,在日温州人并不是很多,为了加强在日温州同胞间的沟通联络,潘宝吉、陈一夫、陈今胜等老华侨齐心协力在横滨创办了同乡会(图绪论-1)。潘宝吉担任

---

① 研修是日本《出入国管理及难民认定法》规定的外国人在留资格的一种,是指由日本公私组织接收,进行技术、技能、知识学习的活动。持有"研修"在留资格者称为"研修生"。
② 温州石卷两市握手二十五载.温州都市报,2009-10-13.
③ 摘自笔者于 2010 年 5 月 12 日采访日本吴市市役所(相当于中国的市政府)负责人的访谈笔记。

第一届会长。因他德高望重，乐于奉献，积极努力地为家乡和侨团做了许多工作，获得了温州人的信任，从1985年至2004年连任四届会长。2004年同乡会改选，陈今胜被全体同乡会成员一致推举为第五届会长。随着20世纪90年代以来，一批批温州人陆续来日求学、就业，陈今胜会长积极吸收新移民入会，将同乡会建设成以老华侨华人为基础、新华侨华人为主力、新老团结的侨团。另外，同乡会不仅仅局限于温州人，更是欢迎关心温州的友好人士入会。陈今胜邀请日本著名经济学家西口敏宏教授担任同乡会特别顾问。西口教授在日本的报刊上分析了温州经济成功的原因，大大提高了温州人在日本以及世界上的知名度。

图绪论-1　留日温州同乡会筹备会成立纪念照(1985年4月17日)

资料来源：2010年4月8日，日本温州同乡会会长陈今胜提供，照片上的字为同乡会成员后来所加。

随着中日两国经贸关系的快速发展，为了促进在日温州籍商人的合作交流，日本温州总商会于2000年5月7日在横滨应运而生(图绪论-2)。余建华被推选为第一届会长，连任三届。2006年，总商会改选吴晓斌为第四届会长；2009年8月，林立被推举为第五届会长至今。总商会以爱国爱乡、互帮互助、团结同胞、维护侨胞权益为宗旨，致力于促进在日温州籍经商者之间的交流，增进中日两国经贸团体的商务交流。商会荟萃了近十几年来的温州籍新华侨华人企业家，具有年轻化、知识化和实业化的特征。

林立作为总商会的创办人之一,回忆说^①:

当时全世界的温州人都在成立总商会,思考在当地怎么做生意。我想在日本也成立一个我们自己的会。因为以前有个同乡会,但是同乡会那时候还是在静冈的,也不怎么有活动,毕竟是老华侨潘宝吉在做的,我们也没怎么跟他们打交道。我们这一批都是最近 20 年过来日本的,算是新侨,新侨想在日本打下天地,包括我自己那时候也是从零开始的,同时总商会也是从零开始的。我的公司和总商会是同时起步的,我想能不能改变温州人在日本的生存方式。因为那时候(2000 年左右)在日本的温州人,做生意的不是很多,以开料理店为主,做贸易不多,这几年就多起来了……我一来日本(1999 年 11 月)就开始操作了。我一来就有这个想法,我们这 20 多个人大致想法一致,觉得挺不错的一个想法。真正的筹备工作也就半年时间吧,联系一些温州人,了解一下在日本的温州人在哪些行业以及他们的生存方式。那时候我们跑了很多地方,长野、静冈、东京这边的一些老华侨也都去跑了。因为我们需要一些人脉,所以需要跑很多地方。在这当中也认识了很多温州人,然后他们加入我们的理事会。

图绪论-2　日本温州总商会成立纪念照(2000 年 5 月 7 日)

资料来源:2009 年 12 月 27 日,日本温州总商会会长林立提供。

---

① 摘自笔者于 2009 年 12 月 27 日采访日本温州总商会会长林立的访谈笔记。

　　总商会成立后，分别成立了东京支部、横滨支部、静冈支部和长野支部，并定期发行会刊《日本温州总商会会员通信》（现已停刊）（图绪论-3），为会员提供总商会的事务活动情况、会员的事业奋斗状况、温州和中国国内快讯及商会与外界团体的往来消息。

图绪论-3　《日本温州总商会会员通信》

资料来源：2010年1月6日，日本温州总商会事务局长王平提供。

　　2004年，总商会应温州市政府聘请，成为温州市政府开放办"在日温州招商引资联络处"。2008年，应温州市政府聘请，又成为"日本温州投资促进联络处"。作为市政府的在日商务窗口，总商会充分利用一切资源，为家乡温州在日本招商引资做出了巨大贡献。

　　日本温州总商会经过10多年的共同努力和健康发展，在中日社会具有了一定的规模和影响。

　　除了上述的两个社团，在日本的温州人还成立了"日本温州妇女联合会"。该会于 2005 年 4 月在热海成立,成立伊始有会员 70 余人,以东京和横滨地区的温州籍妇女为主。徐琼丹担任第一届会长,蔡向宁任常务副会长。该会的成立旨在增进日本温州籍妇女相互之间的联系和友谊,更好地维护妇女的合法权益,同时为促进中日交流,为祖国和家乡的经济发展及公益事业做出贡献。近年来由于会长回国发展,该会的活动几乎处于停滞状态。

3. 日本温州籍华侨华人社会的现状

虽然关于日本的温州籍工商英才的报道经常见诸报端,但目前尚无关于日本温州籍华侨华人的统计数据,因而对于他们的出国路径、就学就业、在移居国的融入状况等仍然不得而知。为了把握在日温州人的状况,只能从零开始调查。

笔者于 2010 年和 2011 年,根据年龄、职业、赴日时期等条件,筛选了 52 名在日温州人进行问卷调查。

(1)年龄、性别

此次调查的温州人为 39 名男性,13 名女性,合计 52 名。30 岁以上的人占八成以上(表绪论-2)。

表绪论-2　调查对象的年龄、性别

年龄	男性/人	比例	女性/人	比例	合计/人	比例
19 岁及以下	0	0	0	0	0	0
20—29 岁	5	12.8%	5	38.5%	10	19.2%
30—39 岁	10	25.6%	3	23.1%	13	25.0%
40—49 岁	15	38.5%	1	7.7%	16	30.8%
50—59 岁	6	15.4%	2	15.4%	8	15.4%
60 岁及以上	1	2.6%	1	7.7%	2	3.8%
无回答	2	5.1%	1	7.7%	3	5.8%

注:本表"比例"列数据修约间隔为 0.1%。

(2)赴日时期

从表绪论-3 可以看出,改革开放后,温州人赴日时期以 20 世纪 90 年代前半期和 21 世纪头 5 年为高峰。1978 年及以前去日本的仅占 3.8%,几乎都是抱着家族团聚的动机出国的。随着改革开放政策的推行,到 20 世纪 90 年代为止,虽然赴日人数有所增加,但是不明显。90 年代受自费留学潮的影响,温州地区出国人数激增。2000 年以后,除了留学热潮的持续以外,IT 技术人员也加入到出国的队伍中。

表绪论-3　调查对象的赴日时期

赴日时期	男性/人	比例	女性/人	比例	合计/人	比例
1978 年及以前	2	5.1%	0	0	2	3.8%
1979—1985 年	3	7.7%	1	7.7%	4	7.7%
1986—1989 年	3	7.7%	0	0	3	5.8%
1990—1995 年	12	30.8%	3	23.1%	15	28.8%
1996—2000 年	3	7.7%	3	23.1%	6	11.5%
2001—2005 年	12	30.8%	3	23.1%	15	28.8%
2006 年及以后	4	10.3%	3	23.1%	7	13.5%

注:本表"比例"列数据修约间隔为 0.1%。

(3) 移居形式

移居日本的中国人,有一直定居日本的,也有通过日本去往第三国的,还有在中日两国间来回走动的。本次调查的温州人移居形式如表绪论-4 所示,71.2% 的温州人去了日本以后就定居在那里。而来回奔走于中日两国间的温州人为28.8%,他们大多为贸易商人,为了兼顾在中日两国的生意,两头行走。

表绪论-4　调查对象的移居形式

移居形式	男性/人	比例	女性/人	比例	合计/人	比例
定居日本	28	71.8%	9	69.2%	37	71.2%
中日两国间来回走动	11	28.2%	4	30.8%	15	28.8%
从日本去往第三国,又重新回到日本	0	0	0	0	0	0
其他	0	0	0	0	0	0

注:本表"比例"列数据修约间隔为 0.1%。

(4) 在日本的居住地分布

日本法务省对在日中国人的统计数据只详细到省级,所以无法知道有多少人来自温州,他们居住在哪里。但是可以尝试通过浙江省的总体情况把握温州人的大致状况。根据日本法务省 2011 年所公布的统计数据,在日本的浙江人总数为

13753 人,其中住在东京都的人数最多,有 3282 人,神奈川县排第二,有 1096 人,再次是大阪府 888 人,埼玉县 783 人。① 排名前十的都道府县里,四成以上居住在关东地区(表绪论-5)。在本次的温州人调查中也观察到同样的趋势。52 名温州人中,56%居住在东京都,13%居住在神奈川县,7%居住在埼玉县,6%居住在静冈县。

表绪论-5　浙江人在日本的居住地分布排名前十(2011 年)

排名	都道府县	人数/人
1	东京都	3282
2	神奈川县	1096
3	大阪府	888
4	埼玉县	783
5	爱知县	782
6	静冈县	748
7	千叶县	641
8	兵库县	515
9	岐阜县	490
10	大分县	388

资料来源:法务省「第 7 表　都道府県別在留資格(本籍地別)外国人登録者(その 1 中国)」『登録外国人統計　2011 年』,http://www.moj.go.jp/housei/toukei/toukei_ichiran_touroku.html,最后访问日期:2016 年 7 月 22 日。

(5)职业构成

52 名温州人来日本前的职业构成为学生最多,占 40.4%,公司职员 25.0%,厨师 7.7%,个体户 3.8%(表绪论-6)。来日本以后,随着居留年数的增加,原来的留学生或进入公司工作,或自主创业,温州人的职业构成发生了很大的变化。个体户占 51.9%,公司职员占 23.1%(表绪论-7)。其中个体户以开中餐馆者居多。

① 日本法务省的在留外国人统计从 2012 年开始不再根据外国人的籍贯地进行单独统计,因此无法获得 2012 年以后在日本的浙江人的统计数据。

表绪论-6　调查对象来日本前的职业构成

职业	男性/人	比例	女性/人	比例	合计/人	比例
学生	17	43.6%	4	30.8%	21	40.4%
公司职员	11	28.2%	2	15.4%	13	25.0%
个体户	1	2.6%	1	7.7%	2	3.8%
厨师	4	10.3%	0	0	4	7.7%
教师	1	2.6%	0	0	1	1.9%
医生	0	0	1	7.7%	1	1.9%
护士	0	0	1	7.7%	1	1.9%
其他	2	5.1%	1	7.7%	3	5.8%
无回答	3	7.7%	3	23.1%	6	11.5%

注：本表"比例"列数据修约间隔为 0.1%。

表绪论-7　调查对象来日本后的职业构成

职业	男性/人	比例	女性/人	比例	合计/人	比例
留学生	3	7.7%	2	15.4%	5	9.7%
公司职员	9	23.1%	3	23.1%	12	23.1%
个体户	23	59.0%	4	30.8%	27	51.9%
厨师	2	5.1%	0	0	2	3.8%
研修生	1	2.6%	1	7.7%	2	3.8%
医生	0	0	1	7.7%	1	1.9%
教师	1	2.6%	0	0	1	1.9%
其他	0	0	2	15.4%	2	3.8%

注：本表"比例"列数据修约间隔为 0.1%。

(6) 社交

从表绪论-8可以看出，温州人在日本的日常生活中和同乡的交往最多，占40.4%，其次是日本朋友占25.0%，同乡以外的中国人占23.1%。同乡和亲戚合起来高达59.6%，可见在日温州人的社交圈以温州人为主。但是在访谈中也遇到很多在日温州人为了更好地融入日本社会,跳出温州人圈子,积极地和日本人交往的事例。

表绪论-8　调查对象在日本的社交

社交对象	男性/人	比例	女性/人	比例	合计/人	比例
亲戚	6	15.4%	4	30.8%	10	19.2%
同乡	15	38.5%	6	46.2%	21	40.4%
同乡以外的中国人	8	20.5%	4	30.8%	12	23.1%
日本朋友	9	23.1%	4	30.8%	13	25.0%
中国同事	5	12.8%	2	15.4%	7	13.5%
日本同事	5	12.8%	2	15.4%	7	13.5%
同学	4	10.3%	2	15.4%	6	11.5%
其他	0	0	0	0	0	0
无回答	10	25.6%	0	0	10	19.2%

注:本表"比例"列数据修约间隔为 0.1%。

(7) 国籍

52 名调查对象中,取得日本国籍的仅有 15.4%,已经取得永久居留权的有 19.2%,保留中国国籍的占八成以上(表绪论-9)。

对于在日本的中国人来说,比起加入日本国籍,他们更加倾向于取得日本的永久居留权而保留中国国籍。这种趋势在本次的温州人调查中也得到了验证。随着在日本的生活日趋稳定,是获得永久居留权还是加入日本国籍,自然而然要提上议事日程。取得日本国籍的优势是可以免签去很多国家,在日本买房、办公司等方面也会比较便利;但是也有劣势,那就是必须放弃中国国籍,如果要在中国长期待着,还需要申请签证。因此,温州人比较倾向于保留中国国籍。关于不拿日本国籍的理由,他们是这样说的,"将来打算回国,所以明年我打算先申请'永住'[①]","待到 10 年,我就申请'永住'。我不想'归化'[②],因为'归化'必须放弃中国国籍,我不喜欢这样"。

---

① 永住(永住権)是指在日本居住的外国人虽然没有加入日本国籍,但可以在日本长久定居。

② 归化(帰化)是指在日本居住的外国人放弃原有国籍,加入日本国籍。

表绪论-9　调查对象的国籍

国籍	男性/人	比例	女性/人	比例	合计/人	比例
中国国籍(无永久居留权)	23	58.9%	10	76.9%	33	63.5%
中国国籍(有永久居留权)	9	23.1%	1	7.7%	10	19.2%
日本国籍	6	15.4%	2	15.4%	8	15.4%
无回答	1	2.6%	0	0	1	1.9%

注：本表"比例"列数据修约间隔为 0.1%。

(8) 对在日本生活的评价

把对在日本生活的评价分成五个等级进行调查,结果回答"普通"的人最多,占 36.5%。细听他们的感想,有人说："日本不是那么理想的地方。一开始很喜欢日本,但是长时间在这里,觉得这里的氛围很压抑。"也有人说："比起在中国来要辛苦点。看不到职业上的上升空间。"此外在日本感到幸福和很幸福的各占 25.0% 和 19.2%。就如一位调查对象所说的,"在日本生活,精神上很轻松。日本非常安全,孩子就算很晚回家也不用担心",日本生活的便利性和安全性吸引了很多温州人。(表绪论-10)

表绪论-10　调查对象对在日本生活的评价

对在日本生活的评价	男性/人	比例	女性/人	比例	合计/人	比例
不幸福	1	2.6%	0	0	1	1.9%
不太幸福	2	5.2%	1	7.7%	3	5.8%
普通	13	33.3%	6	46.2%	19	36.5%
幸福	11	28.2%	2	15.4%	13	25.0%
很幸福	7	17.9%	3	23.1%	10	19.2%
无回答	5	12.8%	1	7.7%	6	11.5%

注：本表"比例"列数据修约间隔为 0.1%。

现在,日本依据《出入国管理及难民认定法》[①](1951 年制定,后经多次修改,最新改定版为 2014 年 6 月 18 日的法律 74 号),赋予入境的外国人 27 种在留资格,根据不同的在留资格规定外国人在日本国内的活动内容和居留期限。按照外国人能否在日本就业,又可将这 27 种在留资格细归纳为四大类。(为便于后文引用和

---

① http://www.immi-moj.go.jp/tetuduki/kanri/qaq5.html,2016 - 07 - 22.

分析,此处保留日语汉字)

①可以就业的在留资格种类:外交、公用、教授、芸術、宗教、報道、高度専門職、経営・管理、法律・会計業務、医療、研究、教育、技術・人文知識・国際業務、企業内転職、興行①、技能、技能実習;

②不允许就业的在留资格种类:文化活動、短期滞在、留学、研修、家族滞在;②

③能否就业取决于指定的活动内容的在留资格种类:特定活動;

④就业无限制的在留资格种类:永住者、日本人の配偶者等、永住者の配偶者等、定住者。

其中温州人移居日本主要持有的在留资格有:高度専門職、経営・管理、技術・人文知識・国際業務、企業内転職、技能、技能実習、留学、研修、永住者、日本人の配偶者等、永住者の配偶者等、定住者。

本书就是在上述问卷调查的基础上,为了更深入剖析日本温州籍华侨华人社会的内部构成,根据在留资格的不同,有代表性地选取了各个行业的在日温州人进行了深入访谈,用他们自己的声音记录他们在日本工作生活的点点滴滴。本书的内容大致分为两大部分。"上编 离乡背土",着重讲述老华侨华人的家族史,记录了因继承家业而赴日的潘氏家族和林氏家族的团聚之路,分享了日裔中国人融入日本社会的心路历程。"下编 落叶归根抑或落地生根",聚焦于新华侨华人群体,以行业为主线,分述了研修生、就学生、留学生、IT技术人员、餐饮业从业者、商人等不同职业从事者的奋斗历程,并从温州籍侨领的访谈中,了解了日本温州籍侨团的发展过程和现状。

---

① 演艺、体育运动等活动以及其他的艺术活动。

② 持留学和家族滞在的在留资格者如要工作,需要另外申请资格外活动许可证。

上编 离乡背土

——老华侨华人家族口述历史

第一章

家庭团聚之路

如绪论中所述,早期的日本温州籍华侨华人社会兴起于一战之后,鼎盛于1922年,在1923年的屠杀华工事件之后走向衰退。大批温州籍劳工或在关东大地震后的屠杀事件中被杀害,或被遣送回国,仅有少数温州人留在日本继续谋生,他们多为在日本各地经营小本生意的行商贩。而在温州地区,幸存者们所描述的大屠杀的惨况给周围的人们带来了巨大的心理恐惧,20世纪20年代中期以后几乎很少有人东渡日本。因此,20年代中期至70年代可以被称为日本温州籍华侨华人史的低迷期。直至1972年中日两国建交和1978年改革开放政策的实施,温州地区才再度掀起出国日本热。

在日本温州籍华侨华人史的低迷期内,温州地区和日本之间的人员往来非常少,特别是1930年以后,相继发生了1931年的九一八事变、1932年的一·二八事变以及1937年的卢沟桥事变等,抗日战争全面爆发。中日关系的急速恶化,引发了大批旅日华侨华人的回国高潮。很多在日本的温州籍老华侨华人也在这股回国潮中携妻带子回到温州。随着中日战事的激化,政治局势日益严峻,回到国内的温州人很难再重新去往日本。

1945年8月15日,日本宣布无条件投降。1949年10月1日,中华人民共和国成立。之后,由于国内外政治、经济形势发生了重大的变化,在很长一段时间内,国家相关部门对审批归侨、侨眷的出国控制比较严格,因此出国人数不是很多。从中华人民共和国成立初期到1978年的近30年间,全国范围内共批准公民因私出国 21 万人次,平均每年 0.7 万人次。^① 据《温州华侨史》记载:1950—1978 年,经批准,以合法途径出国的人员中,文成县有 462 人,瑞安市丽岙镇有 209 人,永嘉县七都乡(今改为镇)有 928 人。他们中相当一部分人是经由香港、澳门出国的。^② 在这一特殊的历史时期,温州地区的海外移民有着几个显著的特征。第一,移民者以有海外关系的归侨和侨眷等为主。第二,出国动机多以继承家业为主。第三,由于没有足够的资本,在移居国仍旧以从事餐饮业和小规模贸易活动居多。本章第一节所提及的旅日华侨潘宝吉正是以继承父亲在日本的产业为由,于 1964 年去往日本,从经营餐饮业起步发家致富的。

1978 年 12 月,党的十一届三中全会召开,做出了实行改革开放的历史性决策,并出台了一系列侨务政策,放宽了对公民的出入境限制。1978 年,国务院批准执行《关于放宽和改进归侨、侨眷出境审批的意见》,规定凡申请理由正当,前往国家允许入境,均可予以批准。^③ 1982 年,国务院侨务办公室、国家人事局、国家劳动总局、财政部、公安部联合签发了《关于归侨、侨眷职工出境探亲待遇问题的通知》,该通知明文规定:"凡符合国家规定探亲条件和出境条件的归侨、侨眷职工,申请出境探亲,如前往国家和地区不拒绝或不限制我国公民入境,各地公安部门应尽快审批。"^④这一文件的颁布,极大地推动了侨乡广大归侨和侨眷出国探亲的积极性。

虽然国家相关部门出台了上述一系列便民政策,原则上公民的因私出国被解禁了,但实际上从 1979 年至 1985 年出国人员的出国原因仍然以家族团聚和公费留学为主,因私出国依然受到严格控制。1979 年到 1985 年的 7 年间,共批准公民因私出国 35 万人次,平均每年 5 万人次。^⑤ 随着 1985 年 11 月《中华人民共和国公

---

① http://www.shanxigov.cn/n16/n8319541/n8319627/n8329030/n8329165/n8331147/17821546. html,2016 - 07 - 22.

② 温州华侨华人研究所.温州华侨史.北京:今日中国出版社,1999:102.

③ 浙江省文成县外事侨务办公室.文成华侨志.北京:中国华侨出版社,2002:10.

④ 国务院侨务办公室,国家人事局,国家劳动总局,财政部,公安部.关于归侨、侨眷职工出境探亲待遇问题的通知.1982 - 04 - 09.[82]侨政会字第 011 号.

⑤ http://www.shanxigov.cn/n16/n8319541/n8319627/n8329030/n8329165/n8331147/17821546. html,2016 - 07 - 22.

民出境入境管理法》的颁布,①相关部门在放宽出境条件方面进行了一系列改革,在全国各地引发了新一轮的移民潮。在这样的政策缓和的大背景下,温州地区也同样掀起了出国热,1982—1983 年,温州市受理申请出国 5469 人,批准发放护照 4508 人,1984—1994 年经温州市公安局批准发放护照人数高达 71048 人,年均达 6000 人以上(表 1-1)。

表 1-1   温州市公安局批准发放护照人数统计表(1984—1994 年)

年份	批准发照人数/人	年份	批准发照人数/人
1984	4751	1990	8607
1985	5035	1991	7957
1986	4207	1992	8759
1987	7435	1993	7292
1988	4306	1994	5173
1989	7526		

资料来源:温州华侨华人研究所.温州华侨史.北京:今日中国出版社,1999:104.

如前所述,日本温州籍华侨华人社会在 20 世纪初迎来短暂的繁荣期后,随着中日两国关系恶化以及在冷战的国际大环境下,温州和日本之间的人员往来几乎处于停滞状态。即便如此,仍然有少数温州人赴日继承产业,续写着日本温州籍华侨华人社会的历史。在日本温州籍老华侨华人家族中比较有名的有静冈县的潘氏家族、东京都的潘氏家族、长野县的林氏家族、新潟县的徐氏家族等。其第一代移民大多是于 20 世纪 20 年代赴日谋生,从杂工做起,积累了一定的资金后,开设中国餐馆,在日本落地生根。在这些移民家族中,潘氏家族的影响力最为显著,他们不仅为温州籍华侨华人社会做出了巨大贡献,也为中日两国友好事业奉献了力量。

静冈县的潘氏家族的第一代移民潘进法,是 1922 年赴日谋生的老华侨。他从

---

① 《中华人民共和国公民出境入境管理法》于 1985 年 11 月 22 日第六届全国人民代表大会常务委员会第 13 次会议通过,1985 年 11 月 22 日中华人民共和国主席令第 32 号公布,自 1986 年 2 月 1 日起施行,于 2013 年 7 月 1 日废止。2012 年 6 月 30 日中华人民共和国主席令第 57 号公布,经第十一届全国人民代表大会常务委员会第 27 次会议通过的《中华人民共和国出境入境管理法》第 93 条决定,自 2013 年 7 月 1 日起施行《中华人民共和国出境入境管理法》,同时废止《中华人民共和国公民出境入境管理法》。

大阪上岸后,经历了从打杂工、贩卖雨伞到开肉店、小食堂、拉面店的艰苦而成功的创业道路。在那个年代,"两头家"的婚姻现象在久居海外的华侨中非常普遍。[①]潘进法到了日本以后,在仙台与日本女子结婚,养育了 2 个女儿。在他年逾古稀的时候,子承父业的中国传统思想在他脑海里越来越强烈,他希望生活在中国的儿子潘宝吉[②](与中国妻子所生)能来日本继承家业。于是潘宝吉经由香港于 1964 年来到静冈县沼津市。最初潘宝吉只是在父亲的餐馆里帮忙,1969 年他创办了"中商材料会社",经营中国材料。1977 年,潘宝吉接手父亲的餐馆,并将商号改名为"有限会社万来轩总本店"。潘宝吉不仅在事业上取得了巨大成功,而且热心于侨社公益。他于 1967 年开始相继担任静冈县华侨总会[③]理事、副会长、会长、名誉会长多年。随着赴日温州人的增多,在他的号召下于 1985 年 4 月在横滨市成立"留日温州同乡会筹备会",1987 年 4 月在川崎市正式成立"留日温州同乡会"[④]。潘宝吉被推选为会长,一直连任至 2004 年。潘宝吉不仅为侨团工作东奔西走,任劳任怨,同时他也十分热心家乡的公益事业。为了促进中日两国的友好交流,1982 年 9 月,他和其他华侨向静冈县的日本友人积极介绍家乡建设情况,促成浙江省与静冈县结成姐妹省县。至今为止,静冈县成功地接收了浙江省技术研修生 5 期,共 207 名;并于 1996 年接收了温州市赴日研修生 85 名。此外,潘宝吉还为促成浙江省水产企业单位 170 名人员赴日学习水产技术做了大量工作,在其中发挥了重要作用。[⑤]

潘宝吉的赴日开启了其在中国的家族成员的链条式移民。潘宝吉的妻子和子女也相继于 1974 年和 1977 年前往日本。潘宝吉的弟弟潘宝元一家也于 20 世纪 70 年代末陆续移居日本。现在潘氏家族的大多数成员均定居于日本。本章的第一节至第三节正是笔者对静冈县的潘氏家族成员进行的访谈。

长野县的林氏家族在日本的侨界也颇有名气。其第一代移民林恒吉先于

---

① "土人妇常居南洋,发妻常居故乡,因此平常家庭并无冲突。……两头家盛行于侨外较久的华侨,因久在南洋的人,容易与家乡疏远,且因经济比较充裕,可以再娶。"陈达.南洋华侨与闽粤社会.北京:商务印书馆,1938:154-161.

② 潘宝吉,男,1930 年出生于永嘉县西岸乡下寮村(现属鹿城区),2007 年 5 月 31 日在日本病逝,享年 77 岁。

③ 静冈县华侨总会,成立于 1943 年,周银昌、潘进法等为当时的发起人。1943—1967 年周银昌任会长,潘进法任副会长。1967 年潘进法之子潘宝吉当选为理事,1984 年开始历任副会长、会长、名誉会长。潘宝吉之子潘鸿江自 1995 年开始当选理事,2000 年当选副会长,2008 年当选会长至今。

④ 现改名为"日本温州同乡会"。

⑤ 潘宝吉:桑梓情深.http://www.wzqw.gov.cn/view.jsp? id0=z0gkrwktjh&-id=z0gliuqnnl,2016-07-22.

1920 年赴朝鲜谋生,1922 年转至日本,先后开设中餐馆、煤炭店等。1973 年,林恒吉之子林叶通(1939 年出生,温州市瓯海区人)抵达日本时,其父的中国饭店已经严重亏损。林叶通重振父业,生意兴隆。次年又开设了分店,取名"上海轩饭店"。林叶通来日后,一直热心于长野县当地的华侨社团活动。1987 年被推选为长野县华侨总会会长以来,他为团结旅日华侨、促进中日友谊做出了巨大贡献。2006 年 10 月 4 日,林叶通在长野市民医院病逝,享年 67 岁。

本章的第四节正是笔者对林叶通次子林洪金的采访。

此外,和静冈县的潘氏家族有着亲戚关系的东京都潘氏家族,同样比较成功地融入了日本主流社会。潘岩法①于 1923 年东渡日本,以贩卖雨伞为生。同年 9 月,日本关东地区发生了大地震。他回忆说地震后在神奈川县的川崎市,"黄天,黄天(温州话:救命的意思)"的喊叫声不绝于耳。② 地震后,潘岩法随着大批温州人一起被遣送回国。事态平息后,因对大地震以及地震后的屠杀事件心有余悸,温州地区再度去往日本的人很少,但不是完全没有。有些温州人因在日本有产业等,于 1924 年开始又陆陆续续去往日本。潘岩法就是其中一员,他于 1926 年再次东渡日本,次年到其堂叔潘红光的面店里当服务员。1928 年,他独立创业,在静冈县田方郡大仁町开了家小面馆。1930 年他与日本女子结婚,先后生育了五男一女。1945 年冬,潘岩法将面馆从大仁町迁到东京。1949 年,他开始经营旅馆业,生意兴隆。作为"留日华侨浙江同乡会"③的发起人之一,潘岩法历任理事、副会长、会长(1980—1988 年)、顾问。潘岩法在热心同乡侨团事业的同时,也积极参与其他在日华侨华人社团的活动。他同时兼任了东京华侨总会理事、顾问等职。潘岩法虽身在海外,却时刻关心祖国建设和家乡公益事业。1977 年,潘岩法率领由浙江同乡会的 43 名成员组成的访中团,回到家乡和祖国各地探亲参观,受到了热烈的欢迎。他多次在温州捐资修桥铺路,和其他国家的温籍侨胞一起奔走呼吁创办温州华侨中学④,被聘为温州华侨中学名誉校长。⑤

---

① 潘岩法,男,1901 年出生于永嘉县西岸乡(现属鹿城区)。

② 仁木ふみ子.関東大震災中国人大虐殺.東京:岩波書店,1991:69.

③ 留日华侨浙江同乡会,1968 年 7 月 18 日成立于东京,林三渔任第一届和第二届会长,1972 年改选钟永义为会长,潘岩法、张珑堂和李国雄为副会长,1980 年改选潘岩法为会长,林三渔、刘京荣、徐宝根任副会长。陳焜旺.日本華僑・留学生運動史.東京:日本華僑華人研究会,2004:616 - 625.

④ 温州华侨中学,现改名为温州华侨职业中等专业学校。1957 年,在温州归国侨胞和海外温籍华侨华人的积极提议下,温州华侨中学的创办得到了温州市人民政府的批准。

⑤ 温州华侨华人研究所.温州华侨史.北京:今日中国出版社,1999:120.

潘岩法之子潘桂华和父亲一样,热心于服务华侨华人社会。1941 年,潘桂华毕业于日本明治大学文学部。融合了中日两国文化的他,在用一腔热血回报祖国的同时,也积极为日本当地的建设贡献自己的力量。他担任了日本全国旅馆业环境卫生同业组合联合会会长、日本食品卫生协会会长、全国生活卫生同业组合中央会理事长、日本温州同乡会顾问等职。2007 年,日本政府为了表彰潘桂华在环保、卫生、旅游等方面做出的突出贡献,授予他"蓝绶褒章"①。获得这种荣誉的华侨可谓屈指可数。日本温州同乡会的陈今胜会长说,潘桂华获得的荣誉不仅提高了在日温州人的知名度,也提高了在日华侨华人的影响力。②

上述的几大家族,因其子孙依旧保留着中国文化,积极参与侨团事务,所以其家族的事迹流传至今。但是更多的早期赴日的温州人,其子女出生成长在日本,完全融入了日本社会,逐渐远离了华侨华人圈。笔者虽多处打听,依旧对其后代的事迹不得而知,仅从文献资料中找到些零星的记载。

林三渔(1902—1987)③,青田县仁庄乡(现改为镇)罗溪村人。林三渔出生在农民家庭,因家境贫寒,其哥哥林泽鱼于 1914 年东渡日本做工,几年后返乡种田。为了谋生,林三渔 16 岁时也跟随乡人东渡日本。先是在码头做挑煤、扛钢板等苦力活,偶尔打点零杂工。后来他进入了一家皮革作坊当杂工,深得老板赏识。1923年的大地震和屠杀华工事件中,林三渔幸免于难。1935 年,林三渔与日本女子结婚。1945 年,积累了一定资金的林三渔在东京的台东区开了家中餐馆,生意非常兴旺。为了扩大事业,他又用多年的积蓄投资开办游乐场,成为旅日华侨中的知名实业家。在事业蒸蒸日上之际,他还非常热心侨团工作。1961 年 9 月,林三渔首次应邀回国参加国庆观礼,受到周恩来、廖承志等中央领导人的亲切接见。这是他在日本漂泊 40 余年后第一次回国,自此之后他就频频回到家乡,为家乡的建设贡献自己的力量。1968 年 7 月 18 日,留日华侨浙江同乡会在东京举办创立大会,德

---

① 褒章是给在特定的社会性领域中有杰出表现的人物颁发的。根据明治十四年(1881 年)12 月颁布的《褒章条例》(太政官布告第 63 号),褒章分为红绶褒章、绿绶褒章和蓝绶褒章,大正七年(1918年)增加了绀绶褒章,昭和三十年(1955 年)增加了黄绶褒章和紫绶褒章。蓝绶褒章赠给通过经营公司或各种团体活动,促进产业振兴,增进社会福祉等成绩显著者,或是在国家以及地方公共团体所委托的公共事业上勤勉奋进,有显著贡献者。褒章の種類及び授与対象. http://www8.cao.go.jp/shokun/shurui-juyotaisho-hosho.html,2016 - 07 - 22.

② 温州籍华侨潘桂华获日本政府蓝绶褒章. http://www.wenzhou-jp.org/modules/tadnews/index.php? nsn=6,2015 - 01 - 30.

③ 徐定楷.爱国爱乡楷模——林三渔. http://xzbm.zgqt.zj.cn/renzhuang/text.asp? id=26709,2016 - 07 - 22.关于林三渔的出生年份,不同的资料说法不一致,一说为 1898 年,一说为 1902 年。

高望重的林三渔被推选为第一届会长。① 在中日建交前困难重重的政治环境下，他带领同乡会团结旅日浙江籍人士，为促进中日友好做出了巨大贡献。林三渔还经常回国，带头捐资兴学为家乡做贡献。20 世纪 60 年代，他为青田华侨中学、温州华侨中学、罗溪小学等几十所中小学捐赠办学经费和学习用品等。70 年代，他捐资兴建山口至汤洋公路、仁庄至大安的乡村道路、罗溪水电站，又先后资助山口、下陈、阮洋、仁庄、罗溪等地修建六座桥梁和四座凉亭。80 年代，他先后资助兴建浙江省华侨大楼、青田华侨饭店，捐资重建谢桥亭、青田中学三渔礼堂等。为了奖励教师和学生勤教勤学，他分别在青田中学、温州大学、丽水师范专科学校（现改名丽水学院）、罗溪爱国小学设立奖学金，并为上海师范大学提供建造实验基地的资金等。据统计，林三渔从 1961 年至 1987 年间为祖国的公益事业无私捐资总达 200 多万元（1987 年价）。林三渔一生侨居日本，1987 年 11 月，因病在东京溘然长逝。②

王仕福（1901—1985）出生于青田县仁庄乡冯垟村，家中有 11 个兄弟。他作为长子，为了改变生活困苦的家境，1922 年跟随乡人离开故乡，东渡日本做工。次年日本发生了关东大地震，他被强制送回中国。③ 回到家乡后，生活依旧贫穷，因此他再次萌生了赴日谋生的想法。1926 年，王仕福重赴日本，在东京的深川滨园町（现改名为东京都江东区盐滨）落脚，在附近的木材厂做工。随后他到深川滨园町一家中国人经营的荞麦面店打工，结识了日本妻子登美。1928 年，两人结婚后，一起在一家日本人经营的小服装厂工作。夫妻俩积累了一定的资金后，第二年开了拉面店"五十番"（位于东京都墨田区）。夫妻俩辛勤劳动，把长子王铁城培养成医生，次子王贞治培养成著名的棒球运动员。王仕福一生侨居日本，虽仅回家乡六次，却每次都慷慨解囊，对家乡进行了各种捐赠。1978 年，心怀落叶归根想法的王仕福在家乡冯垟村的山上建造了生前墓"王公墓"，其墓石上除了自己的名字外还有长子和次子的名字。虽然王仕福一心想回到故乡，但因种种缘由最终没能落叶归根，1985 年 8 月他在东京逝世，被安葬在东京高尾山附近的东京灵园里，享年 84 岁。④

徐昌星（1907—?），1907 年出生于温州藤桥南雅乡天桥村。1924 年徐昌星赴

---

① 陈焜旺.日本華僑・留学生運動史.東京：日本華僑華人研究会,2004：617.

② 林三渔的生平资料来源于青田华侨历史博物馆展览陈列，笔者于 2009 年 3 月拍摄。

③ 山下清海,小木裕文,张贵民,等.侨乡青田县的变迁：从日本老华侨的侨乡到欧洲新华侨的侨乡.南洋资料译丛,2013(1)：59-60.

④ 鈴木洋史.百年目の帰郷.東京：小学館,1999：171.

日谋生,先后在长崎、东京等地做杂工、拉米车。1933 年开设小餐馆,1937 年迁居至新潟县开设"福来亭中华料理"。1973—1988 年,徐昌星任新潟县华侨总会会长。[1] 他非常热心家乡温州的教育与社会公益事业,先后为天桥小学、南雅中学、温州华侨中学、温州大学捐资办学,并投资与瓯海区合办瓯昌饭店等。1979 年,他的儿子徐胜二又在新潟县开设"杭州饭店"。

第一节　我的香港护照

——潘鸿江　口述

受 访 者: 潘鸿江,男,1962 年出生于温州市

采访时间: 2009 年 11 月 26 日

采访地点: 静冈县

采 访 者: 郑乐静

录音整理: 杨维波,王小丽

文稿编辑: 郑乐静

(一) 我的爷爷

采访者: 潘先生您好,我特别想采访您,因为你们家族在中日友好关系方面做出了很大贡献。但是非常遗憾的是,现有的资料中关于在日本的温州人的介绍特别少。一般就提到三位人物,其中一位就是潘岩法。

受访者: 潘岩法,对。你见到他了吗?

采访者: 另一位就是您父亲。

受访者: 他的爸爸(指潘岩法)在温州是有名气的,华侨中学[2]就是他爸爸出钱

---

[1]　温州华侨华人研究所.温州华侨史.北京:今日中国出版社,1999:144.

[2]　温州华侨中学是 1957 年由温籍爱国侨胞捐资创办的,是浙江省首批由华侨捐资兴办的学校之一。1963 年 9 月,日本侨领潘岩法率团来温访问时,第一句就问侨联干部有关华侨中学的情况,并捐资数千元支持学校发展。次年,其子回温,潘岩法又托他带一笔钱捐给学校。清柠.1957 年爱国侨胞集资创办华侨中学.温州晚报,2009 - 09 - 30(4 - 5).

成立的。

　　采访者：关于您爷爷，我手头的这两份材料写的内容不一样，您看一下是哪一份的比较准确？这份材料写潘进法先生是 1922 年来日本。另一份材料写他是 1927 年来日本。

　　受访者：1922 年是对的。

　　采访者：1922 年来的日本。按照这里写的，前 5 年他是打杂工，从贩卖雨伞到开小面店。您爷爷从大阪上岸后去了哪里？

　　受访者：从大阪上来以后，就跑到东北，仙台那边。

　　采访者：先去了仙台？

　　受访者：在东京是不行的。第一，大地震。那时候地震，这个在温州想也想不到的。

　　采访者：那是从大阪直接去的仙台呢，还是在大阪待了一段时间？

　　受访者：肯定是要待一段时间的嘛，这个我也不知道。从大阪进入日本的事我爷爷跟我说过。他是坐船来的。

　　采访者：那您爷爷来日本之前，在这边有认识的人吗？

　　受访者：没有没有。

　　采访者：也就是说您爷爷出国的时候，并没有明确的目标，是去哪个国家都行，是这样的吗？

　　受访者：那时候，这事他也没有说。好像是说那个时代跑日本是最安全的，听说是这样。

　　采访者：是相比欧洲来说吗？

　　受访者：与欧洲比的话，日本是最安全的。那时候温州人来日本是不多的。当时是跟青田人一起的，你知道吗？为什么呢？原因是这样的。青田人那时候，来日本是很多的。现在在青田当地的山上会说日语的老人很多，你知道吗？

　　采访者：有资料记载第一次世界大战后，有很多青田人和温州人来日本，但是到 1923 年大地震的时候……

　　受访者：回去了。

　　采访者：对。

　　受访者：所以肯定是，因为青田那边以前是温州管的嘛。肯定是那个关系（温州人跟着青田人）跑到日本。

　　采访者：也就是说看到青田人，有这么多人出去，您爷爷也跟着过来？

受访者：对。肯定是这个意思吧。那不是一年嘛,第二年,第三年,跑到日本比较多。

采访者：那时候您爷爷是一个人出来的吗?

受访者：不是一个人。

采访者：和亲戚?

受访者：不,大家好多人的。去山梨县的也有的。他们人都不在了。还有林叶通的爸爸也是一起的。

采访者：您爷爷和林叶通父亲是同一条船过来的?

受访者：是不是同一条船就不清楚了。

采访者：同一时期?

受访者：好像是同年进日本。同一条船,十几个人进日本是进不去的。还有呢,滨松也有个青田人嘛,他们都一起的。我跟你说啊,那时候静冈的华侨总会,就是温州人搞的。

采访者：这份资料里也提到了静冈县华侨总会,说您爷爷是带头人,发起人。写着 1943 年成立,然后 1943 年到 1967 年任副会长。

受访者：对,对。所以那时候都是温州人。

采访者：像您刚才说的,您爷爷先到仙台,后来是怎么转到静冈的呢?

受访者：原因是静冈这里的天气跟温州差不多,是很温暖的一个地方。静冈是日本一个温暖的地方。大概原因是这个吧。还有水好喝,主要是水。

采访者：哦,是吗?

受访者：还有富士山,最大的原因还是暖和。暖和,这是最重要的吧。

采访者：那您爷爷来了这边,先是卖东西还是?

受访者：开头呢卖肉的,肉店。

采访者：在仙台开了肉店?

受访者：没有没有,在这边(指静冈)一开始是卖肉的,肉店。

采访者：哦,在静冈先是卖肉,在仙台是做什么呢?

受访者：仙台我不知道,但是仙台那边呢找了老婆,日本的奶奶,带过来,一起过来。

采访者：哦,在仙台结的婚?

受访者：那时候就是结婚嘛。

采访者：您能回忆起来他具体是哪年来静冈的吗?

受访者：是 1944 年啊,1945 年左右,来沼津吧。1945 年已经在这里了。开始是开肉店。

采访者：万来轩①一开始就是肉店?

受访者：不,不。开始是肉店,是没有名字的,是他个人的。

采访者：然后到了 1947 年开了万来轩?

受访者：好像是的。

采访者：万来轩是面店还是中华料理店?

受访者：中华(料理),一开始是拉面店。拉面店里除了拉面,定食②什么都有的。以前日本的拉面店里面咖喱饭也有,猪排饭也有,鸡肉鸡蛋盖饭也有的,说是拉面店,其实就是食堂,简单地说。

采访者：然后慢慢转型成中华料理店?

受访者：对对对。但是真正转成中华料理,是我父亲来了以后。

(二) 我的父亲

采访者：您爷爷下面有几个孩子?

受访者：我爷爷就 2 个嘛。

采访者：除了您父亲还有?

受访者：潘宝元嘛。已经不在了。

采访者：他也在日本吗?

受访者：他在日本过世的。

采访者：您父亲大还是潘宝元大?

受访者：我父亲大。

采访者：这份资料介绍,他们两位都是出生在温州老家。

受访者：对。我爸爸还有个哥哥的。

采访者：还有个哥哥?

受访者：在中国 12 岁的时候死的。好像。被洪水冲走了。

采访者：所以真正意义上您父亲(潘宝吉)是您爷爷的第二个孩子?

受访者：对。一共 3 个男孩子。

---

① 潘进法所开的料理店的名字。
② 日语中的定食是指餐厅所提供的以米饭、主菜及酱汤为主打的套餐。

采访者：关于您父亲的介绍,这份资料写的是 1964 年由香港来日本。

受访者：对。这事很简单了。1962 年去香港。

采访者：1962 年?

受访者：1962 年 8 月去香港。

采访者：那时候去香港容易吗?

受访者：那时候,香港有很多温州人的嘛。是谁我忘记了,我们住的那个华侨新村里面有一个香港的,很有名的人,是个老板,都是他帮忙的。在香港等着来日本等待了 1 年多嘛,都是他帮忙的。也是我们家隔壁的人哪。姓什么我都忘记了,我去香港的时候也是他帮忙的。我爸爸来日本是 1964 年,是对的。从深圳那边去香港是 1962 年 8 月份。

采访者：您父亲 1962 年去了香港,然后在那边等了 2 年,1964 年来的日本。

受访者：嗯,1 年多一点吧,反正是。

采访者：那您父亲来日本以后就直接来静冈?

受访者：是的,来这里,万来轩。为什么呢? 我爷爷这边没有男孩子。只有 2 个女儿。

采访者：就是跟这边的日本妻子有 2 个女儿?

受访者：嗯。日本以前也是,按照传统这个店是传给男孩吧。

采访者：那您叔叔是什么时候来的,是一起来的吗?

受访者：他不是。他是中日建交了以后来的。

(三) 我的故事

采访者：潘先生,能否介绍一下您当初来日本之前和来日本之后在这里的创业经历?

受访者：我是 1974 年过来的。我一开始就是第一年在中华学校,横滨的。①

采访者：1974 年那时候,您是几岁?

受访者：我是 1962 年生的嘛,12 岁来日本。

采访者：12 岁来日本以后,先在中华学校读 1 年的书。

受访者：对。学日语嘛,也学中文。"文化大革命"的时候,普通话谁也不会说

---

① 横滨有两所中华学校,一所名为"日本横滨山手中华学校",属于大陆系,另一所名为"横滨中华学院",属于台湾系。

的。所以我们那个年代的人，发音都不标准的。

采访者：您那时候能出国吗？

受访者：跟我爸爸一样的。我跟你说，我出来的时候，我现在还没忘记。毛主席语录我现在都还会念的，不会忘记。出来的时候，也是从深圳出来的。

采访者：哦，您来了以后，中华学校是在横滨，那您进的是咱们大陆系的学校？

受访者：嗯。

采访者：读了1年以后呢？

受访者：到这边日本人学校读书。

采访者：直接转到日本的学校从13岁开始读？

受访者：上中学。我是小学六年级在那边的（指中华学校）。我来的时候是1月份，那时候还是11岁嘛，正好在中国是读五年级的。来日本是六年级嘛，所以到中华学校刚好六年级是4月份开始的嘛。所以正好1年嘛。所以13岁读中学嘛。

采访者：12岁读小学六年级，中学是日本人的中学？

受访者：对。以后一直在日本学校了，一直到大学。

采访者：大学毕业后呢？

受访者：大学毕业后就在日本公司上班。我一开始是做冰箱的。

采访者：在制造冰箱的公司上班？

受访者：嗯。在东芝。

采访者：东芝？

受访者：嗯。东芝的转包公司。毕业那会儿，我已经内定①好了在东京一家贸易公司的工作。我父亲叫我回万来轩，我哥哥那时候还没来。大学一毕业，就叫我继承万来轩，叫我弄中华料理。

采访者：大学毕业就叫您回来继承万来轩？

受访者：对，对。叫我回来。我到日本公司上班了，不想回来。那时候还年轻呢。

采访者：您在读大学期间，您父亲就叫您回来，对吗？

受访者：一开始就叫我不要上大学。他知道我不喜欢学习。

采访者：您刚才说的东芝的转包公司和东京的贸易公司不一样吗？

受访者：不一样，东京的这家贸易公司在上大学的时候已经定了。也就是现在说的内定，是野村贸易的一个公司，毕业后上了半年班。

---

① 内定：一般是指日本企业和应届毕业生达成就业雇佣意向。

采访者: 在东京的贸易公司上了半年班?

受访者: 嗯。之后呢,那时候怎么说呢,还是因为人的性格的关系啊,还是有一点中国人的脾气,跟日本人相处不习惯。

采访者: 然后转职到东芝?

受访者: 嗯。东芝下面的一个小公司,现在这两家合并在一起了,以前是分开的。为什么去这家公司呢?那个时候正好东芝在西安,中国的第一个日本电视的公司啊,就是在西安那边搞的,东芝。那时候叫我当翻译,所以我就进了这个公司。

采访者: 您妈妈是西安人?

受访者: 我妈妈是郑州人,西安长大。我爸妈是在西安认识的。我哥哥和姐姐是在西安出生的。

采访者: 那您是出生在……?

受访者: 我是在温州出生的。

采访者: 您父母是回到温州以后再生您的?

受访者: 对,对。

采访者: 刚才说到您进东芝。也就是说您1985年毕业,进了这家贸易公司,做了半年,然后转职到东芝,然后呢?

受访者: 1993年10月1日成立自己的贸易公司。

采访者: 您这家公司成立的时候是以您父亲的名义成立的?

受访者: 成立是我父亲,但是股份是我最多的。为什么呢,那时候我当老板,还年轻,才三十几岁。

采访者: 股份您最多。

受访者: 实际上都是我自己出钱的。我父母是不会给钱的人。我是做贸易的,中国各方面,用我爸爸的名义开公司的话,更加好,更有信用。

采访者: 您一直是在做跟中国有关的贸易,一直做到现在。公司有什么变化吗,从一开始到现在?

受访者: 公司没什么变化。我是学化学专业的,将来是想做环保方面的,所以现在有点开始在做了。对处理污水这方面很感兴趣,特别是我在大学阶段是研究处理污水的。

采访者: 那您是去年(2008年)开始做污水处理?

受访者: 污水处理那些原料也运得不多,多多少少做过。

采访者: 那您公司开始做污水处理是什么时候?

受访者：我这个公司没有做。我另外开了一个公司,我是国外的管理人嘛。去年(2008年)才成立的。

采访者：去年(2008年)在国内成立这家新公司?

受访者：在日本。这不是我一个人的,是和日本人一起的。

采访者：除了您以外,其他都是日本人?

受访者：嗯。都是我自己的朋友啊。

采访者：那您现在是日本人朋友多还是中国人朋友多?

受访者：我是日本人朋友多,说实话。为什么呢?我这个人,你看出来,应该知道的。温州总商会的话,他们交流很多的,是不是?同乡会的话,他们在东京,我在这边交流不是很多;另外呢,他们是30多岁,20多岁,我是40多岁的,我这个年龄层的人不多的。

采访者：在日本的40多岁的温州人不是很多?

受访者：快50了。总商会是年龄差不多的人很多,但是同乡会里面,我是算年龄比较大的。

采访者：同乡会太远不方便,另外也有年龄差距。

受访者：年龄有差距的,另外也比较远一点啦。这边的话,不方便。另外静冈的话,温州人不多。

采访者：静冈的温州人大概有多少?

受访者：就我们一家人吧,别的没有吧。还有几家,都去东京、名古屋了。这边生意不好做。

采访者：哦,就剩你们这一家。以前多的时候大概有多少人?

受访者：多的时候,就是那些研修生啊,留下的嘛。

采访者：就是您父亲牵线的浙江省来静冈的研修生项目?

受访者：对,对。那以后跟这边的人结婚的啊,那些有几个留下来的。

采访者：有几十人?

受访者：没有,只有两三个。那个做打火机的姓什么来着,他就是第一批的研修生过来的。过来以后,看了日本的那个100日元的打火机,回去模仿做打火机,后来发财了。他是第一批研修生来这里。研修生是我父亲开始的,整个日本。跟浙江和日本,日本和中国,省和省友好开始,浙江省和静冈是第一次,以后友好城市什么很多的。那时候我父亲帮了很多忙。那时候办好以后,把温州的5个人,另外我的那个东芝下面的公司的5个人,一共10个人,派来,第一批,干了3年。那时候的签证是半年签一次的,所以3年要签六次。那时候工资是3万日元一个月,算高了,那时候日本人一个月才5万多到6万日元。

采访者:第一批来就待了3年?

受访者:嗯。

采访者:之后是每年来一批呢,还是3年后回去一批再来新的一批?

受访者:这3年以后,日本整个就开放了嘛,就是他们自己搞了。就是第一批,中国有专门办劳务输出的嘛,浙江的话现在也有的,温州的话是外事办嘛。

采访者:就是说您父亲促成了第一批研修生项目以后就是他们自己弄了。

受访者:嗯。那时候这边的人对这些研修生的印象很好的。去哪里工作都是说中国人,很好很好,这样的。

采访者:您太太也是温州人吗?

受访者:嗯,太太也是温州人。

采访者:那您孩子都是中国国籍吗?

受访者:不是。老婆他们都是日本籍的,只有我一个人是中国籍。这是我们家的传统了。这是我父母的、爷爷的传统。

采访者:不准入日本国籍?

受访者:他没有这么说,但是……

采访者:就是你们家族中的男性都没有入日本籍。比如爷爷、爸爸?

受访者:对,哥哥也是。

采访者:那您孩子是2个男孩?

受访者:我自己是有3个孩子,还有一个是在我家长大的,比我家3个孩子都大。但是现在已经分开了,他已经拿到日本国籍。他一直是在日本的,也是叫我爸爸的。

采访者:哦,除了这个养子之外,您自己的孩子是1个儿子加上2个女儿?

受访者:嗯,1个儿子,2个女儿,儿子大。

采访者:那您以后也不会"归化"吗?

受访者:绝对不会。

采访者:您现在已经是"永住"了?

受访者:来了以后就马上"永住"。那时候不一样的,到了以后,到市政府就可以马上办"永住"。以前跟现在不一样的。

采访者:那您的孩子都是在日本出生日本长大的?您跟他们交流是用什么

语言？

受访者：和 2 个女儿用日语,和儿子用普通话。

采访者：不讲温州话？

受访者：大的(养子)是从中国来的,年龄比较大的,能说的,没问题。我自己的那个老大呢,现在都没说中文了。以前会说一点,现在就拼音会懂,就拼音没忘记,听能听懂些,差不多 60％能听懂吧。但是,说话说得快的话就听不懂了。那 2 个小的,2 个女儿不行。

采访者：2 个女儿都听不太懂普通话？

受访者：嗯。

采访者：儿子上的是中华学校吗？

受访者：没有没有。他在温州学过几个月的拼音,小学的时候,只学过一次,3 个星期。拼音不会忘记,真的。以后,他自己想学的话,很快的。听力是有的。另外一点,我们不在横滨。在横滨的话,中国人很多。有时候我叫他去横滨学。为什么呢,横滨学校以前有宿舍的,1987 年以后就没有了,没有宿舍的话,这里每天坐电车来回就太远了。另外我们这边没有什么中国人。我们夫妻两个人都很忙的。

采访者：没时间教他们？

受访者：这也是一个比较后悔的事,真的。但是孩子他自己真想学的话,比日本人是快的。

采访者：那倒是。

受访者：在家里我们夫妻说普通话、温州话,所以孩子们对中文的听力比日本人还是好的。

采访者：那您的孩子以后可能就在日本发展？

受访者：这个应该是在日本发展。养子是不知道,因为他父母在中国嘛。

采访者：您有让儿子继承公司的想法吗？

受访者：没有没有。时代不一样了。他是从小学开始一直踢足球的,所以你叫他学习也没用,他想当小学的老师。去年(2008 年)东京学艺大学没考上,明治大学已经考上了。但是他就是要上东京学艺大学。差 50 分嘛,他地理不行,地理只有 32 分,总分 801 分,听说学艺大学要 850 分的。静冈大学就可以进了,750 分,也是国立大学。他不愿意上,想要离家远一点,在静冈大学读的话,太近了。自己想独立。

采访者：他现在人在东京？

受访者：现在在预备学校①。快考试了。在东京的，很远很贵啊，新干线的车费 3 个月就要 17 万多日元。

采访者：您现在只有小女儿在身边，那大女儿呢？

受访者：在学校里，在这边专门画东西的。就在这附近，很近。女儿不能离开太远。

采访者：那您以后是选择落地生根还是落叶归根？

受访者：落地生根吧。我是这个想法，所以不改国籍。居住地和国籍是两回事。自己的孩子都在这边嘛，以后老了以后，有了孙子啊。自己的心还是在国内的。简单说，我爷爷走之前一个星期，那时候我还在读高中，我每天陪着他。他在弥留之际就说自己小的时候怎么样的，想回中国。都这样跟我说。我老了以后也肯定和爷爷一样。

采访者：也就是说观念中有落叶归根的想法，但是现实生活中会选择日本。

受访者：我一个人回温州谁照顾我是不？没办法，但是心还是在中国的。我去哪里都是说自己是中国人，不说华侨的。我一直说自己是中国人，或者我就说自己是温州人。

(四) 其他家人和亲戚

采访者：您哥哥是什么时候来日本的呢？

受访者：好像是我大学一年级的时候。我哥哥原来是在温州的华侨饭店炒菜的。为什么？我叔叔就是在华侨饭店里面炒菜的。所以我们小时候在温州吃的东西比你们好。为什么？华侨饭店里面有吃的。每次去里面的话，叔叔会给东西吃。另外洗澡啊什么的，里面都很好的。水果很多，游泳池也有，所以在中国是没有苦过的。

采访者：能否介绍一下您叔叔？

受访者：叔叔的话，我不是很清楚。

采访者：那他来日本也是通过亲戚的关系？

受访者：嗯，也是通过我爸爸来的，也是开餐馆。他呢，我不是很懂。因为在沼津的时候交流很少。所以你这个还是问我哥哥和妈妈比较好。

采访者：那您姐姐现在也在日本？

---

① 类似于中国的高考复习学校。

受访者：姐姐在三岛,跟日本人结婚了。姐姐是日本籍。

采访者：那您妈妈……?

受访者：妈妈是中国籍。

采访者：那您妈妈来日本的时候……?

受访者：跟我一起来的。我姐姐、我、妈妈 3 个人一起来的。

采访者：您哥哥是后来才来的?

受访者：好像是跟年龄有关系的,好像是能否来日本跟几岁有关系的,所以我哥哥没有来。那时候我是 12 岁嘛,我哥哥比我大,16 岁了嘛。

采访者：那您姐姐那时候几岁?

受访者：14 岁。

采访者：他们经常回国吗?

受访者：我姐姐哥哥回国不多的。为什么呢? 餐馆很忙的。

采访者：您哥哥也在开中华料理店?

受访者：就是我爸爸开的那个,他来继承嘛。

采访者：您姐姐和哥哥一起开餐馆?

受访者：不是,我姐姐跟日本人结婚了。

采访者：那您姐姐是专业主妇?

受访者：不是。在做化妆品,一直干了 30 年了吧。现在是店长,店长当了 15 年多了。

(五) 静冈县华侨总会

采访者：您能介绍一下静冈的华侨总会是怎样的一个组织吗?

受访者：静冈的华侨总会开始的话,就是我爷爷那个时候筹备起来,后来我爸爸当会长嘛。

采访者：资料上写着您爸爸从 1967 年开始当理事,是从什么时候开始当副会长的?

受访者：我爷爷不当了以后,我爸爸当理事的。

采访者：对,1967 年开始当理事。

受访者：当副会长好像是 1980 年,后来他当会长是 1987 年左右。

采访者：那您爷爷一直是副会长,您爸爸是从理事一直当到会长。您是从什么时候开始进入华侨总会的?

受访者：我是 1995 年开始当理事，2000 年当副会长，2008 年当会长一直到现在。

采访者：现在静冈华侨总会的成员有多少人？

受访者：现在才 11 个人，而且平均年龄都 70 多岁了。我是最年轻的。不行了已经，他们很多都是住在医院啦，有些不会说话了，年龄都很大了。现在他们的孩子都入日本籍了。

采访者：华侨总会是以老华侨为主？

受访者：对。

采访者：他们的孩子都不愿意加入？

受访者：对。很少。为什么呢？原来的华侨总会是我们大陆的人才能进的。所以这 11 个人都是大陆的。

采访者：中国台湾籍和日本籍都不能加入？

受访者：现在倒没有这个规定，但是他们不愿意加入。时代不一样了，这些孩子们都是日本出生，日本长大，以后都不跟父母住在一起了，老婆都是日本人，所以都不愿意加入华侨总会。

采访者：那这 11 个人中，温州人有几个？

受访者：现在是 3 个人。现在静冈还算好的，四国那边的话，一个人都没有了，只有一个会长。所以现在嘛，都是新华侨。

采访者：这份资料里写的华侨总会里，李振生是台湾人？

受访者：不，是山东人。他是我爸爸不当会长以后，当会长的。他已经 86 岁了，话都不能说了，他住在富士的。他当了 10 多年的会长。我爸爸是当名誉会长的。

采访者：您现在作为会长，您觉得静冈华侨总会会有怎样的发展？

受访者：我作为会长，今年（2009 年）简单地说，我负责召集人，庆祝中华人民共和国成立 60 周年嘛，最后只有我们 2 个人去参加，其他的人都在电话里说，你们去吧，我们身体不好。所以只有 2 个人去了。他们都不行了，他们的儿子们也都不来。

（六）其他零星记忆

采访者：我在查温州人的历史，特别是 1923 年前的历史是有的，1923 年以后可能来日本继承家业的温州人也有，就比如您的家族。上次去同乡会聚会时见到的大部分是新华侨。您觉得是有断层,还是我没找到更多像您这样的家族?

受访者: 有断层吧。

采访者: 哦,中间没有人来日本。

受访者: 温州人是没有来。

采访者: 1949 年到 1978 年之间是不是没有什么温州人出来,像您是 1974 年出来的,是比较特殊的?

受访者: 我是比较特殊的。真正来得多的是 1976 年以后吧。所以总商会那些人来的都是 1976 年以后的。我是最早的。1976 年以后来的都是他们父母呀爷爷在日本的。我知道一个温州人是 1918 年来的嘛,后来有几年温州人在日本很少,被日本人杀了好多。

采访者: 嗯,1923 年。

受访者: 我有一次回国,去青田什么村我忘记了,现在还有 8 个人,都 86、87 岁了吧,哎呀,那些人日语说得真好。我上次去是 3 年前,我在那边看那个印章,青田石,把日本人带去的时候,那个老人看着我,对我用日语说:"日本人?"啊,怎么年龄那么大的人会讲日语? 我跟他谈了 1 个多小时,他不让我回去。一直在问现在日本国内怎么样。

采访者: 他们是 1923 年关东大地震后被送回去的。

受访者: 嗯。还有几个在瞿溪的。是从青田那边过来住在瞿溪的。那边也有几个,现在在不在我都忘记了。那是 10 年前的事了。

采访者: 您觉得在这边的温州人大概有多少?

受访者: 研修生算里面吗?

采访者: 算。

受访者: 留学生不算的话,在整个日本大概有两千多的温州人吧。但是里面是中国籍的话,我看只有一半差不多吧。很多都入日本籍了。特别是女的,跟日本人结婚的比较多,所以入日本籍。如果把整个家庭算里面,孩子啊,妻子,要超过五六千吧。第二代,第三代,都有的嘛。比如说我们这边有个青田人,他是第二代,他是在日本生的,但是他的兄弟 8 个,都算里面很多了,是不是,但是一半以上都是打仗死了。

采访者: 静冈就你们一家了?

受访者: 真正的老华侨就我们一家了。有些在的,就是研修生,跟日本人结婚的,有些是孤儿。温州也有孤儿的。

采访者：这个倒是第一次听说。

受访者：残留孤儿。温州有2个人好像是。我在温州的时候,1972年的时候那2个孤儿到过我家的,他们不能回日本嘛,那时候,他们说"我是日本人"。我们家(认识)的这个孤儿,是她女儿在这边,丈夫是永嘉政府那边,女儿在这边开菜馆,是这样的。我们是来得最早的,她们家是第二吧。她们是1976年来的。

采访者：1976年来的是?

受访者：她的父母。对的,你问陈一夫他知道的。他家和我家比较早。他也是老华侨,跟我一样。他是中日友好以后来的。为什么呢? 他是已经快80了嘛,老人的事情他会知道的,我父母的时代嘛。我父亲筹办温州同乡会的时候,他们都是理事啊,老的理事。

采访者：刚才您提到了在温州见到2个残留孤儿,他们都来日本了吗?

受访者：肯定来了吧。温州的话,肯定快的。好像我在中学的时候,来我们家了,有1个人,女的。1976年以后肯定来了。我年轻的时候跟日本人玩得比较多,这个是我父母的想法,在哪里生活,在哪里习惯,心不要忘记中国,就是这样的想法。

采访者：那您交往的圈子是日本人比较多还是中国人多?

受访者：日本人。中国人不多的。为什么? 这个地方没有中国人。现在中国人多起来了,研修生什么的。那时候哪里有中国人啊。就是我们家,是不是。你应该知道温州人的情况,温州人在外地做生意,都是跟外地人关系很好才能成功。温州人有这个习惯,所以温州人去哪里做生意都会成功。别的地方的人,这个做不到的,所以不行。这个是温州人和中国别的地方的人不一样的地方。但是心还是温州嘛,过年都还要回去的嘛,是不是?

采访者：那您现在每年过年回去吗?

受访者：现在回去没有人了。

采访者：以前回去?

受访者：以前就是亲戚,叔叔他们家的都会去。就是叔叔走了以后,就没有回去了。叔叔走了已经15年了吧。

采访者：能稍微介绍一下您哥哥的情况吗?

受访者：我哥哥他是新村中学毕业的。他毕业以后,就是在我叔叔那边的华侨饭店里面当厨师,炒菜的。

采访者：您哥哥来日本以后呢?

受访者：就在万来轩。

采访者：那他的妻子是？

受访者：也是温州人。是法国华侨的女儿。25岁的时候回温州相亲认识的。哥哥今年51岁，女儿今年25岁。

采访者：在温州结的婚？

受访者：在日本。

采访者：孩子都在日本出生？

受访者：在日本出生，女儿，女儿，儿子，3个孩子。

采访者：他家和您家一样，您和您哥哥是中国国籍？

受访者：好像是。

采访者：加入日本籍对于在日本生活有什么帮助吗？

受访者：对孩子有好处。为什么呢？出国啊比较方便。日本有修学旅行①，我哥哥的大女儿的修学旅行好像是去韩国的，在韩国机场进海关的时候，日本人很简单（就进去了），因为她是中国国籍，所以等了1个多小时。大家都要等她，觉得很不好意思。

采访者：所以为了孩子入日本籍是最大的原因。

受访者：嗯，别的日常生活是没影响的。

采访者：您现在的中国国籍对于您在日本成立公司、做生意没有太大的障碍？

受访者：没有。就是没有选举权。别的都一样的。

第二节　太太是旅法归侨

——潘清鸿　口述

受　访　者：潘清鸿，男，1958年出生于西安市，6岁随父母回温州生活

采访时间：2010年4月24日

采访地点：东京都

---

①　修学旅行是日本小学到高中阶段学校教育的一环，是由教师带领的学生集体旅游。通过集体行动来提高学生文化、历史等认知水平。

采 访 者：郑乐静

录音整理：杨维波，王小丽

文稿编辑：郑乐静

（一）本来打算去欧洲

采访者：1977年您为何来日本？

受访者：因为我父母在日本，我是长子，一定要到日本。本来我是要到欧洲去的。

采访者：您说您本来要去欧洲，是指您的亲戚带您去吗？

受访者：我的朋友和同学都是在欧洲的。日本对我来说只是家人在这里，我个人比较倾向于去欧洲发展。但是我是长子，我父母在这里也比较辛苦，没有办法，我只能来日本帮忙，继承产业，其实这个是我爷爷的产业。我爷爷本来是卖布料的。

采访者：您还记得您爷爷是哪一年来日本的吗？

受访者：我记不得了，他是梳辫子的时候来的。

采访者：您爷爷来了以后，先去哪里？

受访者：仙台。因为我爷爷是卖布料，从仙台一直往下面走，做生意就是这样一路走过来，走到静冈，他觉得这个地方很好，气候好，这个地方像我们温州老家一样，靠海，有水产。我们温州人喜欢吃鱼的嘛。他觉得这里好，就这样留下来了。留下来以后，卖布料的生意就不做了。再加上日本战败，在食品方面特别照顾中国人，爷爷觉得这个好，不需要去卖布料了。所以说在日本的温州人的祖辈都是从开餐馆开始的。第二代呢才开始去做外贸什么的。因为第一代人没有文化，也没有基础啊。我们温州人和宁波人不一样，宁波人来的时候就有基础。当时浙江人在日本是实力最强的。静冈华侨总会以前是温州人成立的，现在人不多了，那时候是以温州人为主的，台湾人也加入，是一个会，后来中日建交后，台湾人就退出来了。那时候我爷爷是副会长。

采访者：有没有听您爷爷说那时候沼津有多少温州人？

受访者：比较多的。以前我们店里的工人大部分是温州人，就是温州人的第二代。以前青田也是属于温州的。山梨县、埼玉县的温州人第二代都跑到我们家里来做工。那时候我爷爷开了很多店，横滨也有，三岛也有。三岛的万来轩现在没有了,现在三岛的万来轩是我新开的店,爷爷的那家老店被爷爷送给我们同乡了,名字还是万来轩。横滨这家店后来关掉了。

采访者:三岛的新店是什么时候开的?

受访者:平成十四年(2002年)开的,是我自己从零开始做起来的。这家店的大楼是我买的。

采访者:能介绍一下您来日本后的经历吗?

受访者:我1977年来了日本以后,就马上在店里开始帮忙,还上夜校。

采访者:您读夜校读了多久?

受访者:读了4年,我是半工半读的。日本有夜校,专门照顾这些半工半读的。我来日本1年还是2年以后开始读的。

采访者:读完夜校以后呢?

受访者:在万来轩工作。以前万来轩是以卖面为主的,我接手后,就把它改成以宴会料理为主。

采访者:您爸爸和您妈妈在万来轩工作,您在里面帮忙,这种状态持续了多久?

受访者:泡沫经济破灭的时候,店已经没法维持了,我接手来做。就是爷爷留下来的财产,我把它买过来。日本是这样的,接收财产一定要买的。然后我自己从零开始发展。

采访者:您买下来以后,依旧是用万来轩这个名字,依旧是做料理。做到什么时候?

受访者:到现在还一直在做。

采访者:万来轩是您第一家店,三岛的万来轩是您的第二家店?

受访者:对,万来轩的分店有11家吧。这些店的名字是我们总店给的,经营是各自都独立的。

采访者:这些店都是中国人经营吗?

受访者:是在我家做过工的第二代中国人。从我们来说作为感恩,就是说他们在我们店里做了这么多年,感谢他们帮我们的忙,名字给他们用。

采访者:11家店中有几家是给温州人的?

受访者:有6家给温州人或者温州人第二代,其他的5家给其他中国人和日本人,就是在我家做过工的都有。我们这些分店里的面的做法和总店都是一样的,其他料理呢各个店都不一样。

采访者：您在 2002 年开了三岛店，而您自己沼津这家店也同时开着，那三岛店是谁来做呢？

受访者：我招了厨师来经营。三岛店做了五六年后，现在是我总店里过去的厨师在做。现在这个店就全给他了，他每年拿点给我意思意思就可以了，赚的都是他自己的。

采访者：除了料理店以外，您还投资哪些行业？

受访者：房地产。

（二）培养子女去中国发展

采访者：您跟您太太是怎么认识的？

受访者：在中国认识的。朋友之间介绍认识的。就是我回国的时候，朋友之间介绍偶然认识的。一见钟情吧。

采访者：您对于结婚是否倾向于找温州人？

受访者：我们在外面做生意的，一定要找一个华侨，能吃苦的人。我是温州人，其实我不是在温州出生的。我是在西安出生，我奶奶是上海人，从小是奶奶把我带大的，所以我对上海是有点感情的。我 6 岁的时候回到温州，以后一直在温州。我从小就想自己做生意，从来没想过跟父母要钱。您看，我来日本后，爷爷的产业卖给我，但是当时我一分钱都没有，都是我自己到银行借过来的。都是靠自己的。

采访者：您太太是哪一年来日本？

受访者：1983 年左右。她父母是法国的华侨。

采访者：在您的帮助下来日本的人有吗？

受访者：中国第一批来日本的研修生是我们家办的。

采访者：您自己个人帮忙办过来的亲戚啊朋友呢？

受访者：我数不清了。自己的亲戚有办过来的。我叔叔一家人，叔叔下面三家人，他们带过来的亲戚也很多。以前和日本没有一点关系很难办的，现在好办了，留学什么的都方便了。

采访者：您个人是如何加入日本温州同乡会和总商会的呢？

受访者：当年温州的陈市长来日本访问的时候，我们年轻人就想成立一个年轻人的会,但是当时大家都刚来日本,没有基础,所以没有成立。10年后,林立①他们出来成立了商会。

采访者:哦,商会成立的时候很需要您帮忙联系。

受访者:我呢特别爱帮助自己家乡人。我去联系静冈和长野的温州人。长野的林洪金②是我家的邻居。长野那边有很多温州人。林洪金的爸爸林叶通先生,我叫他叔叔的,我跟他说我们这边要成立一个商会。

采访者:总商会从成立开始您就一直在?

受访者:对的。

采访者:同乡会呢?

受访者:也是一样的。

采访者:您是从什么时候加入的?

受访者:同乡会成立的时候我就是会员了,因为是我爸爸成立的。

采访者:静冈除了您一家,还有别的温州人吗?

受访者:温州人的第二代好多都入日本籍了,现在分不出来了。

采访者:您爷爷那一代有多少温州人呢?

受访者:很多的。比如热海,下田。下田那边有家温州馆的。还有我爷爷那一代在静冈滨松,大概有20来家,都是料理店。爷爷那一代都有七八个孩子,所以温州人的第二代都很多的。他们很多已经加入日本籍了,除非我们有活动叫他们出来,平时都不出来的。为什么呢?因为在语言上不通的。他们是在日本出生的嘛。

采访者:您在日本的朋友圈里,温州人、温州人以外的中国人、日本人的比例各为多少?

受访者:我刚来的时候,朋友圈里90%是日本人,10%是中国人,包括温州人在内。现在的朋友圈以温州人为中心,大概占80%,还有宁波人、日本人,反正就是浙江人我接触很多。

采访者:您现在的梦想是什么?

受访者:对我们温州人能帮就帮。所以说我们总商会啊,对于想来日本投资的温州人,我们可以给他们牵线。其实温州现在对日本温州总商会还不是很了解。

---

① 林立,日本温州总商会会长,详见本书第八章第二节。
② 林洪金,详见本书第一章第四节。

在东京好多温州人都做得很好,但是没有参加总商会,因为他们都不知道这个会到底有没有作用。所以现在总商会主办不动产投资讲座,也是为了提高知名度。我们的任务是把会搞大一点,集聚点资金帮助同乡。包括总商会投资 300 宴,也是为了给会里搞活动或者家乡政府的人访问日本时用。

采访者: 您最终会选择落叶归根还是落地生根?

受访者: 我是中国人,想落叶归根。日本是第二故乡,中国是生我的故乡,对中国的感情比较深一点。我孩子现在在日本,但是中国现在发展很快,他们也觉得中国好。我的大女儿在上海交通大学留学,她现在想和中国做生意,现在做网络贸易方面。我现在就是想培养子女去中国发展。日本的产业,我现在不做也可以了。我儿子还小,等儿子能接手的时候,我马上不做了,去中国发展,先到温州。

第三节　爷爷在日本

——潘红卫　口述

受 访 者: 潘红卫,男,1966 年出生于温州市

采访时间: 2010 年 1 月 7 日

采访地点: 东京都

采 访 者: 郑乐静

录音整理: 杨维波,王小丽

文稿编辑: 郑乐静

采访者: 您为何要来日本?

受访者: 因为我爷爷在这里。爷爷在二战以前就过来了,然后我父亲先过来,然后我一家人都过来了,1981 年。

采访者: 您父亲是什么时候过来的?

受访者: 我是 1981 年,他比我早 1 年半。1981 年,我母亲,我们 4 个兄弟,我是老三,5 个人一起过来。

采访者: 是您父亲帮你们办过来的?

受访者：对。

采访者：您来日本以后呢？

受访者：来了以后，就是在日本中学重读了3年。我老爸开一个小店嘛，那时候就是我毕业以后，老爸就去世了，我就自己开这家店了。

采访者：您爸爸开的店是？

受访者：小的店，中华料理店。

采访者：然后您就着手经营这家店？

受访者：嗯，我和母亲、老二一起干了嘛，这家店。一个兄弟还小，比我小10岁，他那时候还是读初中，读小学的。老大到意大利去了。

采访者：他是什么时候去的？

受访者：我父亲还没有过世的时候就去意大利了，但是现在也回到日本了。我帮他办过来的。

采访者：什么时候您帮他办过来的？

受访者：大概不到10年。

采访者：您大哥现在在日本生活？

受访者：他现在也在静冈沼津那边开中华料理店。

采访者：您和母亲、二哥的店一直做到什么时候？

受访者：做了一两年，再开了一家比这家大的店。

采访者：也是中华料理？

受访者：对。

采访者：也在静冈？

受访者：嗯，也在沼津。

采访者：开了新店后，老店怎么办？

受访者：先让老二守着。

采访者：您自己在新店里做？

受访者：嗯。

采访者：之后呢？

受访者：又开了一家。

采访者：大概什么时候？

受访者：在第二家店开了5年左右，在三岛又开了家料理店。

采访者：这家店的经营也是您自己？

受访者：对。

采访者：那第二家店谁经营？

受访者：那时候我已经娶了老婆，她在那里管。还有我二哥以前的老婆，都在，两家都能管。自己人在管的，也有别人在做的。

采访者：三岛这家店开了以后，您就在三岛店？

受访者：两边都跑。接下来又买了栋房子，三层楼，带土地，一楼是店铺，二楼和三楼是住的。就在一楼又开了一家，在长泉町，也在静冈的。

采访者：您自己同时管理三家？

受访者：对，就是说，我爸爸原来那家小的店就关了。

采访者：大概什么时候关的？在您开第三家店的时候？

受访者：对。小的店关了后，第二家店就是我老婆在那里管，三岛的店就是二哥和二嫂两个人在那里管。然后最后的店是我在那里。

采访者：您二哥和二嫂本来在沼津？

受访者：嗯，后来到三岛去了。

采访者：开了长泉町店之后又是怎样的一个发展？

受访者：长泉町店开了 2 年之后，我到东京了。

采访者：到东京开店？

受访者：东京没有开店，和朋友在中国搞了个事业，没搞成，我退出了。

采访者：是做贸易？

受访者：办工厂，没做成，我就退出了。

采访者：和您一起办的人是温州人？

受访者：温州人。

采访者：在中国国内办工厂，和在日温州人一起合作？

受访者：嗯。

采访者：记得是哪一年来东京的？

受访者：2004 年左右吧。

采访者：办工厂办了多久？

受访者：办了 1 年多。2009 年 12 月份和温州人开始合开均价 300 日元的中华料理店。

采访者：现在只有一家店吗？

受访者：嗯，头一家，2009 年 12 月 18 日开业。

采访者：这家店一共有几个股东？

受访者：主要是三大股。股东 5 个温州人，还有几个其他地方的中国人。这里面分三大股，其他地方的中国人是一股，5 个温州人占两股。

采访者：5 个温州人的出资金额一样吗？

受访者：大概差不多。以我为主在弄，他们只是投资。

采访者：您结婚是回温州相亲？

受访者：嗯。

采访者：为什么找温州人？

受访者：个人意愿，同地方的人交流比较方便。

采访者：在您的帮助下来日本的人有几个？ 和您是什么关系？

受访者：有，但不多。都是亲戚。但是现在他们在哪里，现在回去了还是没回去都不知道。

采访者：您来日本后，和国内的联系多吗？ 比如回国次数，和国内家人的联系频率，和朋友的联系频率。

受访者：和国内的联系是有的，和亲戚嘛。平均下来一个月打一次电话。现在一年回国一次左右。

采访者：您在日本的朋友圈里，温州人、其他地方的中国人、日本人的比例各为多少？

受访者：温州人 70％到 80％，其他地方的中国人 10％，日本人 20％左右。

采访者：您为何加入同乡会或总商会？

受访者：我伯伯潘宝吉就是同乡会会长嘛。

采访者：是自然而然地加入，没有特别的想法？

受访者：想法就是和同乡人叙乡情嘛，大家可以互相帮忙。

采访者：同乡会成立的时候您就加入了？

受访者：对。

采访者：那您加入总商会是什么契机？

受访者：那是因为总商会的发起人嘛，他和我是 20 年左右的朋友，刚开始的时候来通知我，温州人如果有人进（总商会）的话，让我帮帮忙，动员一下我在沼津那边的亲戚。

采访者：因为已经有同乡会了，那您加入总商会，单纯是为了帮助朋友？

受访者：也不是，因为总商会和同乡会是两码事嘛，总商会是搞事业的，加入总商会是为了得到商业信息,知道这方面的事情。

采访者:您现在的梦想是什么?

受访者:梦想倒是没有。接下来的打算嘛,因为我在东京也有住所了,如果能搞下去就搞,顺其自然,不要勉强。

采访者:最终会选择落叶归根还是落地生根?

受访者:到了老年才知道,这方面的想法到那时候才知道,现在不知道。但是中国也是挺好的。毕竟我们是中国人嘛,一家人现在在这里嘛,老了后不知道,看情况。

第四节　从料理店到酒吧

——林洪金　口述

受 访 者:林洪金,男,1961 年出生于温州市

采访时间:2010 年 1 月 31 日

采访地点:东京都

采 访 者:郑乐静

录音整理:杨维波,王小丽

文稿编辑:郑乐静

采访者:能否介绍一下您是如何想到来日本的?

受访者:我爷爷以前就在日本嘛。

采访者:您爷爷是哪一年来的?

受访者:我就不太清楚了。中华人民共和国成立前吧。

采访者:名字是?

受访者:林恒吉[①]。

---

① 林恒吉于 1920 年赴朝鲜,1922 年转日本,先后开设中餐馆、煤炭店等。曾担任长野县华侨总会会长(长野县华侨总会创建于 1945 年,初为长野县联络组,1946 年改为今名)。其子林叶通(1939 年出生于温州市瓯海区)于 1973 年赴日继承父业,于 1986—1977 年担任长野县华侨总会会长。

采访者：他是一个人来的？

受访者：一个人来。多少年了，我就不知道了，大概70年有的吧。

采访者：那时候他是来日本经商？

受访者：那是中华人民共和国成立前，我们都还没有出生，不太清楚。

采访者：那您爸爸呢？

受访者：我爸爸是1973年来的。

采访者：他是一个人吗？

受访者：一个人。

采访者：您爸爸是林叶通先生？

受访者：对，对。

采访者：他是通过什么方式来的呢？

受访者：就是我爷爷办探亲来的。

采访者：那时候您爷爷还健在？

受访者：对，对，还在。

采访者：来了以后就直接去长野？

受访者：对。

采访者：能稍微介绍一下您爸爸来日本以后的经历吗？

受访者：我爸爸来日本后就一直在开餐厅。我爷爷去世后，他就当长野县华侨总会会长。

采访者：他来了长野是在哪里工作呢？

受访者：在须坂市。

采访者：料理店名字叫什么？

受访者：中国饭店。

采访者：这家店是您爷爷开的？

受访者：对。

采访者：您父亲一个人来了以后，那么您母亲呢？

受访者：我母亲跟我以及2个妹妹一起来的，1980年来的。

采访者：能告诉我一下您的家族构成吗？您父亲、您母亲是温州人？

受访者：嗯，温州人。我，我哥哥，2个妹妹。

采访者：1980年来的是？

受访者：我妈妈跟我，和我的2个妹妹。

采访者：那时候您已经结婚了吗？

受访者：没有。

采访者：2个妹妹也都没有？

受访者：对,对。

采访者：然后,现在呢？

受访者：现在都结婚了。

采访者：那您的妻子是温州人吗？

受访者：对,温州人。

采访者：妹妹们的丈夫呢？

受访者：也都是温州人。

采访者：那您哥哥在温州吗？

受访者：我哥哥来了日本又回去了,现在在温州。

采访者：他的太太也是温州人吗？

受访者：对,对。

采访者：那下一代是怎样的？

受访者：我哥哥嘛,就是有1个女儿和1个儿子。

采访者：您下面是？

受访者：我3个。

采访者：3个是？

受访者：女孩,男孩,女孩。

采访者：您妹妹下面？

受访者：大妹妹嘛,1个女儿,1个儿子。小妹妹嘛,1个儿子,1个女儿。

采访者：这些人中在日本的是？ 您哥哥是回去了,他太太呢？

受访者：就是我哥哥一个人在中国,其他的全部在日本。

采访者：那您哥哥是什么时候来日本的？

受访者：他来好多趟了。开始流行留学的时候来过吧。

采访者：他是来留学的？

受访者：是的,第一次来日本是留学的。

采访者：是什么时候？

受访者：那个时候上海人来日本留学很多的,1990年,1991年左右。

采访者：他是一个人过来的？

受访者：对。

采访者：那您和您的母亲来了日本以后是怎样的经历？

受访者：刚到这边么就是在店里帮忙嘛。

采访者：那时候店里的员工构成如何？

受访者：开始有日本人在的，后来就没什么日本人了。

采访者：厨房里面都是？

受访者：中国人。

采访者：温州人？

受访者：不是，是东北的研修生。

采访者：一共有几个人？

受访者：那时候 2 个人，都是东北人。

采访者：店里呢？

受访者：那时候有 1 个日本人在，后来就是我们自己在做。

采访者：那现在的店里呢？

受访者：现在有没有开，我就不敢说了。有时候开，有时候不开。现在几乎就没怎么做了。店有时候开，开的话就是晚上 5 点到 10 点。

采访者：这种状况是什么时候开始的？

受访者：差不多 4 年前。现在我自己开酒吧去了。

采访者：是什么时候开始做酒吧的？

受访者：我在这家（中国饭店）差不多 10 年吧，就去开酒吧去了。开始开酒吧"夜来香"，是七八年前吧，2002 年或者 2003 年吧。现在已经没有了，被火烧掉了。

采访者：这家酒吧开了多久？

受访者：开了 11 个月，被火烧掉了。

采访者：这家酒吧是您一个人投资的？

受访者：对。

采访者：里面的员工是？

受访者：都是泰国人，5 个。我几乎没有去的，就是晚上去看看。

采访者：酒吧关了以后呢？

受访者：又开了两家酒吧。"新天地"到今年（2010 年）6 月份 5 年了吧。另外一家叫"美人草"，3 年前开的。

采访者： 这两家都还在？

受访者： 是的。

采访者： 员工构成？

受访者： 楼上（指"新天地"）5个。楼下的"美人草"全部是中国人，上海的，东北的。温州人没有。楼上是有1个温州人的。楼上5个中有1个温州人，1个日本人，3个泰国人。

采访者： 这个温州人是亲戚吗？

受访者： 不是亲戚，她是结婚来日本的。

采访者： 那您是如何招到她的呢？

受访者： 在同一个地方我认识的。是我表妹帮我介绍的。

采访者： 您在日本碰到最大的困难是什么？

受访者： 语言吧。

采访者： 除此之外，生活方面和国内相比有什么不适应的吗？

受访者： 我觉得是没有差什么。除了语言以外，就是没有人认识。困难是没有怎么碰到。因为我们家族都已经在日本了。

采访者： 你们家族还有别的亲戚在日本吗？您父亲有兄弟姐妹吗？

受访者： 有1个姐姐和1个妹妹，都在中国。

采访者： 您奶奶也是温州人？

受访者： 对。

采访者： 您爷爷在日本没有再结婚？

受访者： 没有。

采访者： 他下面是？

受访者： 是大姑，我爸爸，下面还有1个小姑。

采访者： 就是您爸爸一个人来日本了，她们都没有过来？

受访者： 爸爸的妹妹来过一次，就是我爸爸去世（4年前，2006年）的时候来过一次。爸爸的大姐也来过一次，七八年前来探亲。

采访者： 她们的孩子在日本？

受访者： 都有孩子在日本。

采访者： 大姑父是温州人？

受访者： 是。

采访者： 小姑父是温州人？

受访者：是。

采访者：然后下面是几个孩子？

受访者：大姑有 6 个孩子，最小的 2 个孩子(1 个儿子，1 个女儿)在日本。

采访者：小姑下面呢？

受访者：小姑只有 1 个女儿在这边。小姑总共 3 个孩子，二女儿在日本。另外 2 个都在荷兰。

采访者：那您小姑现在在中国？

受访者：嗯。她有时候去荷兰探亲。

采访者：您大姑下面的儿子是什么时候来日本的？

受访者：1986 年来的。办留学过来的，3 月还是 10 月，我忘了。

采访者：那时候签证很难吗？

受访者：很简单的。他高中毕业来日本留学，现在 40 岁左右，来了后在东京待了五六年，一直在日本，中间有工作过，现在他自己开餐馆去了。

采访者：他开餐馆是否有大家的帮忙？

受访者：大概我父亲有帮他忙吧。

采访者：他现在在哪里开？

受访者：也是在长野。

采访者：哦，他从东京回来后一直在长野开餐馆？

受访者：对。

采访者：那他结婚了？他太太也是温州人？

受访者：对。

采访者：几个孩子呢？

受访者：1 个儿子，1 个女儿。

采访者：大姑的小女儿呢？

受访者：她是嫁给日本人。

采访者：她下面是？

受访者：1 个女儿，1 个儿子。

采访者：她是日本籍？

受访者：现在大概是日本籍吧。

采访者：她是怎么来日本的？

受访者：是我妹妹帮她介绍的日本人。我最小的小妹。

采访者：以日本人配偶的身份办来日本？

受访者：对的。

采访者：大概什么时候来的？

受访者：1993 年年初或者 9 月份。

采访者：今年（2010 年）几岁？

受访者：38 岁左右。她嫁到长野，现在在上班，是公司正式员工吧。

采访者：您小姑家的二女儿是什么时候来的？

受访者：也是 1993 年。

采访者：她是几岁呢？

受访者：40 岁，41 岁。

采访者：她是如何来日本的？

受访者：她开始是来留学，后来就跟日本人结婚了。

采访者：你们亲戚的留学都是在你们的帮助下办的吗？

受访者：对，对。

采访者：小姑的二女儿下面有孩子？

受访者：有 1 个儿子。

采访者：她们的孩子都是日本籍？

受访者：对。我们家全部拿日本籍了，就剩我母亲还没有拿。因为我大哥还是拿中国籍，我侄子他们还是拿中国籍，就是我哥哥的下面都还是中国籍。其他全是日本籍。

采访者：您小姑的二女儿来日留学后？

受访者：我大妹妹给她介绍和日本人结婚。

采访者：你们亲戚都在长野，大家住得很近吗？

受访者：我们是蛮近的，我的大妹妹住在千叶，以前住在长野，搬到千叶有 10 年了。

采访者：您大哥？

受访者：来了很多次，都回去了。

采访者：都是以什么身份来的？

受访者：第一次是留学，第二次是观光，第三次是聘请厨师。最少来三次了。

采访者：他太太呢？

受访者：现在是定居了。

采访者：当初他来的时候,把全家带过来?

受访者：嗯,他自己回去了。

采访者：那您的大妹妹?

受访者：她房子买到千叶了,现在不知道在做什么。

采访者：她当初和您一起来日本的时候呢?

受访者：那就是读书嘛。

采访者：然后呢?

受访者：毕业后就去铃木公司上班了。

采访者：一直到现在?

受访者：现在就不知道了。

采访者：哦,在长野的话是以上的经历。

受访者：对。

采访者：那您小妹呢?

受访者：小妹是自己在开餐厅。

采访者：来日本也是先读书?

受访者：对,对。

采访者：刚来的时候还很小吧?

受访者：对,在中国上小学三年级左右的时候来的。大妹妹和小妹妹来的时候都是先念小学一年级。后来第二年就开始念四年级还是五年级。她们年龄相差一两岁。上初中,高中,没有上大学。小妹妹毕业后,有在东京工作一段时间,然后回长野开餐厅。

采访者：她们一直在日本长大,但结婚的对象都是温州人,为什么呢? 是否是因为同一个地方的人语言风俗都比较像?

受访者：对。

采访者：是不是家里人希望她们一定要嫁温州人?

受访者：没有。

采访者：她们都是回到温州以后相亲结婚的?

受访者：对。

采访者：您和总商会是什么时候开始认识的?

受访者：他们都是温州人嘛,很早以前就认识了,但是没有什么来往。来日本之前就认识几个。现在是总商会,以前不是有个温州同乡会嘛。

采访者：以前是和同乡会交往比较多？

受访者：对，对。同乡会现在都是年轻人，以前年龄大的比较多。

采访者：那您什么时候开始参加活动的？

受访者：成立这个会的时候，2000年，第一次参加活动。因为我们住得比较远，来得很少，电话里有联系的。

采访者：您来日本以后，交往的朋友是以哪里人为主？

受访者：都是跟日本人交往。

采访者：比例是多少呢？

受访者：90％。中国人占10％。跟温州人交往就是亲戚，或者偶尔有这样的温州人聚会（新年会）会来参加一下。

采访者：同乡会的活动也有参加？

受访者：不是每次都来。

采访者：您会选择落叶归根还是落地生根？

受访者：想是想回中国，回不了了，还是在日本吧。小孩都在这边，大概回不去的。在中国发展是不可能的。

第二章

日裔中国人

"日裔"是指居住在海外的日本人移民及其子孙。《美洲大陆日裔人百科全书》将在美洲大陆的"日裔"定义为：所有的日本人移民和其子孙，有日本人血统，在美洲大陆的各自定住国的特有的环境下形成独自社群的人们。[①]

1868 年，日本政府开始推行明治维新，在建立了大批近代化大工业企业的同时，也促使因苛捐杂税而破产的农民纷纷涌入城市谋生。为了减轻日本国内过剩人口的就业压力，明治政府开始推行海外移民政策。19 世纪下半叶到 20 世纪中叶，日本出现了两类不同性质的移民。一类是经济性劳动力移民，主要发生在 1910 年以前；另一类是政治性移民，出现在 20 世纪 20 年代以后。

1884 年，日本与夏威夷就移民问题签署了《约定书草案》，于 1885 年招募了第一批 946 名日本契约移民奔赴夏威夷做工。[②] 以此次的"政府契约移民"[③]为开端，大批的日本农民开始走出国门，奔赴夏威夷、北美地区（美国、加拿大等）、大洋洲、东南亚部分地区以及拉美地区（巴西、墨西哥、阿根廷、智利、秘鲁等）等地，主要从事有关农场、矿山和渔业等体力劳动。这一类型的日本海外移民大致经历了夏威夷移民到北美移民再转向拉美移民的发展过程。

---

① アケミ・キクムラ＝ヤノ.アメリカ大陆日系人百科事典.東京：明石書店,2002：11.
② 吴占军.国际关系视角下的近代日本海外移民：以近代日本的美国移民与日美关系为中心.日本研究,2014(4)：54.
③ "政府契约移民"在日语中称为"官约移民"。1886 年，日本政府和夏威夷王国签订了《日布渡航条约》，日本人移民海外正式得到明治政府的承认，开启了日本海外移民史上的官约移民时代。1885年至 1894 年，经由日本政府办理去往夏威夷的官约移民先后共 26 次，共输出 3 万人左右。

与劳动力输出型的经济性移民不同的是,20 世纪 20 年代以后,在殖民政策的指导下,日本政府开始有计划地向朝鲜、中国台湾和东北地区输送日本人。这些移民属于政治性移民。

早在 1894 年甲午战争以后,日本就已经开始有计划地向中国东北移民。吴万虹将二战以前的日本人移民中国东北地区的历史划分为四个时期。[①] (1) 1905—1931 年,以满铁[②]为中心的移民期;(2) 1932—1936 年,试验移民期;(3) 1937—1941 年,正式移民期;(4)1942—1945 年,移民事业失败期。在长达 40 年的时间里,总计 155 万日本移民被送到了中国的东北、内蒙古等地。1945 年 8 月 15 日,日本宣布无条件投降,此时在东北的日本人也开始纷纷逃亡。据日本外务省调查资料,1945 年日本投降时,在中国东北的开拓团有 1131 个,日本移民人数计有270428 人。而在日本战败仓促撤退,苏联出兵东北,开拓团男性被征兵等混乱形势之下,开拓团的男女老少开始集体大逃亡。在逃亡途中,他们为了让孩子活命,送给中国人抚养,一些失去双亲的孩子亦被有善心的中国人收养,而一些在逃亡过程中失去亲人的日本妇女嫁给了中国人,成为"残留孤儿"和"残留妇人"[③],约有 1万人。[④] 这些人因在战争中失去亲人或与亲人走散等原因,不得已滞留在中国,被中国人收养或与中国人结婚。日本政府将该特殊群体称为"中国残留邦人"。这一群体及其后代是现今的日裔中国人的主要构成。

东北地区的日裔中国人的出现,是战争遗留的问题,那么远在东南沿海的温州地区怎么也会出现日裔中国人呢?

旅日华侨由于某些原因在二战前携带日本妻子和儿女来到中国,因为战争等原因无法回到日本,之后又因为很长一段时间中日两国之间没有建立邦交关系,因此不得已在中国留了下来。因为这些人有着日本血统,所以这些人及其子孙也是日裔中国人的一大组成部分。

本章中的 3 位受访者就是日裔中国人及其后代。第一节中的受访者任家丰的

---

① 吴万虹.中国残留日本人の研究.東京:日本図書センター,2004:10 - 25.
② 南满洲铁道株式会社的简称。
③ 日本政府称其为"中国残留邦人",其中将战败时 13 岁以上的女性称为"残留妇人",将未满 13岁的人称为"残留孤儿"。围绕着如何称呼这一特殊群体,学界一直争论不断,提出了"遗留中国日本人""留华日本人""在华遗孤""日系中国人""日裔中国人""日侨""中国归国者"等一系列称呼,虽然任何一个称呼都难尽如人意,但目前"中国残留邦人"已经成为日本政府的规范称呼。中国人则把日本因战败遗弃在中国的孤儿称为"日本残留孤儿"或者"日本遗孤"。
④ 吴万虹.中国残留日本人の研究.東京:日本図書センター,2004:30.

父亲是温州人,母亲是日本人。他的父亲于 20 世纪 20 年代赴日行商,娶了日本妻子。30 年代,他的父母回国后,因种种原因没法再去日本,直至 80 年代他的母亲才带上家人东赴日本。

第二节的受访者章祥华的爷爷是温州人,奶奶是日本人。他的爷爷于二战前去日本,娶了日本妻子,养育了 6 个孩子。随着中日战事日益趋紧,他的爷爷带着最小的儿子,即章祥华的父亲回到了中国,而将日本妻子和其他子女留在了日本。他的爷爷回到中国后再也没有去日本。1977 年,他的父亲带着家人逐渐回到了日本。

第三节的受访者陈城的外公是青田人,外婆是日本人。他的外公也是于二战前去日本,娶了日本妻子,在日本生育了 3 个孩子(一男二女)。随着中日关系日益紧张,他的外公带着日本妻子和 3 个孩子回到了故乡青田。20 世纪 80 年代,陈城的一个表兄弟借赴日留学的机会,找到了他母亲在日本的出生证明和户籍记录,顺利地以"中国残留邦人"的途径开启了整个家族的赴日移民之路。

以下对照"中国残留邦人"的回日途径和在日本社会的适应状况,来分析来自温州的日裔中国人赴日途径和融入日本社会的进程。

(一) 艰难归国路

日本政府将在战争这种非正常状态下留在中国的日本人分为两类:一是"日本籍残留日本人",二是"中国籍残留日本人"。[1]

日本籍残留日本人是指在 1945 年 9 月 2 日以前来到中国并在中国定居,在 1945 年 9 月 2 日以前就拥有日本国籍且现在依然拥有日本国籍的人;或者父母在 1945 年 9 月 2 日以前来到中国,本人在中国出生、定居,直到现在仍然拥有日本国籍的人。

中国籍残留日本人是指 1945 年 9 月 2 日以前拥有日本国籍,并且在 1945 年 9 月 2 日以前来到中国并定居在中国,现在拥有中国国籍的人;或者父母在 1945 年 9 月 2 日以前来到中国,本人在中国出生、成长并定居在中国,现在拥有中国国籍的人。

因受战后中日两国外交关系等的影响,这些人回归日本的道路非常艰难。中

---

[1]　口上書.(93)第 4 号.東京,1994－12－15.

华人民共和国成立之初,由于中日两国尚未恢复邦交,在中国红十字会和日本红十字会等中日民间团体的共同努力下,约 2.7 万人①实现了归国梦想。1972 年中日建交后,中国又正式启动"中国残留邦人"的遣返工作,日本厚生省实施寻找残留孤儿的公开调查,一些在中国的残留孤儿也开始赴日寻亲。至今为止,永久定居日本者总共 6716 人(含家属共 20894 人),其中残留孤儿 2556 人(含家属共 9377 人),残留妇人 4160 人(含家属共 11517 人)。② 他们大多是在 20 世纪 80 年代初到 90 年代中期的十几年间大规模重返日本定居。由于这一时期,正值日本经济高速发展时期,中日间的经济差距更加促使他们怀着"日本梦"踏上回国之路。往往是一位残留孤儿或残留妇人回国,平均携同两至三位家属同行,到了日本以后,再以家族团聚的方式把余下的家族成员陆续带到日本。

温州的日裔中国人,与东北地区的残留孤儿和残留妇人情况有所不同,一般是父亲为中国人,母亲为日本人,有在日本出生的,也有是父母回中国后在中国出生的。因为他们拥有日本血统或者日本户籍,所以他们也加入了 20 世纪 80 年代开始的残留孤儿和残留妇人大规模归国这趟顺风车之中。本章的 3 位受访者中,章祥华家族最早,于 1977 年赴日,其他两个家族都是 80 年代赴日。除了赴日时期的重合性以外,在赴日动机上,温州的日裔中国人也表现出极大的积极性。与其说是"回国",不如说是"出国",带着对日本的美好生活的憧憬,他们携妻带子举家奔赴日本。比如陈城的表兄弟于 80 年代初留学日本,为了能继续留在日本,千方百计地找到他母亲在日本的出生证明,由此带动了整个家族 60 余人移居日本。

(二) 社会适应问题

作为血统上的日本人,文化上的中国人,这些日裔中国人是如何融入日本社会的呢?

"中国残留邦人"由于长年在中国生活,一旦回到日本定居,就要面临情感、文化、生活等诸方面的问题。日本政府为了让他们更好地融入日本社会,采取了一系列的措施。返回日本的"中国残留邦人"、他们的配偶及子女先被集中在"中国归国者定居促进中心"学习 4 个月,以基础日语指导、基本生活习惯指导、就业咨询等为

---

① 吴万虹.中国残留日本人の研究.東京:日本図書センター,2004:31.
② 中国残留邦人の状況(2016 年 6 月 30 日).http://www.mhlw.go.jp/stf/seisakunitsuite/bunya/bunya/engo/seido02/kojitoukei.html,2016 - 07 - 22.

主,然后他们在定居地的"中国归国者自立研修中心"学习 8 个月,接受日语学习、就业、就学等指导。但是适应异文化社会并非易事,虽然比起其他在日中国人来,"中国残留邦人"及其眷属在社会福利和就业等方面享受更多日本政府所提供的便利,但是在实际生活中,他们依旧困难重重。

1. 日语水平

语言是他们遇到的首要障碍。20 世纪 80 年代归国的残留孤儿大多年过半百,记忆力下降,加之他们原先大多生活在中国东北的经济落后地区,受教育程度相对比较低,因此学习日语相当困难。

从表 2-1 的统计数据可以看出,残留孤儿及其配偶的日语水平不是很高,大部分仅能应付简单的日常购物交流需要,而其子女和孙辈的半数以上可以用日语正常交流。

表 2-1 归国定居日本残留孤儿及其眷属的日语水平

日语水平	残留孤儿	配偶	子女	孙子女	全体
可正常交流	8.8%	2.9%	40.5%	40.7%	18.5%
能够理解电视新闻	6.7%	3.7%	11.9%	7.0%	7.6%
能够应付工作场合的会话	18.5%	15.5%	20.8%	7.8%	18.1%
自由购物没问题	26.2%	24.3%	11.7%	17.4%	20.3%
会简单的问候语	33.7%	38.0%	12.1%	22.5%	27.4%
完全不会	6.0%	15.6%	3.0%	4.7%	8.1%

注:调查对象为 1984 年以后前往日本者,回答者共计 5902 人。
资料来源:王欢.归根:日本残留孤儿的边际人生.北京:世界知识出版社,2004:186.(原文数据如此)

本章受访的 3 位温州的日裔中国人中任家丰年龄较大,没有去过日语培训机构学习日语,由于语言不通,直接到中国人开的饭店里工作。章祥华来日本时才17 岁,他先是在日本民间友好团体提供的日语培训机构免费学习日语 1 年,然后进入日本的高中继续学业。陈城一家享受了和残留孤儿一样的待遇,到日本后,先是在中国归国者自立研修中心免费学习 1 年日语,然后在公共职业安定所[①]的介绍

① 公共职业安定所是根据《厚生劳动省设置法》第 23 条设立的职业介绍机构。

下找到工作。

2. 职业状况

从表 2-2 的统计数据可以看出,80％以上的残留孤儿及其眷属主要从事技工、采掘、制造、建筑业等 3K 行业[①],处于日本社会的中下层。

表 2-2 归国定居日本残留孤儿及其眷属的职业状况

职业类别	残留孤儿	眷属
医生	0.1％	0
护士	1.2％	0
针灸师	1.2％	1.2％
翻译	0.3％	0.4％
中文教师	0.4％	0.4％
其他技术工作者	1.6％	2.1％
管理工作者	0.5％	0.2％
事务性工作者	1.8％	2.1％
经商从业者	2.0％	2.1％
保安、营业员	9.4％	11.0％
农林渔业从业者	0.8％	1.2％
运输、通信业从业者	0.8％	0.4％
技工、采掘、制造、建筑从业者	80.0％	80.2％

注:调查对象为 1984 年以后前往日本者,回答者共计 1280 人。

资料来源:王欢.归根:日本残留孤儿的边际人生.北京:世界知识出版社,2004:183.(原文数据如此)

本章受访的 3 位温州的日裔中国人中,陈城及其妻子接受了中国归国者自立研修中心的就业指导,通过职业安定所找到正式工作,妻子在制造汽车地毯的公司工作。而任家丰到日本后直接投奔到青森县的日本姨妈家,靠自己的能力找到工作。因为语言问题,他先后在中国人开的中华料理店和贸易公司工作多年,积累了一定的资金以后,自己开了料理店。章祥华因为到日本时年纪小,所以适应日本社会较快,他在日本读了一两年高中以后,就和他的哥哥一起开了中华料理店,现在

---

① 3K 行业是指普通日本人不愿意从事的危险(kiken)、肮脏(kitanai)、辛苦(kitsui)的行业。

转向经营贸易公司。在就业方面,温州的日裔中国人比起依赖日本政府的支援来,更多的是向在日温州人社会寻求帮助。任家丰提到自己的创业时对温州同乡的帮助念念不忘:"那时候说老实话,我本身对料理方面就不是内行……我们温州人呢,就是团结。大家互相呢可以帮助。潘宝吉会长,还有他的弟弟,都是静冈的,还有川崎的一个老华侨的儿子也是开饭店的哦。还有长野林叶通一家,大家都认识。所以呢,我一家一家都去取经……特别是后来,潘宝吉的弟弟,现在去世了哦,潘宝元,他对我们当时这个开店也是帮助很大的,特别是在我们开张的时候,他来帮了我们3天。"

3. 文化认同

作为血缘上的日本人,残留孤儿带着对祖国日本的美好憧憬历尽千辛万苦回到日本。陌生的环境,淡薄的亲情,"我是谁?"的身份认同问题时刻围绕着他们。虽然他们拥有日本国籍,但是满口地道的中文,不熟练的日语,在日本人眼里,他们永远是中国人。而在中国人眼里,他们是日本人。王欢将残留孤儿在文化适应上出现的这种状况称为"文化休克"。"残留孤儿长期在中国文化环境生存,语言、思维方式、行为习惯深受中国文化的影响,在完成社会化以后,形成了自我人格,也就是具有中国人的一切特征。后来他们陆续知道自己是日本人,有一种向日本文化靠拢的心态。定居日本后,面临的是日本文化的环境,原有的旧人格背后暗含的中国社会文化底蕴与日本文化不可避免地出现冲撞。要适应日本社会,就必须再一次社会化。在再社会化过程中,由于残留孤儿同时分别认同于两种文化,因而他们身上必然存在两种文化期待和文化冲突,势必在心理上产生认同上的混乱,引起种种不适"[1],他们成为日本社会的边缘人。

本章的3位受访者及其在日家族成员均已取得日本国籍。因为他们拥有日本血统,和其他在日温州人相比,他们对于加入日本国籍并没有太多心理上的抵触感。但是拥有日本国籍并不代表他们的文化认同也归属日本。3位受访者均在访谈中流露了对中国的思乡之情,在文化归属意识上,仍然呈现显著的对中国文化的认同。章祥华说自己年纪大了以后,还是想回到温州的。但是由于他的子女都是在日本出生成长,不可能回国,所以他也只能经常在中日两国间来来往往,不可能长期在温州,也不想长期在日本。陈城更是强烈地表达了回国愿望:"在这里就会感到精神压力大。所以想快点回国,在中国很开心……在这里,大家只是很礼貌地

---

[1] 王欢.残留孤儿的社会适应性研究.北京邮电大学学报(社会科学版),2001(3):17.

打招呼,根本不知道他们内心真实的想法,虽然日本人很有礼貌,也很好,但是总感觉融不进去。"

第一节 我的妈妈是日本人

——任家丰　口述

受 访 者：任家丰,男,温州人

采访时间：2010 年 1 月 23 日

采访地点：东京都

采 访 者：郑乐静

录音整理：杨维波,王小丽

文稿编辑：郑乐静

(一) 从中国到日本

受访者：我叫任家丰,1980 年来到日本。为什么我选择到日本来呢？当时,我有一个条件呢,就是说,因为我妈妈是日本人。

采访者：妈妈是日本人？

受访者：嗯。所以呢,就是有这个条件呢,可以到日本来。那么,1980 年到现在,你看嘛,是 30 多年了。

采访者：那您来的时候是一个人来的吗？

受访者：我,我母亲,还带了个女儿。

采访者：那您太太是什么时候出来的？

受访者：她后来 1 年半后才出来。余下的家属都一起出来了。

采访者：余下的家属有？

受访者：我太太,还有我小儿子。

采访者：您有几个孩子？

受访者：3 个孩子。还有 1 个大儿子呢,那时候,还在读高中。那么我想呢,等他高中毕业后再(让他)出来。

采访者：后来您大儿子来了吗？

受访者：大儿子在他妈妈来了以后，过了1年才来。

采访者：那您父亲呢？

受访者：父亲呢，在中国的时候，因为我姐姐还是留在温州的，那么我姐姐呢，叫他在她家里先住一下。为什么这么安排呢？我是这么考虑的，一下子人过来太多么，这里我条件还不行哦。还有一个呢，我姐姐家里条件也很好的哦。那就先在她家里，如果以后他想出来的话，我们再叫他出来。但是后来他年纪大了，后来就身体不行了。

采访者：那你们家族中就是您母亲还有您一家过来？

受访者：是的。后来，就是我父亲来不及了，他去世了。

采访者：您说您妈妈她是日本人，您知道她原籍是日本哪里吗？

受访者：日本青森县。

采访者：那她是怎么去了温州的呢？

受访者：那个时候呢，因为我爸爸原来是老华侨。那个时候的老华侨现在差不多都去世了。就是以前的那些老华侨哦。

采访者：他是什么时候来，第一次来日本的？

受访者：来日本的话，他是1925年左右吧。具体我记不清了。

采访者：他那时候过来是做什么的？

受访者：那个时候呢，不像现在这样，护照什么都没有的。只要你能跟人联系上，买张船票，过来就可以住下来。所以，那个他住下来以后呢，在日本也待了10年左右。

采访者：他主要在哪里？

受访者：也是在青森县。他来了日本以后，当时我们那边温州同乡好几个。他们都是靠（近）青森那边的。青森啊，秋田。

采访者：您父亲来了日本以后就直接上那边去了？

受访者：直接上那边去了。那个时候，我爸爸的哥哥也在日本的。所以说嘛，有人带嘛，大家都到那里去了。

采访者：您伯伯是和您爸爸一起来的，还是比他早？

受访者：比他早。老华侨，现在我想起来，像那个静冈的，姓潘的。我们原来温州老家也是很近的。原来在国内就认识。到日本以后呢，因为都是同乡嘛，就是我们住的那个村子的隔壁的村子，很近的。所以他们到日本以后呢，他们经常在一起来往。

采访者: 那您父亲在青森主要做什么呢?

受访者: 那个时候,因为中国人当初过来的时候没有本钱。一个是拿些东西,放在自行车上,到每家每户卖。什么布料啊,领带啊,什么钱包啊,眼镜啊。他们都这样开始的。这样开始以后呢,我爸爸和我妈妈认识了,后来他就在青森县开料理店。开了两三家。

采访者: 是中华料理?

受访者: 是中华料理。嗯,开了两三家。后来为什么他要回去呢? 一个么来了也快 10 年了哦,他也想回家看看。一个么,和我妈妈结婚,有老婆了,也想带她回去。但是呢,回去的时间不好,刚好是战争前。我妈妈去的时候呢,我姐姐刚好在肚子里面,是五六个月。结果呢,一到中国以后呢,不是生孩子嘛,生了孩子后呢,一时不能动嘛,就不能出来了。那个时候呢,东北就开始打仗了。

采访者: 那您爸爸是什么时候回去的?

受访者: 大概是 1935,1936 年吧。

采访者: 然后战争全面爆发后,就没法回日本了?

受访者: 嗯,就没法回来了。

采访者: 他当初也是打算回日本的?

受访者: 嗯,打算回日本的。

采访者: 店都还在日本?

受访者: 嗯,店都还在。还有一个呢,我妈妈家里是没有男孩的。也就是说他(指父亲)可以在我妈妈家里待下去。

采访者: 您兄弟姐妹有几个?

受访者: 我就 1 个姐姐。

采访者: 你们两个都是在中国出生的? 都在温州?

受访者: 嗯。

采访者: 您姐姐也来(日本)了,听说她在横滨。

受访者: 她是离现在 15 年左右吧,15 年前,我把她家属都带出来。

采访者: 她丈夫也是温州人吗?

受访者: 嗯,也是温州人。他们 1 个女儿,1 个儿子。

采访者: 都是在温州出生?

受访者: 都是在温州出生。她儿子么,带了媳妇,2 个孩子,家属哦。她女儿也是带着丈夫,2个儿子。都出来了。他们那时候就经常打电话给我:舅舅啊,你把我们带日本去啊。但是我告诉他们,到日本来,我可以帮助他们带他们来,但他们必须要吃苦。不那么容易哦。

采访者:那您刚来这边,可能也是什么都没有。您刚来日本的日子,是怎么过的?

受访者:当时呢,我妈妈原来是青森出生的,妈妈呢有个妹妹。我们来的时候呢,先在她家里待着。

采访者:(妈妈的)妹妹是在哪里?

受访者:也是在青森县。也就是说我阿姨,在我阿姨家里待了一段时间。

采访者:也就是说您来日本以后就直接去了青森。

(二)从打工到创业

受访者:住了一段时间后呢,我来日本也是想干点什么的哦,在家里待着也待不下去。后来呢,亲戚介绍呢,你没有办法,话不懂,你就到中国人开的店那里去干。结果呢,我就到青森县一家中国饭店里去干了大概不到1年。

采访者:也就是1980—1981年您在那里做。

受访者:对,到1980年年底。不对,1981年年底。后来呢,我想在这个中华料理店干下去呢也没什么前途,再说收入也低。还有一个呢,这样干下去呢,也不是我自己所想的哦。后来呢就是通过朋友介绍,到一家贸易公司,这个地方就换了,就到那个石川县。

采访者:也就是说1982年年初,您就到(贸易公司)?

受访者:反正是年底年初,就到贸易公司。为什么进他那里呢?他那里是专门经销我们中国的商品。反正中国的一般的商品都有,高级的话,就是那些象牙的船啊都有。还有,我们一般的茶叶啊,还有江西景德镇的一些陶瓷啊。

采访者:那您在那里做了多久呢?

受访者:加起来一共做了6年吧。

采访者:那时候您进入这家贸易公司,是为了自己以后的创业,有目的性地找的吗?

受访者:对。他那里主要是经营中国的商品哦。但是后来为什么呢?是因为那个时候呢,商品都是很简单的东西,从日本人的角度来看呢,当时是好的,到后来就不行了。不行之后呢,这家公司就停办了。

采访者：哦,这公司停办之后,您才不干的。

受访者：那以后呢,当时我也想,年纪么也差不多了哦,再去另外的公司干呢,也不好,那就刚好,就开料理店了。刚好我们附近有一家料理店空着。我们两个人(指夫妇俩)就一起开店。

采访者：在石川开的吗?

受访者：嗯,第一家。那时候说老实话,我本身对料理方面就不是内行。在青森县那里干了不到1年哦,1年的话呢,就说基本上懂了些哦。所以说,这里的话呢,我们温州人呢,就是团结。大家互相呢可以帮助。潘宝吉会长,还有他的弟弟,都是静冈的,还有川崎的一个老华侨的儿子也是开饭店的哦。还有长野林叶通一家,大家都认识。所以呢,我一家一家都去取经。

采访者：那您来之前就大概知道他们在哪?

受访者：这个不怎么清楚。在日本我是知道的。后来,就是老会长(潘宝吉,曾任日本温州同乡会会长)介绍的。认识他以后呢,就和那些温州人都认识了。然后呢,他也马上说,你也来参加我们这个会。这样呢,经常和大家一起交流。

采访者：就是说您来日本后,除了您家人以外,认识的第一个温州人是潘宝吉先生?

受访者：对。

采访者：在他的介绍下您加入了同乡会。

受访者：特别是后来,潘宝吉的弟弟,现在去世了哦,潘宝元,他对我们当时这个开店也是帮助很大的,特别是在我们开张的时候,他来帮了我们3天。

采访者：他到石川县去帮助你们?

受访者：嗯。我请他来,他就来帮忙。那时候呢,在我们没有开店的时候,就认识了。

采访者：在他们的帮助下,您就自己开店了。

受访者：还有一个,我们自己也省吃俭用哦,勤劳。你自己要干什么东西呢,没有钱不行的,要有资金。所以呢,开店的时候要有资金。有资金以后呢我们就去开张了哦。那个10年呢搞得很好。在这个10年之中呢,钱呢,我也积蓄起来了。

采访者：就是说在石川,您开了10年的店,积累了一定的资金。

受访者：后来为什么到东京来呢?这个呢是因为,当时有一个过程,我的大儿子在石川结婚的时候呢,这个同乡们不是都到我们家里来了嘛,在那个结婚仪式完了以后呢,都到我店里来,他们都说:哎呀,老陈,你为什么一个人在这里啊,你姐姐也在横滨,我们同乡会都在那边。你这样的话,下次有什么事情我们也不来了。

采访者:就是劝你们来东京。

受访者:嗯,劝我们来东京。我自己呢,本身也喜欢到大的地方去。大儿子结婚以后呢,也到横滨了。这样的话呢,我也向儿子靠拢。要干的话呢,说干就干。实际上那个时候我店里头生意还是很好的。那么我就没办法哦。我对大儿子说,你先给我找个店,我们现在要转过去的话呢,有个店就能转过去。就这样搬过来了。

采访者:那大概是哪一年呢?

受访者:离现在 10 多年了啊。平成八年(1996 年),好像是。

采访者:平成八年,您搬到了东京?

受访者:嗯。

采访者:您搬到东京的店是租过来的吗?

受访者:对,是租过来的。在有那家店以后呢,中途就买了现在这个房子。我们温州人大家脑子都是一样的。你想那时候,租个公寓每个月要十三四万日元,租个店 16 万日元,所有费用加起来要 30 多万日元。每个月 30 多万日元都付的话,就不划算,当时就打算买了。

采访者:倒不如买了。

受访者:嗯,租房子的话自己就没有剩下来东西。所以当时就想,就要自己买房子。然后就买了自己这个房子。你说,当时要做长远打算。一个人要讲信用。人与人之间要讲信用,还有,你和银行之间要有信用,所以你买房子的时候,不用百分之百都自己出钱,只出 20% 或者 30%,大部分都是跟银行借的。那银行就把钱借给我。

采访者:当时您买下这幢大楼的时候,就上面出租,下面自己开店?

受访者:在买房之前啊,用温州话来说,"一靠算,二靠干",你不会算没用。所以呢,我要算嘛。这个房子呢,房间要出租,基本上呢这个房租呢,可以还从银行借来的钱。这样的话,就 10 年我就把整个房贷还清了。剩下的话,负担就轻了哦。自己有收入。

采访者:我看您的名片写的是有限公司,这是什么时候注册的?

受访者:这个就是在东京开店以后,就注册了这家公司。那个时候要招厨师啊。都要以公司的名义出面比较好。

采访者:哦,就一直做到现在。然后从您石川第一家店开始,店里的员工构成是怎样的?

受访者：石川县那时候呢,我们基本上以自己为主。

采访者：您夫妻俩?

受访者：嗯,夫妻俩,另外刷碗啊什么的,另外叫人。

采访者：叫日本人,还是叫中国人?

受访者：日本人也有,中国人也有。

采访者：招中国人的话,都不是温州人,是吧?

受访者：嗯。像现在的话,我们在做的,有中国的留学生啊。

采访者：现在这家店员工的构成呢?

受访者：现在呢我儿子,我们(夫妇)自己两个,还有媳妇。

采访者：儿子是大儿子还是小儿子?

受访者：这个是小儿子。还有叫了个江苏的厨师。另外的,都是中国的留学生啊,还有就是家庭主妇来兼职啊。

采访者：都是中国人吗?

受访者：有中国人,有日本人。她们都是打短工的,一天做 3 个小时,4 个小时哦。这样交换的。

采访者：您当初出国的时候,家里的亲戚朋友是否对您有种期望,能把他们带出来?

受访者：有。要把家属带到日本来。但是,我父亲要是当时留在日本的话,那我就很舒服了哦。他没有留在日本,等于说我来日本是什么东西都没有。都是白手起家。

采访者：那您也完成了这种大家对您的期待。您也带过来挺多的人,除了您刚才介绍的,您姐姐一家是您带过来的,除此之外,您还带过来什么人?

受访者：带过留学生。到日本的留学生,我也带过。

采访者：留学生。就是说您帮他找学校?

受访者：对,找学校,给他安排生活。

采访者：到现在为止一共有多少个呢?

受访者：我直接担保的就是 1 个人,是杭州的哦。这个小孩是我自己(带过来的)。因为我跟她妈妈认识的。她要留学,我帮做保证人。另外呢,有几个呢,是另外的人担保出来的,但是呢在中间呢,如果出了什么事情的话哦,都是我帮助他们。特别是有个在庆应大学念书的,那个姓陈的哦。他发生交通事故了,他骑摩托车跟人家汽车相撞以后,昏迷了好几个小时。后来被送到医院以后,他们在手机上找到我的号码,医院哪,没法找,看看手机上有个号码是我的号码,打电话给我。他问我这个人认不认识,我说认识。他说出事故了,交通事故了,你能不能来一下。我就马上赶过去。所以后来他那个住院什么的手续都是我给他办的。因为除了我,另外没有亲人嘛。当时担保他出来的那个人是个日本人,除了做担保人,他另外的事情不管的。

采访者:这位姓陈的留学生跟您是怎样的关系?

受访者:他的爸爸跟我是朋友,原来就认识的。他爸爸妈妈我都认识的。他到日本来呢,当时没有跟我说,他在中国有个办出国手续的地方,他们已经联系好的。到了日本以后呢,他才跟我联系。

采访者:您在生活上各个方面都挺照顾他。

受访者:嗯。后来,他出了这个事故以后呢,(对)医院方面(来说)如果没有人的话,他们也很难弄哦。他们抢救是给你抢救,但是下面的事情没法处理。以后的事情都是我给他办理。

采访者:您在日本也很长时间了,您在这边的朋友圈里,温州人、温州人以外的中国人、日本人他们各占多少比例呢?

受访者:这个事情是这样的。我们温州人,比如说同乡,还有一个中国人呢,我们讲情意团结哦。这方面呢,胜过日本人。日本人,虽然我们因为做生意嘛,有些人当时过来不知道,是一般的客人,但时间长了后就成朋友了。

采访者:那我们给他们一个比例的话,比如温州人占百分之多少?

受访者:那当然日本人多。

采访者:日本人多,那占百分之多少呢?

受访者:这个又要这样说了,我们温州同乡会的人哦,这几个人呢,终归是比日本人要亲哦。但是由于人数有限哦,人数不多。日本呢,我们时间一长,就慢慢多起来了。

采访者:您现在的这家公司,主要还是在做料理,其他没有做别的?

受访者:主要是料理,没有做别的。我那个女儿呢她开了家健康美容店。

采访者:您女儿开健康美容店,那是在什么时候呢?

受访者:那大概也是十几年前吧。大概 15 年前吧,就开始开了哦。

采访者:以前是在石川开的,还是来东京以后?

受访者:开始在石川开,开了以后也像我一样转到东京。因为我们到这里来,她也是哦。

采访者：嗯，转到东京？

受访者：嗯，也转到东京。在东京呢，在国立市，在那边开一家店。

采访者：店铺也是租过来的？

受访者：这个又要说我的事情了。当时呢，我们想去租店的，一看呢，都要二十四五万日元，借一个店铺的话，有的要 30 多万日元，那么我女儿偶然之间呢，（看到）在房屋中介的墙上挂了张纸，出卖店铺。这我就感兴趣了。我跟她一算以后呢，也不便宜，总的加起来要 2000 万日元，这样的话呢，自己拿个百分之二三十那个头金（首付）的话呢，就借来的，我自己也不过是每个月还个十几万日元就行了。

采访者：哦，那就比较便宜。

受访者：这样还下去，还个 10 年，15 年，这个店铺就是我们自己的了哦。所以这个也成功了。现在还没付完。再过个五六年就完了。

采访者：那您女儿来日本的时候还蛮小的吧？

受访者：不小，14 岁吧。

采访者：她一直是读日本人的学校？

受访者：嗯。到日本后，先也是学日语哦。她在中国初中毕业的。初中毕业以后来日本，来日本以后又从初中开始，为了学日语嘛。

采访者：哦，就是初中，高中，大学？

受访者：高中没有去，初中毕业后，就去专门学校①，所以现在开美容院。

采访者：专门学校学的就是这方面的？

受访者：嗯，美容方面的。

采访者：最后我想问您两个问题，您现在的梦想是什么？您最终会选择落叶归根还是在日本落地生根？

受访者：我已经 65 岁了，公司的事呢，以后都由我儿子管。

采访者：交给小儿子？

受访者：嗯，小儿子。还有一个我有一个自己想干的，不知道能不能成功。想到中国去，就是女儿的这一套美容健康，如果有办法的话，我想在中国搞一下。特别是我出生在浙江温州啊，还有那个杭州啊，因为我出生在温州，后来基本上都是

---

① 专门学校：日本的高等教育机构主要有大学、短期大学和专门学校。专门学校以职业教育为培养目标，根据专业的不同，学制从一年制到四年制不等，毕业后可获得"专门士"或者"高度专门士"的学位。

在杭州附近生活的,那么以后如果有可能的话呢,我想到那边去,因为我女儿要过去的话,没有我,她也不行。

采访者: 您女儿也想回去发展对吗?

受访者: 她也想。

采访者: 您最终会选择落叶归根还是在日本落地生根?

受访者: 自己的根据地呢应该是在日本的。在中国的话呢就是为了发展点事业,还有什么哦,跟朋友交流什么也经常要去哦。

采访者: 好的,谢谢您。

第二节　中国爷爷和日本奶奶
——章祥华　口述

受 访 者:章祥华,男,1963 年出生于温州市

采访时间:2010 年 6 月 10 日

采访地点:东京都

采 访 者:郑乐静

录音整理:杨维波,王小丽

文稿编辑:郑乐静

(一) 爷爷把爸爸带回国了

采访者: 你们家属于老华侨了。我想知道你们家和日本的渊源是怎样的。比如说您父亲他是怎样过来的? 您父亲是哪一年来日本的呢?

受访者: 我父亲是在日本出生的。我奶奶是日本人,爷爷是中国人。

采访者: 您爷爷是什么时候来日本的呢?

受访者: 我是 1980 年来的。

采访者: 您爷爷呢?

受访者: 我爷爷是抗日战争前来的。

采访者: 那他(指爷爷)是回中国去了吗?

受访者：中日开战了嘛。

采访者：就是一九三几年的时候回去？

受访者：对，中日开战的时候就回国了。

采访者：把您奶奶一起带回去？

受访者：没有，奶奶一直在日本。（爷爷）带着我爸爸回中国去了。

采访者：您奶奶和爷爷下面就您爸爸1个孩子吗？

受访者：不，有4个兄弟，2个姐姐，一共6个孩子。

采访者：您爸爸是第几个？

受访者：是最小的。就带我爸爸1个回中国。他最小，带回中国去，别的没带。

采访者：那您爸爸的这些兄弟姐妹都还在日本？

受访者：都还在日本。

采访者：您爷爷回到中国以后就再也没来日本了？

受访者：没来。

采访者：就您爸爸带着整个家族过来？

受访者：对。

采访者：您爸爸是什么时候来日本？

受访者：爸爸是1977年来的。

采访者：他是一个人过来的？

受访者：他是和我二姐一起来的。后来是我跟我哥、妈妈3个人一起来的。

采访者：您还有1个姐姐吧？

受访者：对。大姐。大姐是1985年左右来的。

采访者：1985年是您大姐一家，1980年是您哥哥一家和您一家，以及您妈妈？

受访者：对。

采访者：您母亲是温州人吗？

受访者：对。温州人。

（二）来了日本以后

采访者：能谈一下您来日本后到现在的经历吗？

受访者：1980年刚来么，上日语学校嘛。

采访者：您爸爸是以残留孤儿的形式过来的吗？你们上的日语学校，是和从东北回来的残留孤儿一样,是日本政府提供的?

受访者: 待遇? 1980 年来的时候好像没有什么待遇。

采访者: 日语学校是你们自己交钱去上的吗? 还是日本政府安排的?

受访者: 日语学校是不用交钱的。好像那时候有个三和会呢,专门为从中国来的(人免费教日语),可以说把我们当成残留孤儿。学校是不用交钱的。还有找工作也是免费给你找的。那时候我的学校好像是在银座。读了 1 年左右。

采访者: 那就是 1980 年到 1981 年,在读日语学校。1981 年之后呢?

受访者: 1981 年之后呢,我上日本的高中。读了一两年吧。

采访者: 到 1983 年。

受访者: 对的。1984 年开始就和我哥哥一起开中华料理店了。我就一个大姐,二姐,大哥。

采访者: 店开在哪里?

受访者: 在川崎。

采访者: 这家料理店开了多久呢?

受访者: 一直开了四五年左右。一共开了 5 家左右。现在剩的还有我自己 2 家,我哥哥 2 家。现在还开着。我 20 年前左右开始,料理就不干了,就给人家干了。

采访者: 就是承包给别人?

受访者: 对。

采访者: 料理做到 1990 年?

受访者: 嗯,做到 1990 年,后来就让别人干了。有两家呢,承包出去了。

采访者: 那您 1990 年以后呢?

受访者: 1990 年以后开始做贸易。

采访者: 您这家公司成立是哪一年?

受访者: 公司成立是昭和六十年(1985 年)的时候,很久了这个公司。

采访者: 也就是您在做料理店的时候就成立这家公司了。

受访者: 对。

采访者: 您从 1990 年开始做贸易,就是做现在的鞋贸易吗?

受访者: 不,做各种各样的零售。比如说什么眼镜啊,地板啊,各种各样的。在 7 年前开始做鞋啊,包啊什么的。

采访者: 温州的皮鞋很有名。您选择做鞋和这个有关吗?

受访者：对。因为温州比较熟悉嘛。

采访者：进货是去温州？

受访者：现在大连、广州都有。

采访者：做鞋一直做到现在？

受访者：对，鞋和包都有在做。

采访者：公司是您一个人的？

受访者：是我一个人的。

采访者：温州人做生意有集资的习惯。您开料理店，开公司等，最初的资金是跟亲戚朋友集资的吗？

受访者：就是家人凑的。

采访者：您来的时候年龄比较小？

受访者：对的。高中刚毕业。16岁。那时候高中是2年制的。

采访者：您来的时候没有特别想过是来日本创业什么的？就是跟家人来？

受访者：那时候年纪小，根本没想什么东西。就是跟着妈妈一起来。

采访者：您来日本读书的时候有打工吗？

受访者：在上日本高中①的时候，白天打工，晚上上学。在日语学校的时候是晚上打工，白天上学。

采访者：您的第一份打工是您自己找的还是家人帮忙介绍的？

受访者：是三和会帮我介绍的。

采访者：刚来日本的时候碰到的困难都是找谁倾诉和帮忙的？

受访者：亲属吧。温州人在日本的也不多。没有人，都是自己家属帮忙。

采访者：您对现在在日本的生活的评价？

受访者：一般吧。

采访者：来日本这么多年，您碰到的最大的困难是什么？

受访者：还是语言，跟日本人的交流是最难的。比如生意做起来，和日本人需要一定的交流，需要人的帮忙。来了日本，日语不如日本人的。现在还是有困难。刚和日本人做生意时非常难，要得到日本人的信任，让他们相信我们的质量，开头是比较难的。

采访者：哦，做生意的时候语言也是个问题。刚来日本的时候，语言也是个问

---

① 受访者就读的是日本的定时制高中，有的学校仅白天上课，有的学校仅晚上上课。

题吗？

　　受访者：刚来的半年，总是想回家。那时候还小嘛，还喜欢和朋友在一起玩。半年以后，语言差不多都能听懂的时候，就有点习惯（日本的生活）了。

　　采访者：在您的帮助下来日本的人有多少？

　　受访者：有。帮朋友办留学办了五六个。都是朋友的孩子。

　　采访者：大概是什么时候过来留学？

　　受访者：20 世纪 90 年代吧。

　　采访者：其他您帮忙办过来的还有吗？

　　受访者：2000 年后就没有帮忙办了。自己也忙不过来。

　　采访者：您来日本后跟国内的联系如何？

　　受访者：现在是每天打电话。刚来日本的时候，那时候什么电话卡都没有，打电话很贵的。20 世纪 80 年代的时候电话卡都没有，打电话很少。几个月也没打一次。那时候很少联系的。那时候电脑也没有普及，手机也没有。打电话很贵，而且温州那边家里也没有电话。接电话要到大的村里跑过去听电话的。很不容易的。

　　采访者：那时候写信吗？

　　受访者：嗯，还是写信多。

　　采访者：现在的话是每天打电话？

　　受访者：现在聊天的话在 QQ 上，打电话一般都是生意上的联系。

　　采访者：您在日本的朋友圈里，温州人、日本人等占的比例是多少？

　　受访者：温州人占一半吧。日本人 30%。其他中国人 20% 左右。

　　采访者：您是怎样知道同乡会和总商会？

　　受访者：总商会是我们一起做起来的。本来我是属于同乡会的。后来我们几个朋友共同做起来这个总商会。现在我是理事。

　　采访者：那您现在还属于同乡会吗？

　　受访者：有的人属于总商会但不属于同乡会。但是我既属于总商会又属于同乡会。

　　采访者：您在同乡会也是理事？

　　受访者：对。

　　采访者：成立之初就是理事？

　　受访者：总商会呢是成立的时候就加入了。同乡会是很早了。

　　采访者：我看同乡会成立的照片，您父亲在里面。那时候您加入了吗？

受访者：那个时候我也参加了。他们同乡会的活动我也都有去。

采访者：您加入这两个社团的原因是什么？

受访者：还是为了交流吧。

采访者：因为在日本的温州人本来就不多，在有同乡会的情况下，为什么会产生成立总商会的想法呢？

受访者：我们都是做生意的。商会嘛和同乡会味道又不一样。

采访者：您现在在商业上算是很成功了。您现在的梦想是什么？比如是否有想过在生意成功后，提高社会地位或者做些社会公益？

受访者：提高社会地位吧，还需要努力。

采访者：对于在日本的华人来讲提高社会地位是通过怎样一种方式？

受访者：多参加各种在日侨团的活动。

采访者：您最终会选择留在日本还是回到中国去？

受访者：年纪大了以后，我个人的想法还是想回到温州。毕竟，怎么说呢。我孩子都是在日本出生长大的。孩子们喜欢在日本。但是我们（这辈）来说的话，经常来来回回吧，还是。不可能长期在温州，也不想长期在日本。

第三节　团聚在日本

——陈城　口述

受　访　者：陈城，男，1965 年出生于温州市

采访时间：2010 年 1 月 25 日

采访地点：东京都

采　访　者：郑乐静

录音整理：杨维波，王小丽

文稿编辑：郑乐静

（一）日本寻亲

采访者：能否讲一下您来日本的这个经历？

受访者：我妈妈是在日本出生的，后来呢到中国来的。

采访者：什么时候到中国？

受访者：1935 年左右。

采访者：您的家族成员是怎样的？

受访者：我母亲，3 个姐姐，1 个哥哥和我，还有 1 个弟弟在中国。

采访者：您父亲是？

受访者：是温州人。

采访者：您外公和外婆呢？

受访者：外公是青田人，外婆是日本人。

采访者：您外公是什么时候来日本的？

受访者：我记不清楚。我妈妈知道的。

采访者：您妈妈很小的时候就去中国了？

受访者：对，三四岁的时候。

采访者：在中国认识您父亲？

受访者：对。

采访者：你们六兄妹全是出生在中国吗？

受访者：对。

采访者：大姐下面有孩子吗？

受访者：有 2 个孩子。

采访者：大姐夫也是温州人？

受访者：对。

采访者：二姐夫呢？

受访者：也是温州人。

采访者：下面几个孩子？

受访者：2 个女儿。

采访者：三姐夫呢？

受访者：也是温州人。下面 1 个女儿。

采访者：您大哥呢？

受访者：现在离婚了，下面 2 个女儿是双胞胎。

采访者：他原来的老婆是哪里人？

受访者：丽水缙云的。

采访者：您太太呢？

受访者：也是温州人，下面 1 个儿子。

采访者：您弟弟呢？

受访者：还是独身，还在中国。

采访者：没有来日本？

受访者：对。

采访者：这么多人分几批过来？

受访者：两批。第一批是我父母，我大姐一家，我二姐一家和我一家。

采访者：是哪一年？

受访者：1995 年 12 月 5 日。

采访者：第二批呢？

受访者：是我三姐一家跟我大哥一家。

采访者：是哪一年？

受访者：大概是 1997 年年底。

采访者：为什么分两批呢？

受访者：因为你刚过来要有住的地方的，住所问题，还有要人家担保的，一下子这么多人过来很麻烦的。

采访者：谁做担保？

受访者：就是表兄弟。上海来日本的表兄弟。

采访者：因为您妈妈是在日本出生的，应该可以直接过来的，为什么需要他做担保呢？

受访者：是可以直接过来，但是日本的法律规定一定要有担保人。你生活方面要有人保障，日本是有这样的法律的。

采访者：随便什么样的人都可以做担保人吗？还是必须是亲属？

受访者：不一定是亲属，任何人都可以，但是一定要有一定的经济条件，有在留资格和工资收入。

采访者：哦，您妈妈的出生证明和您表兄弟的担保，才能来日本。

受访者：对。

采访者：您来了以后得到什么样的帮助？

受访者：我上海的表兄弟和表姐，他们先过来的。

采访者：除了您家以外，您在日本的亲戚还有哪些？

受访者：母亲的姐姐。

采访者：她也是日本出生的？

受访者：对。

采访者：您外公下面有几个孩子？

受访者：2个女儿，就是我阿姨和我妈妈。还有3个儿子。长幼顺序是大舅舅，阿姨，我妈，二舅舅，三舅舅。

采访者：他们也都过来了？

受访者：对的。不过二舅舅已经不在了。

采访者：您阿姨的家族构成是怎样的？

受访者：5个孩子，顺序是女儿，女儿，儿子，儿子，儿子。

采访者：您姨夫是哪里人？

受访者：上海人。我外公和外婆回中国的时候，带着3个孩子，我妈，我大舅舅，我阿姨。另外2个舅舅是在中国出生的。从日本回去的时候，都回到青田。回到青田以后，当时那边比较苦，因为都是种田的农民。因为我外婆是日本人，那时候是抗日战争以前，她是冒充中国人回来的。因为开战了，中国国内有反日的情绪。后来我外婆看看家里这么苦，就自己去上海打工。在日本人开的小酒馆打工。后来日本的老板看我外婆做得比较好，很赏识她，再加上他自己想回日本，所以把这个店转给我外婆了。

采访者：当初您外婆是一个人去上海的？

受访者：对的。

采访者：哦，您外公，舅舅，阿姨，妈妈都留在青田？

受访者：对。

采访者：后来您阿姨是怎么到上海的呢？

受访者：后来环境好了，我外婆就把一家人全部迁到上海去了。店也有了么，店在虹口，日本司令部的门口。那边呢全部是卖日本料理，日本啤酒，日本吃的东西。

采访者：那时候下面2个舅舅还没有出生？

受访者：没有。

采访者：那时候大家都还没有结婚？

受访者：没有，因为年纪还很轻。

采访者：全家到了上海以后呢？

受访者：我妈妈呢人缘比较好，嘴巴比较甜的，跟日本人关系处得比较好。后来有些共产党员被抓起来，隔壁的邻居来找我外婆，我外婆经常给他们说情。到了后来，日本投降的时候，一家人就往温州迁了。回去以后，因为我阿姨年纪比较大一点，已经习惯了上海的生活，后来就觉得回温州比较苦，就自己一个人重新回到上海打工，找工作。

采访者：到了上海后？

受访者：工作，结婚，和上海人结婚的。

采访者：阿姨家的孩子都出生在上海？

受访者：对。

采访者：她家的情况是如何的？

受访者：姨夫已经去世了。他们家的孩子都是和上海人结婚的。大女儿和二女儿的丈夫都已经去世了。大女儿下面是1个女儿。二女儿下面是女儿。大儿子下面是1个儿子。二儿子下面1个女儿。小儿子就是我们家族中最早来日本留学的那个表兄弟，他下面也是1个女儿。

采访者：他做的担保？

受访者：对。

采访者：您阿姨是怎么来日本的？

受访者：是通过我的表兄弟（指阿姨的第五个孩子，也就是小儿子）的留学，那个表兄弟后来找回了他母亲的原籍，就是日本的户口。

采访者：他留学是什么时候？

受访者：20世纪80年代初，那时候上海有出国热，大概1982年的时候来日本的。

采访者：是通过中介吗？

受访者：不是。通过我母亲、阿姨的表兄弟做担保来留学的。

采访者：哦，他在留学期间找到了您阿姨的户口。您阿姨一家是什么时候办过来的？

受访者：好像是他留学3年后。一开始来的时候当然也打工，到了第三年的时候，他想留在日本，他知道自己的妈妈出生在日本的，就去找户籍。通过市役所，后来终于找到了。

采访者：他是在哪里留学？

受访者：大阪。

采访者：那您外公外婆当初在日本的时候也在大阪？

受访者：在东京。我外婆出生在滋贺县。

采访者：那找到的是出生在东京的出生证明？

受访者：对，我母亲是出生在东京的。

采访者：有了这个证明就可以办过来？

受访者：还需要个担保人做经济担保。

采访者：这个担保人是谁？

受访者：是个叫本田的人，是我妈的表姐妹的丈夫。

采访者：阿姨全家是什么时候过来的？

受访者：大概 1987 年吧。

采访者：他们一家是一起过来的？

受访者：他们也是分两批的。

采访者：那您舅舅一家呢？

受访者：大舅舅在日本出生，二舅舅和小舅舅是在温州出生的。大舅舅和大舅妈是在上海认识的，后来建设边疆到新疆去了。

采访者：他们下面几个孩子？

受访者：3 个，顺序是大儿子，二儿子，女儿。都在新疆出生。

采访者：他们是什么时候来日本的？

受访者：1998 年。大儿子的老婆是山东人，是在新疆认识结婚的。他们只有 1 个女儿。大舅舅家的二儿子和女儿也都是在新疆结婚的。二儿子下面有几个孩子不是很清楚。小女儿有 1 个女儿，现在在中国留学。小女儿的丈夫原籍是四川的，后来被派到边疆去的。

采访者：大舅舅家是一起来的还是分批来的？

受访者：一起来的。

采访者：您的二舅舅和三舅舅家呢？

受访者：他们出生在温州。日本战败后，中华人民共和国成立后，要把日本的侨民集中起来。后来绍兴有个地方，政府叫我外公和外婆去那边。绍兴那边是日本华侨集中地。就是国家让迁居，我妈妈当时已经结婚了，所以留在温州。我二舅舅和三舅舅还很小，才十几岁，所以一起带去绍兴了。

采访者：二舅舅家的情况是怎么样的？

受访者：他们是在我们家来日本 1 年半以后来日本的。

采访者：就是 1997 年。

受访者：嗯。

采访者：二舅舅出生在温州,是在哪里结婚的?

受访者：绍兴。老婆是绍兴人。有 3 个孩子,女儿,儿子,儿子。

采访者：二舅舅的孩子也都结婚了吗?

受访者：嗯,都结婚了,都和绍兴人结婚的。

采访者：二舅舅的孩子的孩子是?

受访者：大女儿就 1 个儿子,二儿子也就 1 个儿子,小儿子只有 1 个女儿。

采访者：这些小孩子都还没有结婚吧?

受访者：没有,都还在读高中。

采访者：三舅舅家呢?

受访者：比我们早来日本的。他的太太也是绍兴人,下面就 1 个女儿。女儿是第一个来日本的,是跟着上海的这批人来日本的,然后把三舅舅家都办过来。

采访者：她结婚了吗?

受访者：在日本结婚的,丈夫是在日本的东北人。在日本生了 1 个儿子,在中国生了个女儿,丈夫被日本的企业派回中国,现在在上海。

(二) 享受残留孤儿的待遇

采访者：您家刚过来的时候住在哪里?

受访者：住在我上海表姐的家里。

采访者：住了多久?

受访者：大概几天吧。后来自己去租房子。

采访者：那时候您妈妈会讲日语?

受访者：不会,我们都不会的。

采访者：租房子的时候,是谁帮忙的?

受访者：也是我表兄弟担保的。房子也是他们帮忙找的。我们是坐船过来的,因为是举家来日本,所以行李很多,也是亲戚来接的。

采访者：来了日本以后,您的小家庭是如何的?

受访者：日本政府对我们这些归国的人有一种待遇,给住公营住宅。我们有优先居住权,但不是来了后就直接能住的。刚来日本一开始还是要租房子住的,政府出钱的。另外政府还给一部分的生活费,还安排到语言学校读书。学了 1 年,全是免费学的。

采访者：跟东北来的残留孤儿们一样的待遇？

受访者：对,对。

采访者：您的小家庭是怎样的呢？

受访者：挺平常的。就是申请房子,大概来日本 10 个月之后就住到公营住宅。

采访者：你们这个大家族的人是住在一个房子里？

受访者：不,按每个小家庭分开的。

采访者：那您读完语言学校以后呢？

受访者：到职业安定所找工作。

采访者：在他们的介绍下找到了工作？

受访者：对。

采访者：这是您第一份工作？

受访者：对,一直做到现在。

采访者：您是怎么知道这个职业安定所的？

受访者：这是日本对于我们这些归国者的政策,在语言学校大家都知道这个的。我从 1997 年 5 月份开始工作的。

采访者：是正社员①吗？

受访者：是。

采访者：您太太呢？

受访者：她刚开始也是读语言学校,读完后找工作。

采访者：都是一起上课？

受访者：不是的。一个学校,上课时间不一样,我们有小孩的,所以时间安排上不一样。她比我晚几个月上语言学校。她也是在职业安定所找到工作的。

采访者：她从事的工作是？

受访者：就是生产汽车里面的地毯的公司,她也是正社员,1997 年的八九月开始工作,到 2008 年 10 月不做了。

采访者：您儿子呢？

受访者：5 岁来日本,申请到幼儿园的话,只有 1 年,所以没有去。我们搬到公

---

① 正社员：正式职员。

营住宅后,我儿子6岁的时候就上小学。他读的是工业高中,2008年高中毕业了,5月份开始上班,现在在生产拖拉机的公司上班。他做农业机械的技术开发。我现在买了房子了。

采访者:您来日本后碰到的最大的困难是?

受访者:语言。我们来之前学过几个晚上。

采访者:来日本后跟国内的联系如何?

受访者:我们的家人基本上都来日本了,刚来的时候经常给朋友打电话,时间长了后,到现在也不大联系。因为我太太那边的亲戚还在中国。我太太和家里的联系比较多的,她父母也来日本两次了。平均一两年回去一次。很少一家人一起回去,都是大家分开来回国的。我老婆回国比较多的,去年(2009年)回了三次。我儿子从上高中的时候开始就回国少了,怕旷课什么的。

采访者:中国过年回去过吗?

受访者:因为时间关系一次都没有回去过年。

采访者:您来日本的时候目的是什么?

受访者:当时目的挺多的。

采访者:比如说?

受访者:做生意,创业。到后来想想,主要还是语言沟通上面,再加上自己本身怕吃苦,想想还是不要冒这个险。再一个日本政府给的援助也很多,自己家庭生活也很稳定,创业的想法慢慢地就消退了。

采访者:您加入总商会了吗?

受访者:算是加入了吧。

采访者:是怎样的契机知道总商会的呢?

受访者:2000年,总商会成立的时候,我姐姐看到中文报纸的报道,打电话过去。3个人过去。姐姐,姐夫,和二姐去了东京,参加成立大会,成为会员。没有当理事,理事是要交会费的。

采访者:那您在2000年的时候就知道总商会了?

受访者:对。

采访者:您自己跟总商会的接触是?

受访者:参加了2008年年底的忘年会①。

---

① 日本的忘年会相当于中国的年会,主要集中在每年的12月中下旬举办。

采访者：在那之后，和温州人的交往有加深吗？

受访者：也没有。一个么是太远了，另一个我客套话不会说，在日本待久了，自然而然就很少交朋友。

采访者：来了日本以后是否觉得娱乐方面有落差？

受访者：刚开始还没有感觉的。从温州来日本，环境上有很大的改变。日本人的服务态度很好，日本文明程度很高。我们亲戚很多，不会寂寞。比起在中国来，亲戚间走动反而变多了。

采访者：现在还有创业的想法吗？

受访者：有是有，但是我自己开不了头，只能投资点什么。

采访者：您最后会选择落地生根吗？

受访者：希望中日间两头走，最后葬在中国。

采访者：您现在的国籍是？

受访者：日本籍。来日本半年左右，1996 年就加入日本籍了。

采访者：你们家，小家庭全加入了日本籍？

受访者：嗯。我老婆是 2 年后加入，1998 年，和我儿子一起。

采访者：您在生活中遇到困难都找谁帮忙？

受访者：日本的表兄弟。

采访者：您对自己现在的生活的评价是？

受访者：比较幸福。

下编 落叶归根抑或落地生根

——新华侨华人家族口述历史

第三章

研修生的日日夜夜

　　日本将外国劳动者分为两大类,即专门技术人才和非熟练劳动者。日本政府早在 1899 年 7 月 28 日公布的第 352 号敕令及其实施细则第 42 号内务省令中已明确禁止外国人从事非熟练劳动的原则。[①] 自那之后,日本政府长期以来一直坚持贯彻排斥外国非熟练劳动者的原则。第二次世界大战以后,随着日本经济的快速发展,其国内对劳动力的需求日益增加。特别是随着生活水平的提高,越来越多的日本人不愿意从事"3K 工作",日本国内底层劳动力严重不足。

　　从 20 世纪 60 年代开始,一些和海外有业务往来的日本企业开始尝试从海外分公司组织招募当地的职员赴日研修。在这样的一个时代背景下,日本政府为了缓和其国内劳动力严重缺乏的社会压力,以向发展中国家提供国际贡献和国际支持,支援发展中国家人才学习日本的技术、技能和知识的名义,开创了"外国人研修制度"。1981 年修订的《入管法》,在签证类别上新设了"研修"这一在留资格。研修时间为 1 年,外国人在研修结束后必须回到原籍国。"外国人研修制度"的导入,在一定程度上填补了日本的劳动力市场。但是 1 年的研修时间过于短暂,依旧不能解决日本中小企业劳动力短缺的问题。于是日本政府在原有的"外国人研修制度"的基础上,于 1993 年又设立了"技能实习制度",规定研修生在日本完成研修后,可以转变成技能实习生,继续在日本工作 1 年。1997 年又将原本规定为时限 1 年的技能实习期延长至 2 年,和研修期合计最长可以在日本工作 3 年。根据这一

---

　　① 关于敕令的具体内容,请参见拙稿:郑乐静.20 世纪初日本排斥华工政策与旅日浙南华工群体.华侨华人历史研究,2015(1):85-93.

系列修改的《入管法》,20 世纪 90 年代以后,赴日的中国研修生人数直线上升。

日本法务省公布的数据显示,外国研修生的人数由 80 年代初期的 1 万余人稳步增加,1988 年后急速上升,1991 年高达 43649 人,2001 年接近 6 万人,2015 年达到 19 万人(含技能实习生)。日本的外国研修生主要来自亚洲其他诸国,而其中中国人所占比例最高。1982 年,中国研修生人数占全体的 13%,1991 年倍增至 26%,2005 年高达半数以上,2015 年依旧占 46%。目前在日本的中国研修生主要从事纤维制造、食品加工、电子、运输、农业和机械制造等体力劳动行业。

研修生和技能实习生在居留身份以及待遇等方面存在很大的差异。研修是指由日本的公私机构接收,学习技能或者知识的活动(不包括与在留资格"技能实习"和"留学"相关的活动)。① 研修生在法律上并不被看作劳动者,没有基本工资,只能获得生活补贴,一般为每月 6 万日元。技能实习是指和日本企业签订雇佣合同,通过在生产现场工作从而学习和掌握技能、技术和知识的活动。② 技能实习是以雇佣关系为基础的,受日本劳动法的保护。日本企业应当支付给技能实习生工资,月工资在 12 万日元左右,如若有加班,还需另外支付加班费。

在日研修生、技能实习生工作强度大,工资待遇低,加之中日两国文化差异,引发了一系列的问题,如长时间强制性劳动、拖欠加班费,甚至雇主单方面解除合同等,引起了社会的广泛关注。③

日本的研修、技能实习制度,名义上是为发展中国家培育人才,实际上是借研修、技能实习之名,获取廉价劳动力,以解决日本的人口老龄化和劳动力不足等问题而采取的一种变通方法。

研修生的接收途径有三种。第一种是以两国间或者国际机构的协定为基础的官方性质的渠道。第二种是由政府各省厅管辖并出资,民间企业所设立的财团法人负责具体事宜的半官半民性质的渠道。第三种是由民间团体和企业单独或者共同接收的民间性质的渠道。赴日研修生以第二种和第三种途径为主,特别是民间

---

① 在留资格認定証明書交付申請——研修. http://www.moj.go.jp/nyuukokukanri/kouhou/nyuukokukanri07_00016.html,2016 - 07 - 22.

② 研修・技能実習制度について. http://www.moj.go.jp/ONLINE/IMMIGRATION/ZAIRYU_NINTEI/zairyu_nintei10_0.html,2016 - 07 - 22.

③ 关于研修生问题的报道常常见诸报端:林近秋. 在日研修生杀人案. 日本新华侨报,2006 - 10 - 08(3);喻尘. 赴日"包身工"出逃:日本研修生制度下的新奴工. 南方都市报,2008 - 10 - 07(16);徐惠芬. 日本研修生制度带有奴隶性质. 新闻晨报,2010 - 04 - 02(14).

性质的途径占到半数以上。①

　　温州人也早早地在 20 世纪 80 年代初期就加入了赴日研修的大潮之中。1982 年 4 月 20 日,日本的静冈县和浙江省缔结为友好省县。② 在旅日温州籍老华侨潘宝吉(静冈县中日技术交流协会会长)的努力牵线下,商定由中方派遣 40 名研修生赴日研修。最初计划全部招收温州籍青年,后来由于政府方面考虑到该项目应适当照顾全省各地区,故留出 10 个名额由浙江省水产局统一安排,温州市拿到 30 个名额。1986 年温州经济技术开发总公司和静冈县的"沼津鱼仲買商協同組合"③签订了第一期赴日研修生的备忘录和确认书。同年 11 月 27 日,首批温州籍研修生 30 人抵达日本,开始了为期 1 年的研修任务,于 1987 年 11 月 25 日顺利回国。作为友好省县交流项目的首批研修生,他们在待遇各方面都受到一定优待。在日研修期间,他们拿国内基本工资,赴日往返机票及在日本的食宿、交通费用均由日方支付,同时日方每月支付给研修生一定金额的生活费。平时省吃俭用加上加班补贴,一个人一年的收入折合人民币约 2 万～3 万元。

　　王乡就是当时首批研修生中的一员。他回忆说:

　　　　我是第一批被派出来的研修生,作为副团长出来的……团长是党员,2 个副团长,1 个管经济,1 个管安全保卫。我是管安全保卫的。第一批是 40 个人,那时候很好,研修完,大家一起回温州,没有任何人逃掉……那时候日本很先进,中国很穷,和现在的中国完全不一样……温州一个月的工资 70 元到 80 元,而日本一个月的工资是 25 万到 30 万日元。④

　　按照协议,最初的研修生享受公派出国待遇。研修生回国时带的"四大件"(冰箱、电视机、电子音箱、录像机)与剃须器、照相机、电吹风等可享受免税。⑤ 这些电器在当时的中国属于奢侈品,日本与国内的差价很大,带回国来甚是风光。

　　潘开峰是 1988 年被派遣至日本的温州籍研修生。回忆起这段经历,他依旧感

---

　　①　浅野慎一.日本で学ぶアジア系外国人——研修生・留学生・就学生の生活と文化変容.岡山:大学教育出版,1999:38-39.

　　②　https://www.pref.shizuoka.jp/kikaku/ki-130/index.html,2016-07-22.

　　③　沼津鱼仲買商協同組合:1950 年 10 月以沼津市海鲜市场的经纪人为中心成立的行业协会。主要业务为保冷器材的开发、冷藏库保管、货车运送等。

　　④　摘自笔者于 2010 年 1 月 9 日在神奈川县川崎市对王乡的访谈笔记。

　　⑤　首批温州赴日研修生的故事.温州都市报,2009-11-03.

到很是自豪。

　　　我是 1988 年以研修生的身份来日本的。我那一批到沼津,共 12 个
　　人,是潘宝吉介绍的。我是做擦鱼的。那时候国家公派的人员有免税品
　　的,那时候中国搞一台电视机都很难。我回去的时候带了一台摩托车和
　　一台 25 英寸的电视机,那时候好得不得了。国内那时候没有好的彩电。
　　摩托车温州一台都没有。①

　　随着第一批研修生派遣项目的顺利推行,之后,温州地区相继派出 4 期研修生
(共 5 期)赴日本静冈县的水产企业研修,累计 207 名。从 1990 年开始,温州政府
积极开拓外派范围,除了静冈县沼津市以外,广岛县的吴市和宫城县的石卷市也成
为温州籍研修生的主要接收地。

　　温州市和广岛县吴市的友好交流始于 1986 年。1986 年 5 月吴市"产业活性化
恳谈会"一行 11 人访温,与温州市政府签订了经济技术交流备忘录。1986 年 10 月
设立了"吴·温州经济交流协会",1987 年 3 月成立了"温州·吴经济技术交流协
会"。在两市的经济交流协会的努力下,开展了丰富多彩的活动。派遣温州籍研修
生赴吴市研修是其中一个重要的交流项目。截至 2000 年,温州共派出 9 期研修生
赴吴市,累计 186 名。研修生的接收机构为吴市商工会议所。②

　　位于宫城县的石卷市经浙江省人民友好对外协会的搭桥牵线,与温州市在 1984
年 10 月 23 日缔结友好城市。水产加工业是石卷市的支柱产业。温州市于 1991 年
开始招募水产研修生,截至 2010 年一共派遣了 26 期,总人数累计 1200 余人。③ 20 世
纪 90 年代赴日的研修生年均 80 人左右,一般都是完成 1 年的研修期之后回到温州,
或在原来的单位继续上班,或自己创办水产贸易公司。如前所述,随着日本《人管法》
的修改,技能实习生的在留时间延长至 2 年,赴日的温州研修生也从 2001 年开始以 2
年契约的形式被派遣至石卷,2005 年以后延长为 3 年契约。随着契约时间的延长,温

---

　　①　摘自笔者于 2010 年 1 月 11 日在神奈川县横滨市对潘开峰的访谈笔记。
　　②　商工会议所:根据 1953 年的《商工会议所法》而设立的非营利法人组织,以促进国民经济的健
全发展,为国际经济做出贡献为目的。
　　③　根据 2009 年的统计,从 1991 年至 2009 年为止,温州市总共向石卷市派遣了 25 期研修生,总人
数高达 1200 余人(温州石卷两市握手二十五载.温州都市报,2009 - 10 - 13.),笔者在对石卷市商工会议所
的采访中了解到 2010 年也有 24 位温州研修生赴日工作。

州研修生派遣团的人数也从年均 80 人逐渐缩减到三四十人。表 3-1 是笔者根据对石卷市商工会议所和日本温州总商会的采访所采集到的研修生人数,2003 年至 2010 年,总人数达 311 人。

表 3-1 温州市赴石卷市研修生人数

年份	人数/人
2003 年	39
2004 年	46
2005 年	39
2006 年	45
2007 年	17
2008 年	53
2009 年	48
2010 年	24

注:2003 年以前的数据现阶段尚无法掌握。

张翔如将中国的赴日研修生概括为四种类型,即单纯研修型、技能聘用型、经济合作型和友好交流型。[1] 加入这股赴日研修大潮的温州人,属于友好交流型,是省市以及民间团体所主导的建立在友好基础上的实务性人才交流。以下以石卷市为例,来具体分析温州籍研修生的派遣及接收过程。

石卷市接收温州籍研修生是通过团体接收的形式进行的,由一级接收单位和二级接收单位组成。一级接收单位是石卷市商工会议所,二级接收单位是石卷市商工会议所的成员公司,主要是一些从事水产加工的中小企业。如图 3-1 所示,温州研修生派遣项目是温州市人民政府、石卷市政府、温州市外事办、石卷市商工会议所共同参与的半官方半民间形式的交流项目。首先由石卷市的中小企业向商工会议所提交要求派遣研修生的申请,商工会议所将这些申请转达给温州市外事办,然后外事办在温州组织招募研修生,派往日本,由商工会议所接收后,再派遣到各个企业。

---

① 张翔如.对日研修生派遣的现状与对策.国际经济合作,1999(2):23.

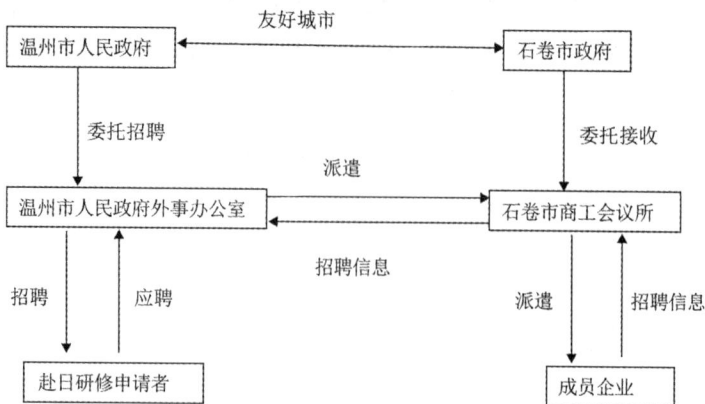

图 3-1　研修生派遣过程示意图

被派遣的温州籍研修生以年轻女性为主,年龄在 18—35 周岁,主要从事水产加工,月工资仅在 5 万至 8 万日元之间。

从 1991 年开始的温州派往石卷的研修生项目,在温州市和石卷市相关部门的协作之下,正如火如荼地进行着的时候,一场天灾悄然降临。2011 年 3 月 11 日,日本东北部海域发生了里氏 9.0 级大地震,并引发了海啸,造成了重大人员伤亡和财产损失。石卷市正是这场地震的重灾区。地震发生时,107 名来自温州鹿城、平阳和乐清等地的研修生,分布在石卷市的大成水产、水野水产、高德海产等 13 家水产公司学习工作。① 所幸,在日本友人和驻日大使馆、温州外事办及社会各界的艰苦努力下,在石卷的温州研修生都安全地躲过了这一劫难,并于 3 月中旬,全部平安回到了温州。② 出于对地震和海啸的恐惧,大部分研修生在回国后表示暂时不愿意回到日本。而且作为接收方的石卷市也在地震中受到重创,现在还在积极重建之中。因此自地震以来,目前尚未有温州研修生被派往石卷市。

本章的 4 位受访者均是被派遣到石卷的研修生。她们对于最初选择研修这条路的出国动机都是比较主动和积极的,通过各种方式获取出国研修的机会。到了日本以后,由于高强度的工作,单调的生活,加之语言沟通不畅,有人中途受挫回国,也有人将这段经历当成是人生的历练。

---

① 王丹容.44 名研修生已确认平安.温州日报,2011-03-16(1).

② 107 名研修生,发生震灾时 1 人在温州休假,其余 106 人于 3 月中旬平安回国。首批 90 位在日温州籍研修生昨天凌晨平安回家.都市快报,2011-03-21(A15).

第一节　想拥有一份自己的事业

——宋春涵　口述

受 访 者：宋春涵，女，1976 年出生于温州市苍南县

采访时间：2011 年 2 月 20 日

采访地点：栃木县

采 访 者：郑乐静

录音整理：杨维波，王小丽

文稿编辑：郑乐静

（一）研修的日子

采访者：您是什么时候来日本的？

受访者：我是大学毕业后工作 2 年以后来日本的。

采访者：您为什么选择日本呢？

受访者：大学的时候我是读英语专业的。但是我们温州不是刚好和石卷是友好城市嘛，然后我第一年的时候是以研修生的身份过来，待了 1 年。

采访者：也就是说您是 2001 年以研修生的身份来日本的？

受访者：不是。2001 年的话，是以留学的身份来的。我们温州和石卷是友好城市，温州的外事办派研修生过来，那个时候是 1998 年。我第一次来日本，是 1998 年来的。我家里也是一般的家庭，不是太富裕，所以说我后来留学的这个那个费用都是 1999 年在这里（赚的）。研修生当得很苦啊。

采访者：研修生就当了 1 年？

受访者：是的。1 年后就回去了。温州跟石卷的研修生派遣项目，我那个时候就只有 1 年。我是 1998 年的时候，那时候只有 1 年嘛，好像是 2001 年之后才有 2 年啊，3 年的。

采访者：那时候怎么想到去争取研修生这个机会的呢？

受访者：跟工作也有关系啦。因为我毕业以后是在温州的一家国有企业工作，

工资也不是太高。年轻嘛,有机会就想到外国去看看啊,所以就稀里糊涂地过来了。

采访者: 那您是怎么知道研修生这个消息的呢?

受访者: 消息是我哥哥通过一个朋友知道的。而且这个有的时候也在报纸上登的。

采访者: 您那年的那批来了多少人?

受访者: 80 人,都只待 1 年。

采访者: 是的。

受访者: 对,对,这个跟日本的研修生制度有关系的。我以前在行政书士①那边工作过,对入国管理这一块比较熟悉的。

采访者: 当研修生的那段日子是怎样的一个状况?

受访者: 就是每天工作,工资很低。一个月的工资 7 万日元。7 万日元还不算是工资的,一个是生活费,研修生的话,不叫工资嘛,日本是不允许给工资的,所以就是生活费给 3 万日元,然后弄个补助什么的给 4 万日元,加起来 7 万日元这样子的。

采访者: 住的房子是公司提供的?

受访者: 对的。

采访者: 住宿费是不用你们交的?

受访者: 对。

采访者: 一天工作的时间长吗?

受访者: 就是正常早上 8 点钟开始到下午 5 点结束。但是那个加班的时候都不让日本人加班,都让我们研修生加班。因为我们加班便宜嘛,一个小时 300日元。

采访者: 在那边也学日语吧?

受访者: 没有怎么学的,也就意思一下,一个月学一次。

采访者: 教你们日语的是?

受访者: 日本人。有的时候是留学生来教。

(二) 留学的梦想

采访者: 您来了 1 年之后就回去了?

受访者: 1998 年的 8 月份过来,1999 年的 8 月份回去。然后我在上海待了半

---

① 行政书士:代人草拟行政机关文件的职业。

年。然后就又过来了。2001 年过来的。

采访者：在上海的半年是为了办来日本的签证？

受访者：不是，是为了学日语。因为当研修生的这一年，你也知道，日语不可能学好的。那时候我觉得我日语水平还不够，当初在当研修生的时候我就想以后来日本留学啊，所以回去以后就到上海学日语。

采访者：您留学的手续是自己办的还是通过中介？

受访者：我来的时候是通过中介办的。

采访者：上海的中介？

受访者：温州的中介。我读大学的时候，就梦想啊，有机会的话去读研究生，去外面走一走，看一看。

采访者：您从 2001 年来日本以后的经历是怎样的？

受访者：我是 2001 年 4 月份来日本的。来了以后在关西读语言学校，读到 2002 年 3 月份。2002 年 4 月到 2003 年 3 月在关西学院大学当了 1 年的听讲生。因为那边没有研究生制度。① 2003 年 4 月到 2005 年 3 月在关西学院大学读管理方面的硕士，MBA。

采访者：之后就工作了？

受访者：对。2005 年 7 月到 2008 年 4 月，在关西的一家律师事务所。2008 年 5 月份转到东京，在东京生活到现在。

采访者：您是直接转职还是先来东京生活？

受访者：先来东京生活。因为我丈夫在这边，所以我就过来了。因为丈夫的工作原因来东京。

采访者：您现在的这份工作是从什么时候开始的？

受访者：这个工作是从 2010 年 2 月份开始的。在这之前我还在另外一家公司。2008 年 5 月来东京，2008 年 10 月开始就职到 2009 年 10 月，也是在一家海运公司，是日本人和中国人一起投资的一家公司。2010 年 2 月到现在，在现在这家海运公司，是中国人的公司。

采访者：您的出国，是否背负着提升整个家族命运的殷切期待？

受访者：那当然是有这个期待的。期待肯定是有的。

---

① 日语中的"研究生"和中文的研究生意思不一样。在日本，准备报考硕士和博士而修读课程的学习者称为研究生，而读硕士和博士的学生称为"大学院生"。

采访者： 那您也来了很多年了，有帮别人办过来的吗？

受访者： 有。我弟弟就在这里。

采访者： 办留学过来？

受访者： 对。

采访者： 是哪一年？

受访者： 是 2005 年左右吧。

采访者： 如果将您来日本后的这段时间分三个阶段，研修生，留学生，工作，在这几个阶段，您和国内的联系多吗？

受访者： 都不是很多。

采访者： 比如说打电话的频率？

受访者： 一个月一次左右。

采访者： 回国次数呢？

受访者： 也很少。平均两年一次吧。

采访者： 和国内朋友的联系呢？

受访者： 也比较少。不多。

采访者： 您在日本的朋友圈里，温州人、温州人以外的中国人、日本人的比例各为多少？

受访者： 温州人以外的中国人 60％，日本人 30％，温州人占 10％左右吧。

采访者： 您以前就知道日本温州同乡会吗？

受访者： 对。我以前就知道，在网上知道的。在网上搜索搜索就知道温州同乡会了。

采访者： 您好几年前就知道了？

受访者： 对，其实是知道的。

采访者： 当研修生的时候？

受访者： 那时候不知道。留学的时候知道的。

采访者： 您出国前的家庭构成是？

受访者： 父母，1 个哥哥，我，1 个妹妹，1 个弟弟。

采访者： 你们家出国的有几个人？

受访者： 我，我弟弟。其实我妹妹也来日本当过研修生，也是在石卷。

采访者： 您留学过来的时候住宿是怎么解决的？

受访者： 是语言学校给安排的。后来住在留学生会馆。

采访者：来留学的时候，第一份工是怎么找到的？

受访者：我当时比较幸运。我来的第一年就拿到一个奖学金。一个是因为我有研修生的经验，还有我在上海学了半年日语，过来的时候呢，刚好学校要给日语好的学生奖励，我刚好拿到那个奖学金，也不高的，一个月也就 5 万日元。跟其他的学生比，生活就没有那么紧张了。所以我 4 月份过来，到 7 月份，等放暑假的时候就去找兼职，一般都是直接去应聘，因为打电话的话，对方肯定认为你日语不好嘛，所以就到街上去看，哪里有招人的地方就进去看。就这样找到的。

采访者：您在生活工作中遇到困难时，经常找谁倾诉或帮忙？

受访者：以中国人为主，日本人也有。

采访者：您在日本这么多年碰到的最大的困难是什么？

受访者：刚来日本的时候语言不通，因为我有奖学金，所以也没觉得太困难。最最困难应该是生孩子的时候吧，那时候因为我一直希望能自己带孩子嘛，我要生的时候呢，我老公刚好在写博士论文，孩子马上要生了，没有人过来带。我母亲也是没有文化的，字也不太懂的，刚好我哥哥家也有小孩让她带，所以那段时间是最困难的。还有一段比较困难的时间也是关于孩子的。我老公毕业以后就直接来东京开始工作了。他是 2007 年毕业的，就直接来东京工作。我就一个人在关西带小孩，工作。当然公司也非常配合。就 8 个月，那段时间比较辛苦。孩子那时候也小，1 岁到 2 岁的时候。

采访者：您现在的梦想是什么？

受访者：就是能有一份自己的事业，开个公司，如果有可能的话。我现在在海运界工作，希望能在海运界立足吧。不是一份工作，而是希望有一份自己的事业。这其实是我一直以来的追求。

采访者：您最终会选择落叶归根还是落地生根？

受访者：会长期在日本吧。

第二节　这 3 年收获很多

——XB　口述

受访者：XB，女，出生于温州市，接受采访时为 24 岁
采访时间：2011 年 2 月 20 日

采访方式：网络

采 访 者：郑乐静

录音整理：杨维波，王小丽

文稿编辑：郑乐静

（XB 刚刚结束了为期 3 年的研修加技能实习，在回国的前夕，接受了笔者的网络访谈。）

采访者：你是温州来石卷的第几期研修生？

受访者：第 18 期，今天刚刚结束了闭幕式的演讲会。

采访者：温州一年派几期过来？其中有几期是来石卷的？

受访者：这个问题我就不清楚了。

采访者：那和你一起来的有几个人？都是女孩吗？

受访者：温州出发来日本的就一年中的 7 月份和 12 月份。我们这一批，一共有 6 个人，是目前人数最少的一批，都是女孩。

采访者：6 个人都分到"木之屋"①吗？

受访者：因为"木之屋"是第一次招中国人，所以是 5 个人。另外有 1 个是去"共冷"的。

采访者：你们来了之后就马上开始进入公司工作吗？还是先有日语培训什么的？

受访者：前 3 天是生活讲解和对日语的一个初步了解，以及对日本的一个初步印象的概括讲解。然后就进入工作。每个月都进行 1 天的日语培训。

采访者：你是第二年进入技能实习的时候才被分配到"木之屋"呢，还是第一年就分配到那里了？

受访者：一来到日本的时候就知道自己是被分配到哪个公司的。

采访者：你们的食宿都是日本公司提供的吗？每个月 1 天的日语培训要自己交学费吗？

受访者：第一年是算研修的，没有工资，只给生活费，生活费不是公司直接给的，是商工会议所派发给我们的。每个月的日语培训是不需要承担任何费用的。

---

① 公司全称为"株式会社木の屋石卷水产"。

采访者：你们住的房子是自己租的？还是商工会议所帮你们找好，你们自己每个月付房租？

受访者：住的地方是自己所在公司提供的，第一年不承担任何费用，第二年和第三年，这 2 年要承担和日本居民一样的所有费用。

采访者：你在公司里一般每天工作多少小时？加班多吗？

受访者：一天正常时间是早上 8 点到下午 4 点半，加班嘛偶尔，不好讲这个，每个公司是不一样的。

采访者：那你们 5 个人是每个人分开住呢，还是几个人一起住？

受访者：一起住。

采访者：一起住是指大家住在一个套间里面，每个人一个房间？

受访者：住一个房间里，房间里有四个床铺。

采访者：你当初为什么选择来日本呢？

受访者：我这个人喜欢出去见世面，也好学，日语这语言我很喜欢，所以有这个机会就来了。

采访者：这 3 年的日本生活，你觉得对你来说最大的困难和最大的收获是什么？

受访者：刚开始最大的困难是语言的沟通。收获嘛应该是这 3 年学到了很多，生活经验、技能经验、语言沟通能力啊什么的，都有很大的一个变化。

采访者：最后能问一下你的工资吗？如果不方便回答的话也没有关系。

受访者：工资不一定的，每个人的工作量不一样。

采访者：除了"木之屋"的朋友以外，和其他的温州研修生有联系吗，比如一起出去玩什么的？

受访者：偶尔周末都会去各自住的地方玩的。

采访者：大家彼此是怎么认识的？在温州的时候就认识吗？

受访者：不认识的。

采访者：这次回去以后还会来日本吗？

受访者：不知道。

采访者：谢谢你。祝你周六一路平安。

受访者：谢谢。

第三节　我是研修团团长

——XY　口述

受 访 者：XY,女,出生于温州市

采访时间：2010 年 6 月 2 日

采访方式：网络

采 访 者：郑乐静

录音整理：杨维波,王小丽

文稿编辑：郑乐静

采访者：你好,你现在还在日本吗?

受访者：你好,我现在回国了。

采访者：能否打扰你一下,我想了解一下在石卷的研修生的一些情况。

受访者：其实也是在打工啦。

采访者：你是第几期呢?

受访者：第 20 期。

采访者：同时去的有多少人?男生有几个?

受访者：有 11 个,其中男的 1 个。

采访者：你是什么时候去日本的?

受访者：2007 年 12 月 1 日到的日本。

采访者：这么算来,还不到 3 年,那你是提早回国的吗?

受访者：是的。

采访者：为什么不继续在日本了呢?

受访者：我跟日本人有矛盾。

采访者：跟公司的日本人?

受访者：是的。

采访者：工作时间很长吗?一周工作几天?一天工作几个小时?

受访者：厂里效益不好，一般星期天都有休息。

采访者：第一年研修的时候的工资是公司给还是商工会议所给的？

受访者：工资是公司给的，工资多少是商工会议所定的。

采访者：那第二年开始的工资是不是就是公司自己定的？每个公司不一样？

受访者：是的，按照小时计算的。

采访者：时薪是多少方便告诉吗？

受访者：500 日元左右吧，加班是 800 日元不到一点。日本人说我是研修生的团长，工作的时候就分配我到最脏最累的部门去干，他们说我是团长，要带头去干。天哪，那个部门都是男人干的重活。太重了，干不动。

采访者：你是怎么被选上当团长的呢？

受访者：团长是在中国的时候，研修生们自己投票选的。我在日本干活，腰肌劳损了。日本人天天对着我们研修生喊，快一点，快一点。

采访者：当初怎么想到报名来日本呢？

受访者：我们是温州市政府组织的。

采访者：你是通过什么渠道知道研修生这个项目的？

受访者：朋友介绍的。

采访者：你刚才说的这些情况没有去反映一下吗？比如说石卷商工会议所。

受访者：我们都说过了，公司根本不理会商工会议所。

采访者：商工会议所那边的人有来调解？

受访者：没有，只是打个电话跟他们说，不要每天对着我们喊快一点，快一点，他们根本不理会。

采访者：你所在的大兴公司那边现在还有几个人呢？

受访者：还有 6 个人。

采访者：你们 11 个人分到几家公司？平时大家有交流吗？

受访者：分到两家，我们都有来往的，就像姐妹一样。

采访者：住宿呢？是几个人一起住？

受访者：我们住的条件蛮好的，4 个人一起住。

采访者：房租都是自己付吗？还是公司付的？

受访者：第一年是公司付，第二年是自己付。

采访者：公司不包住的话，省不下多少钱的。日本消费这么高。

受访者：是啊，我们平时生病也要坚持上班，不然扣了就没钱咯。

采访者：你是什么时候回国的？

受访者：去年(2009年)。我们的钱被日本人压着，不可以全部寄回家，平时的存折都是公司管的。我们每个月的工资都不是自己保管的。

采访者：万一要急用的时候，很麻烦吧。

受访者：是啊，寄钱回中国要打申请，要过很多关啊。平常的生活费都是要申请的。他们说怕我们乱花钱，其实是怕我们跑了。

采访者：同期的就你1个人先回来了吗？

受访者：3个人回来了。

采访者：那你要提前结束合同回来，他们把钱都还给你了吗？

受访者：嗯，进机场了以后，全部给我们了。

采访者：他们送你到机场的？

受访者：是呀，怕你跑呗。其实我们还好啦，山东人在日本，真的很可怜。

采访者：他们从事的行业更辛苦？

受访者：一样的，都是杀鱼。

采访者：他们跟你们在一个公司？

受访者：没有。有很多山东人，打电话回家都在哭啊。

采访者：也在石卷打工？

受访者：是的，很多。

采访者：现在有什么打算呢？

受访者：反正不会再去日本了。

第四节　研修的生活很单调

——MH　口述

受 访 者：MH，女，出生于温州市，接受采访时22岁

采访时间：2010年5月11日

采访方式：网络

采 访 者：郑乐静

录音整理：杨维波，王小丽

文稿编辑：郑乐静

采访者：你好，你现在还在日本吗？

受访者：我已经不在日本了，我回国了。

采访者：什么时候回国的？

受访者：我是 2 月 10 日回国的。

采访者：如果你不介意的话，可以聊聊你在日本的经历吗？

受访者：在日本的工作我不满的是我们的地位太低了，没有自由。辛苦的是我们，可工资跟日本人比，我们少多了。

采访者：我也了解了一下一些别的地方的研修生的状况，你们作为从石卷市的友好城市温州过来的人的话，是否待遇或者地位比别人好？

受访者：我觉得应该要的。毕竟我们不是劳务输出，是以友好城市为前提的。但是研修的时间太长了，没有研修生会待得住。现在出去的都是年龄不大的，在那里的生活单调，工作累，地位低，没有家人朋友的陪伴。

采访者：你是没做满 3 年就先回去了？

受访者：嗯。我胃不舒服就申请提前回来了。

采访者：你那一期出去多少人呢？

受访者：11 个人，回来了 3 个。

采访者：全是女孩吗？

受访者：1 个男孩。

采访者：都是温州来的？

受访者：有 1 个好像是丽水吧，我也不怎么清楚。

采访者：你们是怎么被选上到日本做研修生的呢？

受访者：我不知道，我们是去温州市政府报名的。

采访者：你是怎么知道这个项目的？

受访者：听爸爸的朋友说的。以前表姐也去过日本，是去 1 年的。

采访者：报名就能来吗？还是要通过审核的？

受访者：要的，要学习。

采访者：有老师专门教你们日语？大概教多久？

受访者：有的，要我们自己出钱。学日语要 1500 元，学 1 个月不到的时间，每天只有 2 个小时，一个星期上 4 天课。

采访者：你在日本的工资待遇如何？

受访者：我们第一年只有 62000 日元一个月，外加加班费 500 日元一个小时，第二年和第三年都是按小时算钱，好像是 600 多日元，加班是 800 多日元。

采访者：你研修完 1 年就回去了，还是进入技能实习了？

受访者：我 2 年 2 个多月回来的。差 10 个月就满了。

采访者：那你那时候已经开始技能实习了？

受访者：嗯。

（MH 因另外有事，采访就没有继续下去。MH 似乎不太愿意提及她在日本的这段经历，从她在日本期间写的博客的字里行间读到的尽是生活的孤独和工作的辛劳。）

第四章

放飞梦想的就学生和留学生

2015 年在日本的外国留学生的总人数为 246679 人，其中中国留学生有 108331 人，占总体的 44％，位居第一。日本的外国留学生，按照在留资格分为"就学生"和"留学生"两种。[①] "就学"是指外国人在日本的高中、盲校、聋哑学校、护理学校的高中部、专修学校的高中部或一般课程部、各种学校，以及在设施、编制上与上述机构相当的教育机构内接受教育的活动。"留学"是指拥有 12 年正规学校教育经历的外国人在日本的大学或者相当于大学的机构、专修学校或者实施大学预备教育的机构及高等专门学校内接受教育的活动。[②] 通常来说，就读于语言学校的学生，一般持就学签证，称为"就学生"；直接进入日本的大学和专门学校等机构学习的学生，持留学签证，称为"留学生"。

（一）日本政府的留学生接收政策

日本真正开始大规模接收外国留学生是从 20 世纪 80 年代才开始。

20 世纪 80 年代，在美国的留学生人数为 31.18 万人（1980 年），法国为 11.93 万人（1982 年），英国为 5.28 万人（1980 年），而日本的留学生仅 1.04 万人（1983 年）。外国留学生规模之小，和当时日本的经济大国地位非常不匹配。1983 年 5 月，中曾根康弘首相访问东盟诸国时，通过和当地的留日归国学生交谈，感到有必要扩大留学生的规模。于是日本政府于 1983 年设立"面向 21 世纪的留学生政策

---

① 根据 2009 年 7 月 15 日公布的修订后的《出入国管理及难民认定法》，从 2010 年 7 月 1 日开始，不再区分"就学"和"留学"在留资格，统一至"留学"在留资格。

② 入管協会.在留外国人统计.平成二十二年：29.

恳谈会",该会同年发表了《面向 21 世纪的留学生政策提议》,提出力争到 21 世纪初,日本的外国留学生规模达到 10 万人的发展计划。第二年,该会又推出《面向 21 世纪留学生政策的全面实施》的报告。报告中明确指出日本政府的目标是以 1983 年的留学生人数(10428 人)为基础,到 2000 年,公费留学生达到 1 万人,私费留学生达到 9 万人,合计 10 万人,简称为"10 万留学生计划"。

在该计划的影响下,日本法务省也通过修改法案,允许就学生和留学生半工半读,兼职打工的时间以一周 20 个小时为限。[1] 这种兼顾学业的同时还可以打工赚钱的留学政策的推出,无疑对外国留学生具有莫大的吸引力。与此同时,1984 年法务省简化就读于日本语言学校的就学生的入境手续。[2] 此后,日本的语言学校如雨后春笋般纷纷设立,从 1984 年的 49 所激增到 1988 年的 309 所。[3] 因此,从 20 世纪 80 年代后期开始,来日本的外国就学生和留学生人数急剧上升。2002 年,在日外国留学生总人数达到 110415 人,完成了"10 万留学生计划"。虽然为了顺利完成"10 万留学生计划",日本政府制定了一系列有利于留学生的政策,但是由于在计划实施过程中优先考虑增加人数,也带来了日语学校的乱象、以留学之名行打工之实的外国人的出现、留学生结束学业后的非法滞留等一系列的负面后果。

为了进一步扩大留学生规模,福田康夫首相于 2008 年 1 月在第 169 回国会上提出:"我们要制定新的 30 万人留学日本的计划,并加以实施,同时由产学官联合推进大学研究所或企业对海外优秀人才的引进的扩大。"[4]2008 年日本文部科学省及相关部门推出了"30 万留学生计划",计划到 2020 年,接收 30 万外国留学生。

(二) 中国政府的出国留学政策

1978 年 6 月 23 日,邓小平发表了关于扩大派遣留学生规模的讲话:"我赞成留学生的数量增多,主要搞自然科学。这是五年快见成效,提高我国水平的重要方法之一。要成千成万地派,不是只派十个八个。"[5]在邓小平的具体指示下,中国开

---

①　法务省管総第 665 号「大学等高等教育機関で勉学する外国人留学生のアルバイトに関する出入国管理行政上の取り扱いについて(参考通知)」,1983‐06‐28.

②　浅野慎一.日本で学ぶアジア系外国人——研修生・留学生・就学生の生活と文化変容.岡山:大学教育出版,1999:40.

③　駒井洋.国際化のなかの移民政策の課題.東京:明石書店,2002:173‐174.

④　第 169 回国会における福田内閣総理大臣施政方針演説.2008‐01‐18.

⑤　苗丹国,程希.1949—2009:中国留学政策的发展、现状与趋势(上).徐州师范大学学报(哲学社会科学版),2010(2):6.

始实施向西方先进国家大量派出留学生的计划。1978 年 8 月,教育部下发《关于增选出国留学生的通知》,选拔公派留学生去往美国、欧洲、日本等西方国家和地区。1978 年至 1982 年,国家公派出国人员合计 9179 名,其中访问学者和进修人员最多,达到 6843 人,占 75%,研究生为 1496 人,本科生仅为 840 人。[①]

　　20 世纪 80 年代初,国家调整政策开始鼓励自费出国留学。1982 年 7 月 16 日,国务院转批教育部、公安部、外交部、劳动人事部制定的《自费出国留学的规定》的通知,指出自费留学出国,是培养人才的一条渠道。[②] 但是,实际上受一系列规定的限制,如"自费出国留学人员,到国外上大学或者当研究生的,年龄不得超过 35 周岁;到国外进修的人员,年龄不得超过 45 周岁,并应选学国家建设需要的专业","高等学校的在校本科生、专科生以及高等学校(含科研机构)的在校研究生(包括在职研究生)不准自费出国留学。高等学校毕业生,必须服从国家统一分配,工作 2 年后,经组织批准,才能对外联系自费出国留学"等,这一时期自费出国人员并不是很多,依旧是以国家公派、单位公派和单位担保的自费留学为主。1984 年 12 月 26 日,国务院颁布《关于自费出国留学的暂行规定》再次强调,自费出国是贯彻对外开放政策、引进国外智力的一个方面,并明确指出国家对自费出国留学人员在政治上与公费出国人员一视同仁,[③]规定"凡我国公民个人通过正当和合法手续取得外汇资助或国外奖学金,办好入学许可证件的,不受学历、年龄和工作年限的限制,均可申请自费到国外上大学(专科、本科),做研究生或进修","高等院校在校的专科生、本科生和在学的研究生,可以在学校或单位申请自费出国留学,出国后,保留学籍 1 年,应届毕业专科生、本科生和研究生,凡属国家统一分配的,应服从国家分配,到工作单位后,再申请和办理自费出国留学"等,大大放开了自费出国留学的种种限制。80 年代后期开始,中国自费留学生人数不断攀升。1978 年至 2008 年年底,中国约有 140 万人出国留学(不包括香港、澳门和台湾地区)。

---

　　① 苗丹国,程希.1949—2009:中国留学政策的发展、现状与趋势(下).徐州师范大学学报(哲学社会科学版),2010(3):2.

　　② 国务院.国务院转批教育部、公安部、外交部、劳动人事部制定的《自费出国留学的规定》的通知.1982－07－16.

　　③ 国务院.国务院关于自费出国留学的暂行规定.1984－12－26.

（三）在日中国留学生概况

如上所述,随着中国改革开放政策的实施以及日本宽松积极的留学政策的推出,中国掀起了一股日本留学热。改革开放以后,中国政府向日本大量派遣公费留学生是从 1979 年开始,以本科生为主。1980 年至 1984 年,中国共向日本派出了 379 名本科留学生,这占中国派出的本科留学生总数的一半以上。[①] 单位公派留学日本从 1982 年前后开始,自费留学日本人员数量从 20 世纪 80 年代中后期以来一直呈攀升趋势。

从表 4-1、4-2 和 4-3 可以看出,中国就学生和留学生总数(不包括台湾)从 1986 年的 17459 人,激增到 2015 年的 108331 人,占在日本的外国留学生总人数的 44%,位居首位。

表 4-1　在日本的中国留学生人数变化(不包括台湾)(1986—2009 年)

年份	留学生总数/人	中国留学生人数(不包括台湾)/人
1986 年	20456	9845
1988 年	29154	15642
1990 年	48715	29354
1992 年	56309	31910
1993 年	60110	34432
1994 年	61515	35014
1995 年	60685	34617
1996 年	59228	33120
1997 年	58271	31707
1998 年	59648	32370
1999 年	64646	35879
2000 年	76980	45321
2001 年	93614	59079
2002 年	110415	73795
2003 年	125597	87091

---

① 王雪萍.改革开放初期中国留学生的排出政策:1980 年向日本派出的 97 名本科生的追踪调查.徐州师范大学学报(哲学社会科学版),2004(4):4.

年份	留学生总数/人	中国留学生人数(不包括台湾)/人
2004 年	129873	90746
2005 年	129568	89374
2006 年	131789	88074
2007 年	132460	85905
2008 年	138514	88812
2009 年	145909	94355

注：由于《在留外国人统计》在 1995 年以前是不定期发行的,因此缺失 1987 年、1989 年、1991 年的数据。

资料来源：财团法人入管协会《在留外国人统计》以及日本法务省官网上的在留外国人统计数据。

表 4-2　在日本的中国就学生人数变化(不包括台湾)(1986—2009 年)

年份	就学生总数/人	中国就学生人数(不包括台湾)/人
1986 年	15144	7614
1988 年	385	40
1990 年	35595	24251
1992 年	46644	33962
1993 年	44418	33317
1994 年	37653	27763
1995 年	34441	23858
1996 年	30079	20001
1997 年	29095	18706
1998 年	30691	20050
1999 年	34541	22782
2000 年	37781	26542
2001 年	41766	30170
2002 年	47198	35450
2003 年	50473	38873

续　表

年份	就学生总数/人	中国就学生人数(不包括台湾)/人
2004 年	43208	29430
2005 年	28147	15915
2006 年	36721	21681
2007 年	38130	22094
2008 年	41313	25043
2009 年	46759	32408

资料来源:同表 4 - 1。

表 4 - 3　在日本的中国留学生人数变化(不包括台湾)(2010—2015 年)

年份	留学生总数/人	中国留学生人数(不包括台湾)/人
2010 年	201511	134483
2011 年	188605	127435
2012 年	180919	113980
2013 年	193073	107435
2014 年	214525	105557
2015 年	246679	108331

注:根据 2009 年 7 月 15 日公布的修订后的《出入国管理及难民认定法》,从 2010 年 7 月 1 日开始,不再区分"就学"和"留学"的在留资格,统一至"留学"的在留资格。所以 2010 年以后的"留学"的人数中包含原来意义上的就学生。

资料来源:同表 4 - 1。

笔者从 2009 年开始对 15 名温州籍留学生进行了追踪调查。调查发现 20 世纪 80 年代中后期至 90 年代赴日留学者和 2000 年以后赴日留学者在留学动机、生活方式、就业选择等方面呈现出不同样态。

1. 调查对象属性

此次调查对象 15 人中,男性 14 人,女性 1 人。其中 6 人是 2000 年以前赴日的,现在均已经在日本工作或自主创业;9 人是 2000 年以后赴日的,大部分还在学校就读(表 4 - 4)。

表 4 - 4　调查对象属性

调查对象	出生年份	性别	赴日年份
受访者 A	1963 年	男	1987 年
受访者 B	1960 年	男	1990 年
受访者 C	1970 年	男	1990 年
受访者 D	1973 年	男	1993 年
受访者 E	1969 年	男	1993 年
受访者 F	1968 年	男	1994 年
受访者 G	1982 年	男	2001 年
受访者 H	1981 年	男	2004 年
受访者 I	1986 年	男	2005 年
受访者 J	1984 年	男	2006 年
受访者 K	1986 年	男	2007 年
受访者 L	1987 年	女	2008 年
受访者 M	1985 年	男	2009 年
受访者 N	1989 年	男	2009 年
受访者 O	1989 年	男	2010 年

2. 留学动机

20 世纪 80 年代末到 90 年代初,中国改革开放政策初见成效,但中日两国之间的经济差距依旧存在。80 年代后半期,以上海、北京等大城市为中心掀起的出国热也波及沿海城市温州。这个时期赴日的温州籍就学生、留学生出国动机各不相同,既有真心求学者,也有以打工赚钱为目的者。2000 年以前赴日的调查对象中,出国者年龄从 20 岁到 30 岁不等,有高中毕业就出国的,也有在国内工作多年后出国的。关于留学动机,他们是这么描述的。

来见见世面。当时中国宣传国外的那种报道是真的还是假的,我要来自己看一下。(受访者 A)①

---

① 摘自笔者于 2010 年 1 月 7 日在东京都采访 A 的访谈笔记。

我本来就是厨师……(来日本的目的)当然是来做生意的。开料理店。(受访者 B)①

我是 1990 年高中毕业,申请美国和日本的签证,半年后日本的签证下来了,所以于 1990 年 9 月来日。当时年龄很小,也很迷茫的。但是作为温州人,温州人做生意的很多,所以那时候希望自己以后能创业。(受访者 C)②

其实刚开始也不是自己要求来日本,是因为有个亲戚在日本,然后高中毕业的时候,父母就说你去日本。我没来过日本,那时候日本比较发达,就过来了。(受访者 D)③

当初有两个选择……一个是去法国打工赚钱,一个是来日本读书。所以我就选择了来日本读书……当初就是想来学点东西,反正是知道日本是很好的,经济那个时候,它是顶峰嘛。然后过来的话,花钱比较少。(受访者 E)④

我老婆在日本(留学),所以我就来日本了。因为当时大家都是先出国再说吧。反正有机会出国的话,就先出来再说嘛。(受访者 F)⑤

比起以出国赚钱、创业为目的的 2000 年以前的赴日留学生来说,2000 年以后赴日的温州籍留学生,多为高中毕业直接来日本读语言学校的,出国时年龄在 20 岁前后。由于中国经济的急速发展,温州的一般家庭也能支付子女的留学费用,所有这个时期赴日的学生不再为学费和生活费而担忧,而是带有更加明确的学习日本先进文化和技术的意愿。

我刚来的时候,就是来学习的。而且刚来的时候不是想学三维动画,而是想学建筑设计这一块。来了这以后,(考虑到将来的)工作啊什么的,想想完全学设计非常不实际。然后就学三维动画。(受访者 G)⑥

---

① 摘自笔者于 2010 年 3 月 6 日在东京都采访 B 的访谈笔记。
② 摘自笔者于 2010 年 5 月 10 日在东京都采访 C 的访谈笔记。
③ 摘自笔者于 2009 年 12 月 29 日在东京都采访 D 的访谈笔记。
④ 摘自笔者于 2010 年 4 月 4 日在埼玉县采访 E 的访谈笔记。
⑤ 摘自笔者于 2010 年 4 月 28 日在东京都采访 F 的访谈笔记。
⑥ 摘自笔者于 2010 年 4 月 25 日在东京都采访 G 的访谈笔记。

我是高二的时候,因为我当时读书不好,我爸爸跟我说你考不上大学,出去留学怎么样,日本,意大利,还有美国。然后我说选日本,因为我爸爸有个朋友在日本,跟他关系比较好,再说我对日本的服装比较感兴趣,那种潮流嘛,日韩潮流,我比较感兴趣,想去日本看一下,那时候我就差不多决定了……来日本学习服装潮流。至于以后毕业之后,目标是先去服装公司啊,外贸公司实习几年,有资金和能力的话,我想开自己的贸易公司。(受访者 N)①

3. 留学生活

2000 年以前赴日的温州籍留学生大多是通过温州亲戚和朋友的帮忙,以留学的形式出国。他们来到日本以后,往往也倾向于依靠温州人的圈子来融入日本社会。这从他们初到日本寻找住处和兼职工作方面也可以得到验证。

我表妹在日本留学,留学手续是表妹帮我办好,然后在她家住了 10 个月。我来日本第三天就开始打工了,这份工作也是表妹介绍的。(受访者 A)

(来日本)第一天我是住在我表姐家里,我表姐开了家中华料理店嘛,然后我就住在中华料理店里的仓库兼办公室的地方。在那里住了八九个月……(第一份工作)也是我表姐帮我找的。刚开始我住在店的后面嘛,就在我表姐店里上班,工资我记不得了,反正都是她帮我安排嘛,吃是她们家的,免费,住在后面我是付钱给她的哦。然后,1994 年 3 月份,正好我们店里有个常客,我表姐问他有没有工作提供,他是搞工地建设的,那时候工资还好,12000 日元一天,那时候我就去干了 1 个月,就是道路建设,蛮辛苦的,刚过来。那个月拿了 30 多万日元。然后我的第三份工作是在一个很大的冷冻工厂,在那里做了挺久,这份工作也是我表姐帮我找的,那时候它在报上登出来,我表姐就打电话,带我一起去面试……(受访者 D)

2000 年以后赴日的温州籍留学生大多通过留学中介机构、交换留学等途径出国,较少依赖在日温州人网络。比如受访者 H 是 2004 年大学毕业后,通过中介机构申请了日本的学校。受访者 I 是在高二的时候,作为交换生在日本的高中学习 1 年,

---

① 摘自笔者于 2009 年 12 月 31 日在东京都采访 N 的访谈笔记。

住在日本人家里。交换留学结束后,在日本参加了留学生统一考试,考取了日本的大学。受访者 J 在中国就读的大学和日本的学校缔结了联合教育协定,在中国学习 3 年,在日本学习 1 年。他在大三的时候来日本,先是在语言学校学习半年的日语,然后转入服装专门学校学习。

2000 年以前赴日的学生大多需要自己挣学费和生活费。而 2000 年以后赴日的学生大多家庭经济状况尚可,学费和生活费一般依靠父母汇款。所以他们将更多的时间放在学习上,打工只是兴趣爱好或者为了积累社会经验。

> ……就我们这个年龄段的人来说,总想给家里减轻点负担,想自己去赚一些钱,自己赚学费可能有点荒唐,生活费起码要自己解决。学费真的有点困难。(受访者 N)

> 在日本读书的学费(以及生活费的一部分)都是家里负担的。直接汇到我在日本的银行账户里。另外也自己打工负担一部分的生活费。曾经有一段时间,一个星期打几天,一天打两份工。那时候一个月平均有 15 万日元的收入。(受访者 H)[①]

4. 毕业去向

因为这次调查对象是在日本的温州人,所以没有包含毕业后选择回国的留学生。关于毕业后的去向,2000 年以前赴日的温州籍留学生多半选择了在日就职和创业。

> (我在埼玉的一所大学的别科[②])从 1990 年读到 1993 年 3 月份。4 月份就进专门学校,读了 1 年就就职了……在东京大饭店做了 2 年(到 1996 年),然后去新宿的料理店做了 2 年。然后在另一家店做了 3 年。然后再自己开这家店。(受访者 B)

2000 年以后赴日的温州籍留学生同样有强烈的创业意愿。

受访者 H 在读完语言学校后,进入筑波大学读了 1 年的"研究生"。1 年过去

---

① 摘自笔者于 2010 年 1 月 6 日在东京都采访 H 的访谈笔记。

② 为了让以进入日本的大学、研究生院为目的的外国留学生取得留学签证,日本的一些大学会开设留学生别科,教授日语,加深其对日本文化的理解。

了,他开始犹豫是继续申请读研究生还是直接参加工作。他觉得即使考研成功,毕业后也还是要出来工作的,所以就索性就职了。2009 年,他从父母那里借了资金,开始投资中华料理连锁店。

> 为了回国毕业,我 2008 年 4 月回国。因为日本的签证到 10 月份为止,所以 2008 年 8 月我又回到了日本来找工作。找了很多。最终决定创业。一开始我打算开便利店。但是前期投资太高,至少要 3000 万日元。我听了日本朋友的建议开了房屋中介公司。2009 年 5 月,从妈妈那里借来资金,在日本开了公司。(受访者 J)①

本章选取了 3 位 2000 年以前赴日的温州籍留学生和 2 位 2000 年以后赴日的温州籍留学生的访谈。

第一节 台湾亲戚帮我来日本
——童柏川 口述

受 访 者:童柏川,男,1960 年出生于温州市永嘉县
采访时间:2010 年 3 月 16 日
采访地点:东京都
采 访 者:郑乐静
录音整理:杨维波,王小丽
文稿编辑:郑乐静

(一) 举目无亲

采访者:您是哪一年来日本的?
受访者:我是 1990 年来的,已经 20 年了。

---

① 摘自笔者于 2010 年 3 月 28 日在埼玉县采访 J 的访谈笔记。

采访者：您当初是怎么想到来日本的？

受访者：当初是留学过来的。我当时在深圳，留学来这边。

采访者：留学是通过中介还是这边有认识的人？

受访者：通过熟人。我有个亲戚在台湾。

采访者：他是如何帮您办到日本的？

受访者：我在深圳，我亲戚和日本的大学的教授很熟。

采访者：是直接办到大学还是语言学校？

受访者：直接办到学校读别科。

采访者：那您的签证是留学签证？

受访者：嗯。

采访者：那整个手续是日本的教授帮您办的？

受访者：嗯。

采访者：来这边住宿是？

受访者：住学校的宿舍。

采访者：来的那天是学校的人去接您的吗？

受访者：我自己来的。按照拿到的通知书上的地图来的。

采访者：您来日本之前，在日本有亲戚或者熟人吗？

受访者：没有，举目无亲啊。

采访者：您来以后也打工吧，第一份工作是谁帮您找到的？

受访者：是自己找。

采访者：那时候您会讲日语了？

受访者：不会讲，头两句，乱讲"アルバイト募集しますか？（您这边招人吗？）"。

采访者：您自己打电话去问？

受访者：不是，直接到店里问。那时候池袋那些店很好找，每个中华料理店都要人。

采访者：您就读的大学在东京？

受访者：埼玉。

采访者：您从埼玉到东京打工？

受访者：坐东武东上线，来池袋才 20 分钟。

采访者：您来了多久后开始打工的？

受访者：来的第二天就开始打工。我是学校的打工领头。我和别人不一样，我来了以后,学校的同学找工作都托我帮他们找。

采访者:您在别科读到什么时候?

受访者:从1990年读到1993年3月份。4月份就进专门学校,读了1年就就职了。本来是不可以就职的,必须是从专门学校毕业后才可以就职。我去学校事务所那边要退学,学校的人说不可以,你有什么人在日本不?我说我有亲戚在日本。然后学校那边就同意我退学了。

采访者:这个专门学校也在东京?

受访者:埼玉。

采访者:就职的工作是?

受访者:我本来就是厨师。我就职的是厨师,原来打工也是厨师。我是1982年浙江省杭州商校毕业的。有朋友在深圳,就去深圳了。

采访者:那您就职的是哪里?

受访者:东京大饭店。读书的时候打工的地方是池袋的东方宾馆等中餐馆,这些店现在都关了。在东京大饭店做了2年(到1996年),然后去新宿的料理店做了2年。然后在另一家店做了3年。然后再自己开这家店。

(二) 再开10家店

采访者:您现在这家店是什么时候开的?

受访者:10年了。

采访者:这家店当初是租的?

受访者:租的,现在还是租。

采访者:一直是您一个人经营?

受访者:对。

采访者:有雇佣员工?

受访者:当然有了。一开始雇了几个,有些会偷的。最忙的时候雇3个人。有上海人、福建人,没有日本人和温州人。

采访者:您刚来的时候一个温州人也不认识,后来是怎么开始慢慢认识的?

受访者:横滨有1个温州人,原来是我海员俱乐部(温州,1984年的时候)的工友,现在在做贸易,两头跑。

采访者:那您来之前就认识这1个温州人?

受访者:嗯。

采访者：来了以后就跟他联系了吗？

受访者：来的时候一个温州人都不认识，到处打听温州人，一个温州人也没碰到。

采访者：然后怎么认识的？

受访者：后来是，我弟弟的老婆和这里的一个温州人是老乡，我弟弟和那个温州人认识了后，我跟他也认识了。

采访者：是哪一年？

受访者：3 年前，2007 年。

采访者：从这以后才跟温州人联系上？

受访者：是的。

受访者：这位是我太太。也是乐清市柳市镇人。1995 年来日本的。丈母娘 10 年前来日本，现在还是中国籍。除她以外，我们都入日本籍了。女儿和儿子都是在日本出生的，会讲点温州话，跟外婆学的，但是不会讲普通话。还有我弟弟，2 年前一个人来日本了，现在在别人店里工作，也是做厨师。

采访者：您家族里面出国的人多吗？

受访者：就是我一家和我弟弟。

采访者：您来日本最大的困难是？

受访者：没钱。

采访者：您留学的费用都是自己付的？

受访者：嗯。

采访者：您来日本的目的是什么？留学或者创业？

受访者：当然是来做生意的。开料理店。

采访者：您的出国，是否背负着提升整个家族命运的殷切期待？

受访者：我父母都还在永嘉。他们没有这种期待。

采访者：在您的帮助下来日本的人有几个？和您是什么关系？

受访者：没有。但是有帮同学（福建人、上海人）找工作，一分钱都没有收。

采访者：您来日本后，和国内的联系多吗？比如回国次数，和国内家人的联系频率，和朋友的联系频率。

受访者：没什么联系，平均五年回国一次，平均一周打一次电话。

采访者：您在日本的朋友圈里，温州人、温州人以外的中国人、日本人的比例各为多少？

受访者：温州人30％，其他中国人30％，日本人30％，同学，客人，几乎都是客人。

采访者：您是通过什么渠道知道同乡会或者总商会的？以及为何加入同乡会或总商会？

受访者：在一个温州人的介绍下，2008年去同乡会的理事会开会，2010年去了总商会的理事会开会，2010年参加了总商会的新年会。碰到温州人开心死了。不让我去我也要去。大家来日本都不容易，能帮忙尽量帮忙。主要是大家团结，温州人来日本的不多，大家团结，互相帮忙，而不是为了什么我当会长，我想当什么，把别人管住，这个意思是错的。

采访者：同乡会也好总商会也好，您希望它们起到什么样的作用？

受访者：我希望在互相团结的基础上，今后，谁有困难的时候，大家有钱出钱有力出力，互相帮助，这才是同乡会的意义。否则，就没有意义。我在日本久了，大家多多少少每个月交1000日元到2000日元，存下来，开同乡会，或者谁有困难，生病，就资助他，这是参加同乡会最理想的情况。大家在一起喝酒聊天没意义。我今后会继续参加同乡会和总商会，但是目的是什么呢？如果只是大家吃吃喝喝，如果没有给大家利益，以后也不会去的。出门人难免遇到困难。同乡会就是大家支持有难的人，和平时期，大家平时出点钱，到时候选一个可以信任的人把钱存在他那里。

采访者：您现在的梦想是什么？

受访者：再开10家店。

采访者：您最终会选择落叶归根还是落地生根？

受访者：落地生根。不回去了。回去能做什么呢。

第二节　多个想法，多条门路

——叶方荣　口述

受 访 者：叶方荣，男，1969年出生于温州市

采访时间：2010年4月4日

采访地点：东京都

采 访 者：郑乐静

录音整理：杨维波，王小丽

文稿编辑：郑乐静

（一）人生不止一条线

采访者：您 1993 年来日本的时候有没有熟人在日本？

受访者：有。是熟人帮我办过来的。

采访者：和您是什么关系呢？

受访者：没有血缘关系的亲戚。

采访者：是温州人？

受访者：瑞安的。

采访者：您来的时候是读语言学校？

受访者：嗯。

采访者：是 1993 年的几月份过来的？

受访者：5 月份。

采访者：在东京吗？

受访者：嗯。在池袋。现在这个语言学校倒闭了。我来的第三年就倒闭了。

采访者：您在语言学校读到哪一年？

受访者：1995 年 3 月份嘛。

采访者：语言学校毕业以后呢？

受访者：去了埼玉大学混了 2 年，就是大学院前面的那个"研究生"。

采访者：到 1997 年。

受访者：然后就就职了。

采访者：1997 年 4 月份开始就职，是日本公司？

受访者：嗯。

采访者：这家公司在哪里？

受访者：池袋。

采访者：进公司后，又是怎样一个经历呢？

受访者：在日本公司里做到 1999 年。那个时候其实就是挂名挂在他那边。因为跟老板关系很好嘛。后来我就脱离出来了。名么挂在他那里，自己么独立出来做事情,然后有事情么,大家一起做。

采访者:哦,那您是从 1999 年开始创业?

受访者:更早,1997,1998 年就开始创业了。跟公司是半脱离的关系。公司有事情我去帮忙,公司没事情我就自己出来做事。

采访者:1998 年开始创业,1999 年开始正式离开公司。

受访者:嗯。还是藕断丝连的。

采访者:1998 年创业的时候做的是什么呢?

受访者:按摩店。第一家在新大久保(1997 年年初开业),第二家在新宿(1998 年年末开业),第三家在新宿(2000 年开业),第四家也在新宿(2000 年左右开业)。

采访者:这些都是您一个人独资的吗?

受访者:差不多。

采访者:那您开这些店的资金是怎么来的呢?

受访者:花不了多少钱的。开店不花钱的。呵呵。开店的一两百万日元总是有的嘛。我打工也大概打了 2 年。

采访者:打工的钱用来投资开店?

受访者:对,对。

采访者:那您读书的学费都是自己赚的吗?

受访者:对,学费很低的,都可以赚得到的。我来日本 2 个半月以后才开始打工。前 2 个半月一直在读书,所以基础打得比较好。

采访者:第一份工作是怎么找到的?

受访者:也是中国朋友介绍。

采访者:2000 年之后,您又是怎样一个发展?

受访者:2000 年之后,就开始做生意了。这个生意惨败。做水果生意。跟泰国政府做生意。当时准备从泰国进口新鲜的水果。不懂嘛,跟日本人合作,一起做。因为我当时跟日本人接触得比较多,跟中国人接触比较少。

采访者:哦,就是和日本人合作,办了这个公司?

受访者:对。

采访者:然后您自己去泰国?

受访者:不是,我是来来回回地跑。当时开这个公司的原因有一个,因为当时泰国政府内部传出一个消息,就是说日本要对泰国的水果开放进口。就是山竹果。因为这个是"水果皇后"嘛,最好的水果嘛,结果那年日本突然发生了一个水果什么事件哦,就停下来了。但是我们公司开着,还是有零零碎碎的水果进过来,跟日本的连锁企业伊藤洋华堂那边都讲好了,进水果要卖什么的,进过来开始卖。有一个时间差的关系。泰国运过来要花 1 个礼拜,空运的话比较贵,就这样搞来搞去,定不下来,开始亏钱。因为是集装箱的形式弄的,亏损比较大。到了 2002 年年初,就把这个公司关掉了。有意思的是到了 2003 年,这个水果进口终于开放了。

采访者:这个公司您和那个日本人是一半一半的股份吗?

受访者:嗯。50％的股份,当然日本人没钱,钱都是我出的,但是给他做社长。在日本么,当然是以日本人为主,是不?中国人在这里没办法。2001 年年末,我就已经开始转行了。2000 年到 2002 年之间,跟我以前就职的公司的老板一起,开语言学校。当时第一个目的是想开学校赚钱的,就是开学校,别人有钱有房子,我们帮他开起来,开好后,给我们多少钱这样子。生源么,我们来提供。我们给外面开办了三所学校。

采访者:这个没有一直做下去?

受访者:没有。因为到了后来 2003,2004 年的时候日本开始严起来了,入管局严了,学生的签证批得不多了,就没人出钱叫我们开办学校了。所以说我们跟语言学校关系比较好。

采访者:哦,办语言学校就是 2003,2004 年以后就不做了?

受访者:对。不做了。

采访者:您刚才提到的 2001 年年末和原来的老板做什么生意?

受访者:我们提出了个计划。这个计划早在 1997 年的时候就提出来了,我们慢慢地在积累,就是要把中国的护士请到日本来,当时一个是考虑到日本的看护行业要放开了,还有一个,日本的护士是极缺的。所以我们想把中国的护士引进来。当时日本这个政策还没有定下来。这个政策在前两年才定下来。我们一直跟北京、四川、新疆、苏州、哈尔滨的护士学校联系,在那边培训愿意来日本的护士。当时这条路既然走不通,国家不支持,我们就用语言学校,以就学生的形式办过来。让她们先读着,无论怎么样,这几年之内应该会开通。当时学生招得不多。到了 2006 年的时候,正式第一批,我们这边么找医院,这边先要有一个医院,他们要这批学生,第一批护士进日本。就是政策基本上定下来以后,我们找到了日本一家医疗集团。但是呢这个时候我自己也开始在做别的。这里面我主要是帮他忙。

采访者:您自己没有投进去什么?

受访者:没有,没有。主要是帮忙。一直在做,做到现在。就是到了日本以后,国内要有护士资格,在日本要通过日语一级①,然后再去考日本的护士资格,考上后就能直接进入日本医院。年收入大概 400 万日元。

采访者:利润在哪里?

受访者:就是国内的人出来要付手续费。但是所有的人出来的时候是医院出钱的。她们免费出来读书的。所以后面基本上有个出资者,医院出钱做。我们出来的第一批在 2008 年就考出护士资格了,就职了。全日本我们是第一家做的。真真正正地成功的就是我们这家。

采访者:在这之后呢?

受访者:就比较混乱了。2006 年的时候,我已经在这里和一个温州老乡成立公司了。对,当中还有 1 年我回国了,2005 年左右。

采访者:彻底回国?

受访者:嗯,彻底回国。待在国内,混了 1 年,觉得没什么意思,又跑回来了。回来后,就跟温州人一起成立这家公司。

采访者:除了那个帮您办过来的瑞安人,当初来日本的时候还认识其他的温州人吗?

受访者:没有。我一直都是自己搞的。来了之后认识的第一个温州人就是现在的合伙人,瑞安人。

采访者:是怎么认识的?

受访者:我在打工的地方,当时有一个是温州的女孩子,过来吃饭,在我们店里和服务员讲起来,说自己是温州人啊。然后服务员跑过来跟我说,今天来了个你的同乡。我们就认识了。从那以后呢,那个女孩子就把他(指现在的合伙人)带过来给我认识。大家都是温州人嘛。

采访者:这个是什么时候的事?

受访者:1995 年。认识了以后就是大家见个面,吃个饭,大家就拜拜了。然后就没有接触了。到了成立温州总商会的时候,他们给我一个通知,报纸上登出来的,我就看到了,打电话联系的。过去那边,大家都五六年没见了,哎呀,好像认识好像不认识。后来讲起来,啊,是你啊。当时第一届成立大会的时候,人很多。

---

① 日本语能力测试分为 N1、N2、N3、N4 和 N5 共五个级别,是由国际交流基金和财团法人日本国际教育支援协会运营的,是测定不以日语为母语的人的日语能力的考试。

采访者：您第一届就任理事？

受访者：没有没有。我当时进去看了一下，我是看到报纸登了以后才过去的。然后去看了以后，反正温州人的一个活动嘛，平时也没什么活动，有活动就去参加，作为会员那样。到了后来感觉没动静么，也就不走动了。

采访者：是从那时候您才开始认识那么多的温州人？

受访者：当时我们自己这边，有办温州人出来的嘛，学生，我一直在开学校。我自己办了十几个温州人出来。都是温州市区、瑞安这一带的。

采访者：和您没有亲戚关系？

受访者：亲戚朋友啊，都有。

采访者：在认识这些温州人之前，您是以接触日本人为主？

受访者：对。

采访者：之后呢？比如办中文报纸。

受访者：办报纸是 2002 年，公司关掉了，我也没事情做，晃晃荡荡的，当时我的合伙人忽然跑出个想法，说，搞报纸吧。因为他（合伙人）一开始要做那个纪录片，那也挺好玩的。就开始办报纸。

采访者：是您和他两个人合作？

受访者：是的。当时他已经开始搞内装了。

采访者：报纸是办到哪一年？

受访者：办了 1 年就倒闭了，就关掉了。我亏了几百万日元。

采访者：您也在做内装？

受访者：没有。我那时候就接受语言学校的委托，在国内招一些学生。各种各样的线比较多，我这个人的事业比较混乱。

采访者：主要是去温州招？

受访者：不是，去全国各地。

采访者：重新回到日本就是办这家公司？

受访者：重新回到日本么，就是他（合伙人）已经有好几家店，比较成功了嘛，想要开公司，说要做大，那就凑一脚吧，大家都凑一脚。

采访者：股份呢？

受访者：3 个人么，就三等分分掉了。

采访者：这个资金又是哪里来的？

受访者：这个资金都是以前堆起来的。

采访者：没有去集资？

受访者：没有没有。

采访者：来日本以后，您碰到的最大的困难是什么？

受访者：最大的困难是做生意失败的时候，资金周转不过来的时候。其他的没有什么的。

采访者：您作为日本温州总商会的副会长，对商会的发展有什么看法？

受访者：尽量吸收新会员，10 年了，都是这么几个认识的人，没什么意思。我上次也提出来了，温州人在日本呢，以前那批基本来的人很少，最近几年来的人越来越多了，尽量把这些学生吸收进来，将来是看他们的。你看现在这批老人，搞得出来的也不是很多。就是发展新会员，大家都有些新的东西出来，有些想法啊，建议啊，国内的一些新的事情啊。在这边待了十几年的人，中国现在发展得怎么样都搞不清楚的人也有。大家要共同进步的话，就是每个人都要有新的想法。不能老炒炒菜就完了。大家都能多条门路，互相帮助。

采访者：您和同乡会没有什么联系？

受访者：同乡会的话，2005 年之前是有联系的，2005 年回国再回来后就没联系了。

采访者：您是怎么知道同乡会的呢？

受访者：同乡会我们都有讲起来的嘛，2000 年成立大会的时候，我们都碰过面的。后来大家都有接触的嘛。

采访者：您见到过的温州人有几个？

受访者：几十个。

采访者：据您估计，在日本的温州人有多少？

受访者：1000 人左右吧。

（二）生活在远方

采访者：您为什么会选择来日本？

受访者：比较近。当初有两个选择，一个是法国，一个是日本。法国的话，你去就搞不清楚了，不是去读书的，去那边不知道干什么，我也忘掉了。两个选择，一个是去法国打工赚钱，一个是来日本读书。所以我就选择了来日本读书。

采访者：您当初就想到来日本创业吗？

受访者：没有没有，当初就是想来学点东西，反正是知道日本是很好的，经济那个时候,它是顶峰嘛。然后过来的话,花钱比较少。这肯定了的,是吧。

采访者:您说是亲戚帮您办出来,也要花钱吗?

受访者:虽然是亲戚,但又不是很亲的,所以也要交钱的。

采访者:您的出国,是否背负着提升整个家族命运的殷切期待?

受访者:不用,我们家还可以的,算是半高干子弟,不需要把家里带起来,一点都不需要。我姐姐在温州,哥哥在温州,发展都很好的。

采访者:您来日本后,和国内的联系多吗? 比如回国次数,和国内家人的联系频率,和朋友的联系频率。

受访者:我一年回去五六次啦。我到现在还是这个样子,一年有 4 个月在国内。打电话基本上在网上用 Skype(一款即时通信软件)打来打去,比较频繁。我跟国内的朋友联系也比较频繁。温州朋友么,就这么几个。因为跟老一辈的温州人联系不多。大家的想法根本不对路嘛。

采访者:您在日本的朋友圈里,温州人、温州人以外的中国人、日本人的比例各为多少?

受访者:温州人 20%,温州人以外的中国人 10%,日本人 70%。刚来日本的时候,交往的朋友以全国各地的中国人为多,温州人为少。温州人圈子打来打去,也就这几个人。现在交往还是以日本人为主。

采访者:您是通过什么渠道知道同乡会或者总商会的? 以及为何加入同乡会或总商会?

受访者:是总商会成立大会之前,看报纸知道的。带着我这批留学生去。后来我们都有联系的,大家彼此也都知道。我们在日本也比较长久了,能留得下来的就这一批人了。我当副会长是从 2009 年,这一届开始的,因为这次好像真正地做了,以前没有活动嘛,大家在里面混的,有什么意思啊。在这边发展好一点的,也就这么几个人,大家一起弄吧。

采访者:您现在的梦想是什么?

受访者:你看我在日本的经历很混乱的,一年内有好几条线的。我的梦想是享受生活。

采访者:您最终会选择落叶归根还是落地生根?

受访者:犹豫不定,暂时是两头跑,到时候哪里好了定在哪里。因为生活,我自己还没有定下来。

第三节　要有奉献精神

——王平　口述

受 访 者：王平,男,1973 年出生于温州市瓯海区
采访时间：2009 年 12 月 29 日
采访地点：东京都
采 访 者：郑乐静
录音整理：杨维波,王小丽
文稿编辑：郑乐静

（一）来日本的时候才 20 岁

采访者：能介绍一下,您为什么要来日本,以及来日后的经历吗?

受访者：我是 1993 年 12 月 27 日来日本的。我选择日本是因为我亲戚,我妈的堂哥在日本,是日本残留孤儿,所以我就选择来日本。我几乎是高中毕业以后就马上来日本。来日本的时候才 20 岁。

采访者：来的时候的手续是谁办的?

受访者：我表姐帮我办的。

采访者：您母亲堂哥他们一家都在日本?

受访者：是的。他们一家有 20 多人,表舅舅,他们 4 个孩子。

采访者：哦,就是表舅舅下面有 4 个孩子?

受访者：对,2 个表姐,2 个表哥。

采访者：然后是在表姐的帮助下来日本的?

受访者：对。

采访者：以什么样的身份来的?

受访者：就学生。学校、担保人全是我表姐帮我找的。

采访者：您来的时候一个人来吗?

受访者：对。我来的时候一个人来的。然后我表姐来接。来的那天挺有意思

的,因为我在国内是学了30多个小时的日语,特训的那种,日语也不怎么会说,就是会あいうえお①,会说自己的名字,到成田机场的时候已经是下午了,我一直等我表姐来,她一直没有来。我身上又没有打电话的零钱,然后我想打电话给她,我看见两个老太太就说"お金ください"(请给我钱),然后她们给了我20日元还是30日元,我放进去打电话,舅妈接的,说已经过来了,可能路上堵车。我就放心了,因为一个人来日本,说好来接的还没来,感觉不安全。

采访者:语言学校什么的都是您表姐帮您找好的?

受访者:对。我是12月27日过来的,那时候放假,我记得是过了年去学校的。1月几日去的,我忘记了。

采访者:那时候您的住宿是住在语言学校?

受访者:没有,第一天我是住在我表姐家里,我表姐开了家中华料理店嘛,然后我就住在中华料理店里的仓库兼办公室。在那里住了八九个月。

采访者:您那个语言学校不强制要求住宿?

受访者:那时候,宿舍还不多吧,我1993年那时候好像没有什么宿舍,很少的。我来的时候,那个学校也不是很大的,现在还在的。1994年1月开始上语言学校,1995年3月就毕业了。我12月来的,几乎没人,我那个班级就我一个人,一个老师对着我一个人在讲。上了几天,过来一个韩国女孩。然后上到1994年4月份,我被合并到比我早来的人的班里。那时候读书蛮认真的,1994年12月份就把日语一级考出来了。

采访者:读完语言学校以后呢?

受访者:去读了服装设计,在东京的专门学校,读了3年。1995年4月入学,1998年3月份毕业。

采访者:您的第一份兼职工作是谁帮您找的?

受访者:也是我表姐帮我找的。刚开始我住在店的后面嘛,就在我表姐店里上班,工资我记不得了,反正都是她帮我安排嘛,吃是她们家的,免费,住在后面我是付钱给她的哦。然后,1994年3月份,正好我们店里有个常客,我表姐问他有没有工作提供,他是搞工地建设的,那时候工资还好,12000日元一天,那时候我就去干了1个月,就是道路建设,蛮辛苦的,刚过来。那个月拿了30多万日元。然后我的第三份工作是在一个很大的冷冻工厂,在那里做了挺久,这份工作也是我表姐帮

---

① 日语元音的平假名。

我找的,那时候它在报上登出来,我表姐就打电话,带我一起去面试,是 1994 年的 4月,5 月,还是 6 月份吧,我忘记了。

采访者:那您自己找的工作是?

受访者:其实我工作换得不多,后来我去一家酒吧做调酒,这是我自己找的。看那个フロムエー①,那时候一个个打电话,那时候日语学校已经毕业了。这份工作一直在干,然后就是没换工作吧。然后就学校毕业。

采访者:那您表姐那里的工作是什么时候辞掉的?

受访者:那是我刚来的时候,没有收入,她给我一份工作嘛。忙的时候去帮一下。1998 年毕业以后本来是想上大学的,后来我觉得也没什么意思,刚好是日本《入管法》改了,专门学校也可以就职,原来不行,1998 年之前的话。我有个很好的日本朋友,在网上帮我找到一份工作,搞网络的。

采访者:这个日本朋友是同学?

受访者:不是,认识的朋友。那时候我电脑还不怎么会弄,我让他帮我把简历发布在网络上,我想找工作之类,然后让他帮我找些需要找中国人的工作之类。然后他帮我找。找到一个做 IT 的,面试后,我就过去了。

采访者:是在东京?

受访者:嗯。1998 年 4 月份进去,一直做到来现在的公司为止。我 2004 年 11月份来这里(现在就职的公司)。

采访者:您的名片上是日文名?

受访者:这个日文名我工作后就开始用了,因为我的中文名的日语音读おうへい跟"傲慢的态度"的"傲慢"(横柄)发音一样,所以不太好。所以改成了おおひら。在日本的外国人有一个通用名可以用的,去区役所②申请(中国人的外国人登陆证③上显示中文名和日文名),像我的孩子,在学校里也不公开中文名,用日文名。

采访者:日文名给您的在日生活带来什么方便?

受访者:比如做销售,我们虽然是中国人,但是用日文名,人家会有亲切感;如

---

① 专门刊登工作信息的一种杂志。

② 可办理税务、外国人登陆证、国民保险等业务的机构。

③ 日本的《外国人登陆法》规定,外国人在日本居住 90 天以上的情况必须要在居住地办理外国人登陆证。自 2012 年 7 月开始,日本废除外国人登陆制度,将外国人和日本人一样增列为住民基本台账制度的适用对象,并将外国人登陆证改为简化记载事项后的在留卡。

果你用中文名去的话,不管你有没有加入日本籍,人家首先判断你是中国人。但是我用日文名去的话,不管你有没有加入日本籍,人家首先判断你是日本人。

采访者:您当初来日本就是留学还是也想创业?

受访者:其实刚开始也不是自己要求来日本,是因为有个亲戚在日本,然后高中毕业的时候,父母就说你去日本。我没来过日本,那时候日本比较发达,就过来了。刚开始来日本,对于创业什么的都没有定好明确的目标,走一步是一步。

采访者:您在日本的朋友以哪里人为主?

受访者:我在语言学校的时候,班里面有个女孩是温州人。肯定是跟温州人关系最好的。有什么事情都跟她商量。

采访者:在专门学校的时候呢?

受访者:中国人,其他地方的中国人,南方人。

采访者:公司呢?

受访者:公司里全是日本人,所以是跟日本人交往,没有深交。

采访者:那进公司以后也有烦恼,谈心的朋友是?

受访者:以前认识的中国人吧。

采访者:您来到现在这家公司以后跟温州人联系比较多?

受访者:总商会成立以后跟温州人交往最多了。有什么活动都去。我现在交往主要还是以温州人为主。

采访者:您太太也是温州人,对于结婚对象您家里人是否有让您找温州人结婚的倾向?

受访者:自己可能也有这个想法吧,在日本的时候也有日本女朋友啊,最终选择的话,还是觉得温州人比较好沟通。外地人的话,还要说普通话跟她交往。毕竟温州人的话,说的都是温州的话题,有共同话题。最好是找温州人。

采访者:在您的帮助下来日本的人有几个?和您是什么关系?

受访者:有3个,都是我亲戚,来就学。2009年把侄女——表哥的孩子,现在在四谷的300宴打工,住在我家里——办过来,还有一个是2001年,还有一个是2002,2003年左右,现在他们都毕业了,都留在日本,有一个结婚了,有一个工作了。

采访者:您的出国,是否背负着提升整个家族命运的殷切期待?

受访者:有期待。我现在还没有这个能力。我现在还只做些投资,不像做实业,做实业的话,能带动国内的人。

采访者：您来日本后,和国内的联系多吗？比如回国次数,和国内家人的联系频率,和朋友的联系频率。

受访者：原来没有,现在有了小孩子以后,每天都有吧。装了 Skype,周末都是跟父母在聊天。我倒没有什么跟父母聊的,就是开着,让他们看小孩子。

采访者：最终会选择落叶归根还是落地生根？

受访者：我会选择中国,可能小孩会在日本,因为我老了,觉得在日本没有什么娱乐,比较寂寞。因为在日本大家比较难碰面,在温州大家碰面很方便,最终会回去的。我让我的小孩学会中文,学中国文化。我明年(2010 年)把她们带回中国,让她们把中国的思想学一下。

(二) 发展一个社团需要热情

采访者：在总商会成立之前,有半年的筹备期,在这之前您认识林立会长吗？

受访者：那时候,还没。其实来日本(总商会成立以前),除了亲戚以外,和温州人接触很少很少。那时候只知道有个同乡会,但是人家也没通知,去哪里活动我们也不知道。但是总商会成立的时候,我表哥告诉我这个消息,问我过不过去,我就去了。成立大会是在中华街开的。在那里碰到温州人,其实讲起来都知道的。我那时候住在中华街嘛,我就过去了。从那时候开始,跟温州人接触就比较多了。可以通过这个会跟大家碰面,原来可以说,我几乎没有怎么跟温州人接触。成立大会那天,我就入会当了会员。一个么,我也喜欢,当时其中的一个发起人叫我过去做理事,我说行,我就过去了。选举理事会都是当天做的嘛。成立以后,当天就选出来,是这样。那时候就叫我进去当了事务局干事。

采访者：那您在事务局的具体工作是做什么？

受访者：第一届哦,是刘晓(温州师范学院毕业)在做,然后从第二届开始几乎都是我一个人在做。因为她们都是女孩子,刘晓和蔡向真都回国了,林红不知道去哪里了。现在总商会的事情,可以说我做得比较多吧,林会长也说我去带头,他吩咐下去,就是这样。

采访者：那时候你们还发行了会刊？

受访者：哦,那时候是第一届这么多人在做的时候。会刊不止发了两期,发了将近 1 年,都寄到会员家里。那时候 4 个人在做,人多的时候可以做,那时候是两张 A4 纸左右的内容吧,然后大家在家里写好后,拼在一起。

采访者：还有别的活动？

受访者：大的活动都有在做的，第二届还是第三届的时候，新年会，中华人民共和国成立 57 周年国庆活动搞得挺大的，都是我在做吧，那时候来的人也很多，有100 多人，全是温州人。这些名单都丢失了，一个会哦，需要认认真真去做，我不是专门搞这个的，是附带的，时间方面都不够。

采访者：之后的几年几乎就是办一下新年会、忘年会？

受访者：对，然后比如说国内有人过来，我们要去接待。

采访者：作为事务局长，您对总商会有怎样一个展望？

受访者：我们这个会也是 10 年了，商会没有一定收入的话，靠会员的会费维持一个会的话，比较困难哦。我们那天一起去过的 300 宴，就是总商会的钱投进去的，有回报的嘛。就是以商养会。一个会如果有一定的收入的话，做什么事情啊，办个活动就比较方便了。今后我们要把这一方面扩大，现在会的资金还不够多吧。接下来的问题就是怎么去扩大。

采访者：那天听林会长说现在商会主要还是投资料理店。

受访者：对。

采访者：总商会是算一股？

受访者：对。这样子么，就是说有什么店铺啊，总商会也投，我们也投，我们去找的都是风险比较小的，我们也不可能让总商会去担风险。

采访者：您现在的梦想是什么？

受访者：我们现在有个同乡会和总商会，我的梦想就是把在日温州人团结起来。现在我觉得在日本的温州人也很散吧。大家都不怎么参加这些活动，我在事务局所以知道，有时候叫他们参加活动，他们都推三推四的。大家可以通过这个平台，去认识些新的人。

第四节　人生需要经历很多事

——赵友与　口述

受 访 者：赵友与，男，1985 年出生于温州市鹿城区
采访时间：2009 年 12 月 31 日
采访地点：东京都

采 访 者：郑乐静
录音整理：杨维波，王小丽
文稿编辑：郑乐静

采访者：你是哪一年出生的？

受访者：1985 年 11 月。

采访者：你是高中毕业来的？

受访者：大专毕业后来的。

采访者：哪一年大专毕业？

受访者：2008 年。

采访者：什么时候来日本？

受访者：2009 年 4 月来日本。

采访者：通过什么方式来日本的？

受访者：中介。我大学里有个学长，他毕业了，在中介里面工作，有次聊起来问我要不要去留学，我也刚好想出国，到底去哪里好呢，英国、西班牙、荷兰、德国、日本，到底去哪里。

采访者：为什么选择日本呢？

受访者：因为我比较喜欢日本的漫画和游戏。

采访者：这家中介是哪里的？

受访者：杭州的。

采访者：你家在温州？

受访者：温州鹿城。

采访者：中介费是多少？

受访者：一次性给了 14000 元。

采访者：学费是直接汇到学校？

受访者：对。

采访者：包括住宿费？

受访者：没有，只有学费。

采访者：没有入学金^①吗？

受访者：有。

采访者：入学金加学费一年是多少？

受访者：75万日元。

采访者：来日本的第一天是学校来接你的吗？

受访者：本来学校是要来接我的，我迟了两天，所以没来。一个中国寝室长来接我的。太黑了，把我从机场接过来，收了我5000日元。

采访者：住的宿舍是学校指定的？

受访者：也不算是指定的。因为刚过来，他们把我接到那里，其他的人也都不认识，自己也不可能有时间去找，没办法只好先住进去嘛。

采访者：有没有规定要住多久？

受访者：有，最少3个月。

采访者：押金、礼金^②也要交吗？

受访者：要，全部要交。

采访者：要多少？

受访者：全部加起来43万日元。

采访者：3个月后搬家了？

受访者：对的。

采访者：为什么要搬呢？

受访者：房子是很大，6个人住，虽然每个人有一个房间，但是6个人太麻烦了。厨房和厕所只有一个。

采访者：什么时候开始打工？

受访者：12月份才开始。

采访者：这是第一份工？

受访者：是的。

采访者：是怎么找到这份工作的？

---

① 入学金：一般情况下，日语学校会要求留学第一年入学的时候交一次入学金。金额根据学校不同而不同。

② 在日本租房时除了房租以外，在租房子的第一个月还需要支付押金、礼金、中介费等。押金的金额一般是1—2个月的房租，退房的时候根据房子家电受损程度扣掉一部分，剩余的退回给租户。礼金是感谢房东把房子出租，金额大约要一个月的房租，退房的时候不返还给租户。

　　受访者：来了半年后,和赵明轩(温州留学生)去劳动介绍所,打了两个电话,一个是松屋①,去面试,失败。第二个是我自己打电话去,直接被回绝。我就没有信心了,刚好要考日语二级,也就没有去找,天天在咖啡厅里学习。在学习的时候,我打电话的第二家打给我,问我要不要去工作。我 10 月份打给他们的,他们大概 12 月初打给我的,我就去了。

　　采访者：工作内容是?

　　受访者：料理辅助。就是点菜,洗菜,切菜。

　　采访者：日本料理店?

　　受访者：是的,是做螃蟹料理的。

　　采访者：跟赵明轩是怎么认识的?

　　受访者：这个说来话长。我到学校很久后,刚好学校里有个女孩是温州瑞安人,赵明轩在小春网②的论坛里发了个帖,说有个在东京的温州人的群。我没怎么上小春,那个女孩把我的 QQ 号告诉赵明轩了,他就加我,我们就认识了。

　　采访者：那是几月份的时候?

　　受访者：大概 10 月吧。

　　采访者：你和赵明轩他们就在群里聊,没有马上见面?

　　受访者：他也在高田马场读书,我也在高田马场,就是学校不一样,10 月份就见面了。

　　采访者：你 3 个月后就搬家了,搬到哪里?

　　受访者：埼玉。

　　采访者：是你自己找的?

　　受访者：不是,是一个朋友找的,他缺一个同居者,他是上海人。

　　采访者：是同学?

　　受访者：嗯。

　　采访者：在加入这个群之前,平时交往的人是?

　　受访者：同学。

　　采访者：加入这个群以后呢?

　　受访者：还是同学,还有这批温州人。

---

　　① 松屋:日本一家大型快餐连锁店。

　　② 小春网(http://www.xiaochuncnjp.com/forum.php)成立于 2001 年,作为在日华侨华人门户网站,在日本华侨华人圈中拥有较高的知名度。

采访者： 同学都是中国人？

受访者： 韩国、沙特的都有。

采访者： 来日本后碰到的困难找谁帮助？

受访者： 自己解决。

采访者： 有上网跟朋友倾诉吗？

受访者： 没有。

采访者： 平时跟家里联系多吗？

受访者： 有的，打电话。

采访者： 频率呢？

受访者： 这个不固定的，有时候一天打三四个，有时候好几天都不打，有时候我打回去，有时候他们打过来，有时候视频。

采访者： 跟国内的同学联系多吗？

受访者： QQ 嘛。

采访者： 你来的时候有没有想过去找温州人组织？

受访者： 我的日语老师，她会带我见这些温州人，不过她比较忙，一般来日本两三天就回国的。

采访者： 你在哪里认识她？

受访者： 温州。

采访者： 你什么时候开始在她那里学的？

受访者： 2008 年。

采访者： 大专毕业后？

受访者： 嗯，11 月份。学到我来日本前。

采访者： 你老师是哪里人？

受访者： 大概也是鹿城的。她来日本 9 年了。她刚好偶然到我们那边兼职。我们一个班总共 5 个人，有几天她请假了，回了趟日本。

采访者： 来日本后，她对你有什么帮助吗？

受访者： 有，帮助蛮大的。

采访者： 比如？

受访者： 比如经常带东西给我吃。

采访者： 别的呢？

受访者： 别的，我也没怎么要她帮忙，就是出来吃饭。

采访者：有没有想过上网搜一下有没有温州人组织？

受访者：总商会我是知道的。我来日本的时候，老师就带我去总商会了。同乡会呢，肯定是有，但是我没有去找。

采访者：是不是日常生活中没有需要？或者说感觉那些离你很远？

受访者：感觉和我们留学生没什么关系。

采访者：现在你也接触了一些总商会的老乡了，希望商会能给大家提供什么服务？

受访者：服务倒不用，只要让大家认识就可以了，能找到谈得来的，就可以。

采访者：觉得同乡比较好交朋友？

受访者：不是，是觉得大家说温州话的时候感觉自在一点。

采访者：来日本的目的是？

受访者：我大专学的是机械设计，我不喜欢这个专业，想来读点别的专业。现在想学心理学。

采访者：留学之后的打算呢？

受访者：我的近期目标是考大学院。

采访者：来日本后，你觉得你碰到的最大的困难是什么？

受访者：生活上的困难。生活消费太高了，在东京这个地方，你不买点东西心里不舒服，这个钱花得太快了。

采访者：学费和生活费是家里给？

受访者：对，家里全力支持。

采访者：也就是说家里人不需要你打工，你是为了锻炼自己才打工？

受访者：也不是说不需要吧。来这边要做的事情肯定要做，人需要经历很多事情吧，如果你不经历反而不完整。

采访者：好的，谢谢你。

第五节　留学是一种投资

——赵明轩　口述

受 访 者：赵明轩，男，1989 年出生于温州市鹿城区
采访时间：2009 年 12 月 31 日

采访地点：东京都

采 访 者：郑乐静

录音整理：杨维波，王小丽

文稿编辑：郑乐静

采访者：你是哪一年出生的？

受访者：1989 年。

采访者：出生地是？

受访者：温州鹿城。

采访者：什么时候来日本？

受访者：今年（2009 年）4 月份。去年（2008 年）6 月份高中毕业，9 月份到 12 月份，在温州学了 4 个月的日语，然后 4 月份出来。

采访者：也是通过中介吗？

受访者：不是，我老爸的一个朋友（爸爸的高中同学）的妹妹是在高田马场的新宿日语学校的一个老师。她是中国办事处的负责人。这个办事处是 2008 年刚办的。我是她的第一批学生。

采访者：你毕业后，自己想留学？

受访者：我是高二的时候，因为我当时读书不好，我爸爸跟我说你考不上大学，出去留学怎么样，日本，意大利，还有美国。然后我说选日本，因为我爸爸有个朋友在日本，跟他关系比较好，再说我对日本的服装比较感兴趣，那种潮流嘛，日韩潮流，我比较感兴趣，想来日本看一下，那时候我就差不多决定了。真正决定下来是在高三的时候，她那个办事处定下来，我就决定去那里读。当时她在日本的这个日语学校担任汉语老师，去年（2008 年）的时候，她跟校长说在温州成立一个办事处。

采访者：她来日本多少年了？

受访者：大概也有 10 来年了。

采访者：你是通过她直接申请到了这边的语言学校？

受访者：嗯。

采访者：没有通过中介？

受访者：没有。

采访者：学费是多少？

受访者：入学金都包括在里面，75 万到 77 万日元。

采访者：指定住宿吗？

受访者：因为刚来也没法租房子，他们就介绍了一个共立男生宿舍。共立财团和我们学校有合作关系。

采访者：宿舍费是多少？

受访者：因为我只打算住 3 个月嘛，3 个月 55 万日元左右。

采访者：指定住 3 个月？

受访者：最短 3 个月。

采访者：为什么想要搬出来呢？

受访者：因为那里太远了。当时我觉得搬出来自己住，买东西啊比较节省嘛。

采访者：你住的时候是几个人一个屋？

受访者：一个人一个房间。

采访者：你第一天来日本是学校来接的吗？

受访者：不是，我叔叔来接的。我爸朋友。

采访者：你第一天住他家？

受访者：没有，因为来之前宿舍的钱都付了，所以一来，他接我后，就把我送到宿舍。

采访者：到现在为止他对你有什么帮助吗？

受访者：有啊，比如说我妈需要从国内寄钱给我嘛，我先直接从他那里拿钱，我妈再跟他算，他经常回国的嘛。还有我现在这个房子的担保人是他。我在日本的学校啊房子的担保人都是他。

采访者：你从宿舍搬出来以后，就搬到这里？

受访者：对。

采访者：你是怎么找到这个房子的？

受访者：去房屋中介里面找的。

采访者：跟你一起出来的温州人很少？

受访者：我当时出来，除了认识我爸朋友之外，和我同龄的温州人都不认识。语言学校里还有 2 个温州学生，1 个是去年（2008 年）10 月份来的，1 个是今年（2009 年）9 月份来的，加拿大籍的。

采访者：你来了以后，平时交往的对象是哪里人？

受访者：班里的同学的话，有我国香港、台湾地区的，还有韩国的，意大利的。

采访者：你跟学校里的这 2 个温州人都不是一个班级？

受访者：一个比我来得早，高我一届。另一个跟我在一个班里认识的。就是刚上完的那个班级。现在中级完了，就到高级了。接下来开学就分班了。

采访者：你是怎么想到建立在日温州人的 QQ 群的？

受访者：我认识了五六个温州人之后，就觉得我们温州人在这里也应该蛮多的，所以有这个想法，建立一个群。我是这么想的，东北人有东北人的群，我要建立一个温州人的群。因为国内的人用 QQ 的比较多。

采访者：什么时候建立群的？

受访者：今年（2009 年）六七月份的时候，现在有 41 个人。

采访者：哪里人比较多？

受访者：瑞安和鹿城的人比较多。

采访者：在群里聊什么为主？

受访者：什么都有聊啊。散讲①啊，有空的时候，我们几个管理员组织一下出去烤肉啊，出去玩。

采访者：到现在为止都有些什么活动？

受访者：组织了去高尾山的活动，然后上次圣诞节我们组织了一次烤肉活动，还有之前去温州人家里吃饭之类的。还有去池袋吃涮羊肉。其实我们聚会也蛮多的，打篮球什么的。基本上大家周六周日放假去玩。平时打工读书都没有时间。

采访者：这些活动都是通过 QQ 群组织的？

受访者：对。发消息，然后大家报名，就出来。

采访者：你有没有加入同乡会或者总商会的意愿？

受访者：我建立群是鉴于我们这个年龄层的人比较好沟通。有一个地方，让我们温州人好互相交流帮助。同乡会和总商会，我之前都了解过，但是我知道那个都是大人去做的事情，以我们现在的实力，我觉得我们没有什么帮得上的。我们知道有总商会，一年举办一次新年会。

采访者：如果有活动，你们也是很愿意参加的？

受访者：那要看时间，基本我们学生都是以打工学习为主，有时间的话，我想应该会去。还有那个吃饭的费用贵了点，我实话实说。

---

① 温州方言，闲聊的意思。

采访者：总商会的新年会学生过去的话，都是半价，标准好像是 4000 日元嘛，学生就收 2000 日元。

受访者：我觉得 1000 日元能接受。500 日元我觉得不太可能。总商会有资金嘛，同乡会属于那种大家身份都不一样，所以我考虑这个问题，同乡会 1000 日元差不多，总商会应该免费，因为他们挣的钱比较多。

采访者：你希望同乡会和总商会这两个组织能为温州人做些什么事情？

受访者：我实话实讲。毕竟这个社会是有利益关系的。有利益才有朋友嘛。温州有句话叫人情。比如你叫别人办事情，以后不管怎样，也要还这个人情。因为有这个人情关系，所以温州人一般都是自己来，不会去麻烦别人。但是从我们学生的角度讲，因为他们来得比较早嘛，一些法律上的问题，法律上出问题，希望他们帮忙一下，还有一个工作（指打工）问题希望他们帮忙一下。因为现在工作太难找了。

采访者：生活上的帮助不是很需要？

受访者：基本都是自己能解决。

采访者：家里都能承担你的学费和生活费？

受访者：这个能力是有的，但是就我们这个年龄段的人来说，总想给家里减轻点负担，想自己去赚一些钱，自己赚学费可能有点荒唐，生活费起码要自己解决。学费真的有点困难。我是读专门学校，学费是读普通大学的两倍。

采访者：你现在还没考？

受访者：已经考了。

采访者：什么时候考的？

受访者：12 月份。其实这个是我考的第二个学校，第一个是 10 月份考的，是文化服装学院，没考上。12 月去考了另一个学校。

采访者：什么专业？

受访者：服装设计师。明年（2010 年）4 月份开始读。

采访者：学费是？

受访者：145 万日元。这个跟大学差很多，大学有减免制度，专门学校没有减免制度。而且它要一年一次性付清。

采访者：你来日本的目的是？

受访者：来日本学习服装潮流。至于以后毕业之后，目标是先去服装公司啊，外贸公司实习几年，有资金和能力的话，我想开自己的贸易公司。

采访者：在日本开还是中国？

受访者：日本。做中日之间的贸易。

采访者：你跟家里联系频繁吗？

受访者：之前蛮频繁的。我现在还没打工，我晚上都在线，在线的话，我妈都会打电话给我的。

采访者：和国内朋友联系呢？

受访者：也是 QQ 联系，个别好朋友比较频繁，普通朋友也没怎么联系了。

采访者：很少打电话。

受访者：因为电话费贵，这是主要的。

采访者：而且现在网络方便。

受访者：嗯，还可以视频，电话又不能视频，只能听到声音。这些都是实际情况。

采访者：来日本后在生活中遇到困难的时候都是找谁倾诉和帮忙？

受访者：特别大的困难的话，都会找几个朋友一起商量一下，然后可能会找我爸的朋友，但是我到现在为止还没有找过。基本都自己解决。

采访者：这里朋友指的是温州人？

受访者：对。

采访者：家里人对你的出国有什么期待吗？

受访者：我妈说过这样的话，你出国是家里的一种投资，我把钱投资到你的身上，让你去努力，但是未来的路，是你自己的，而不是为我们去努力，要为自己去努力。就这样，家里的期待肯定是有的。

采访者：好的，谢谢你。

第五章

IT 技术人员头顶的玻璃天花板

20 世纪 90 年代初,由于日本资本市场和房地产泡沫的破灭,其经济发展骤然减速。1991 年至 2000 年,日本经济陷入了漫长的低迷期,这一时期被经济学家们称为"失去的 10 年"。

为了走出这一困境,日本政府于 1995 年提出了 IT 振兴政策,并将其作为国家战略的一个重要环节。[①] 2000 年 3 月,日本法务省在其制定的《第二次出入国管理基本计划》的"顺利引进国家急需的外国劳动者"一项中明确指出,"现在情报通信领域的发展将对其他产业的发展带来巨大影响,为了留住人才,促进交流,出入国管理行政方面也需做出贡献"[②],展现了积极引进外国 IT 技术人员的姿态。2000年 8 月,森喜朗首相访问印度,签订了《日印 IT 协力推进计划》,约定在未来的 3 年内,对 1000 名左右的印度 IT 技术人员进行日语和日本的商业风俗培训。[③] 同年10 月,中日两国政府之间就 IT 技术人员赴日签证简化手续事宜达成合意。[④] 同年11 月,"情报技术战略会议"和"IT 战略本部"制定了《IT 基本战略》,提出到 2005年为止,引进 3 万名左右的优秀外国技术人员。[⑤]

---

① 日本政府的"高度情报通信社会推进本部"于 1995 年和 1998 年两次制定了《面向高度情报通信社会的基本方针》,并在此基础上于 1999 年制定了行动计划。

② 日本法务省告示第 119 号,出入国管理基本计划(第 2 次),2000 年 3 月 24 日。

③ 日印 IT 协力推进计画.http://www.mofa.go.jp/mofaj/gaiko/it/india.html,2016 - 07 - 22.

④ 驹井洋.国际化のなかの移民政策の课题.東京:明石書店,2002:58.

⑤ 日本経済新聞,2000 - 11 - 27.

2001年,日本政府IT战略本部制定了"e-Japan重点计划"①,计划"到2005年为止引进3万名左右的优秀外国人才,确保高级IT技术人员和研究人员数量超过美国"。与此政策相呼应,日本的大公司纷纷开始雇佣外国IT技术人员。比如日本电气股份有限公司(NEC)将2001年度新雇佣外国技术人员的人数扩大到历年的两倍,②其关联公司NEC软件有限公司也开始定期雇佣中国的IT专业应届大学毕业生。2002年的"e-Japan重点计划"③中更是明确指出要制定国际共通的IT人才技术水准评价标准。具体的措施有资格的相互认证、在海外实施研修以培育国内可引进人才。

为了降低IT技术人员入国审查的门槛,日本对于原本的"技术"④在留资格认定基准中的"理科专业,大学以上学历,需要有10年以上从事实际业务的经验"这一进入日本的难关,采取了"只要通过日本国内的情报处理技术人员考试"便可获得在留资格的变通办法。另外日本开始对海外取得的IT相关资格进行相互认证。印度(2001年2月)、新加坡(2001年8月)、韩国(2001年12月)、中国(2002年1月)、菲律宾(2002年4月)、越南(2002年7月)、缅甸(2002年11月)等国均为日本的IT技术人员资格相互认证缔约国。

由此,日本政府在国家制度方针和具体实施手续方面均为外国IT技术人员的入国铺好了道路。在经济形势和政策的转变之下,20世纪90年代末开始在中国的IT技术人员之中掀起了一股赴日工作热潮。

根据王津的研究,在日本的中国IT技术人员,可以分为四大类。⑤ 第一类是日本企业的直接雇员,第二类是留学生就业者,第三类是企业内转职,第四类是IT研修生。其中第一类日本企业的直接雇员又分为两种形式,一种是由人才派遣公司将登记在册的IT技术人员派遣到IT关联企业,另一种是由IT关联企业直接到中国招聘人才。而第三类企业内转职和第四类研修生,虽然其工作内容和前两类

---

① IT戦略本部.e-Japan重点計画について.https://www.kantei.go.jp/jp/singi/it2/dai3/3gijisidai.html,2016-07-22.

② 日本経済新聞,2000-11-28.

③ IT戦略本部.e-Japan重点計画——2002.https://www.kantei.go.jp/jp/singi/it2/kettei/020618honbun.html,2016-07-22.

④ "技术"在留资格允许的活动范围是,与本国的公私机构签订合同,从事需要理工科以及其他自然科学领域的技术或知识的业务。

⑤ 王津.「バーチャル・マイグレーション」と在日中国人IT技術者.中国研究月報,2003,57(3):42-47.

毫无差别,但是在待遇方面却要相差很大。比如第一类和第二类的 IT 技术人员持"技术"在留资格,而第三类持"企业内転職"在留资格的 IT 技术人员的工资要低于从事同样工作的持"技术"在留资格者。第四类持"研修"在留资格的 IT 技术人员虽然与本书第三章中所介绍的从事 3K 行业体力劳动的研修生不同,以脑力劳动为主,社会地位要稍微高一点,但是他们的工资待遇也很低,还面临着研修结束后不能直接在日本企业就职,而是必须回国的困境。

在日本的温州 IT 技术人员多为第一类和第二类,即以日本公司来华招聘和原来的留学生直接进入日本企业为主。其中也有一些人原先在日本从事别的行业,在积累了一定工作经验后跳槽,持"企业内転職"在留资格转入 IT 公司工作。

在日本的中国 IT 技术人员多数从事与软件开发相关的工作。所谓软件开发,其大致流程为:需求分析→概要设计→详细设计→程序设计→编码→测试。因此 IT 技术人员的职业种类也可大致分为系统工程师(system engineer,简称 SE)和编程员。SE 主要负责软件开发的上中游步骤,即需求分析、概要设计和详细设计。而程序员主要负责程序设计、编码和测试等下游步骤。除了 IT 领域的少数大企业以外,大部分企业会将其中的一部分业务外包出去。因此,IT 技术人员的工作方式可分为派遣、承包、在本企业工作三种。不同的工作方式的要求和待遇也不尽相同。派遣的技术人员要求最低,一般为计算机专科学历,相应地,工资待遇也是最低的,每月约 24 万日元。而在本企业工作的技术人员一般具有理工科本科学历,工资可达到每月 31 万日元。承包的技术人员待遇在前两者之间,约为 27 万日元。[①] 中国人在日本的 IT 行业做下游工作的比较多。

关于中国 IT 技术人员的研究非常少,王津于 2004 年专门针对 60 名在日中国 IT 技术人员进行了访谈调查。[②] 虽然调查样本不大,但是通过解读王津的调查结果,我们可以窥见中国 IT 技术人员在日本的工作和生活状况之一斑。

1. 基本属性

60 名调查对象中,男性 48 名,女性 12 名,男女比例达到了 4∶1。工作时间长,加班多,生活不规律等 IT 业的工作特点是造成其从业人员以男性为主的原因。

从年龄分布来看,20—29 岁 17 人,30—39 岁 31 人,40—49 岁 10 人,50 岁以

---

① 　佐藤忍.日本における外国人 IT 技術者.香川大学経済論叢,2004,77(2)：19－20.

② 　王津.日本の外国人高度人材導入政策と在日中国人——中国人 IT 技術者に対する実態調査を中心に.中国系移住者からみた日本社会の諸問題,公益財団法人日工組社会安全研究財団,2005：67－138.

上2人。可见,20—39岁是IT业从业人员工作的黄金时期。

2. 籍贯地分布

从图5-1可见,受访者来自中国各地。受访者的籍贯地分布有两个明显的特征:其一,主要集中来自大城市,仅来自上海和北京的IT技术人员就占近30％;其二,东北地区多于其他地区,特别是来自吉林和辽宁的人居多,这可能与东北地区日语教育普及和理工科类高校云集有一定的关联性。笔者在对在日温州籍IT技术人员的采访中也验证了这一趋势。本章第三节中的采访对象金喆赴日前就读于东北地区某一高校的机电日语强化班。他说当时填报志愿时就是由于该学校不同于南方的高校,既要学机械、电子和自动化,又要学日语,学制5年,毕业时可以取得工学和文学双学位。中国不乏优秀的IT人才,但是既精通专业,又懂日语的人才却是不多的,因此金喆所在专业的毕业生很受日本企业的欢迎,仅他的同班同学就有10来个人在日本工作。

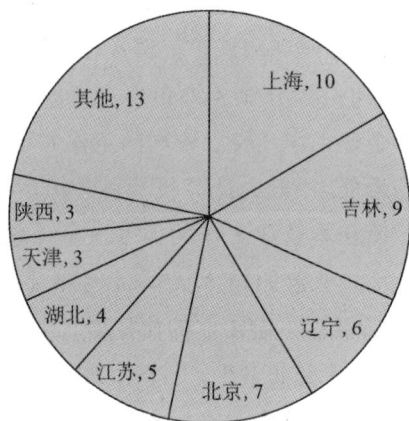

图5-1 调查对象籍贯地分布图

3. 在留资格类别分布

受访者中74％的人持有"技術"在留资格。日本以从事行业的业务知识按理工科和文科进行划分,分别给予"技術"和"人文知識・国際業務"两种不同的在留资格。① 从图5-2中可以看出,虽然从IT技术人员的从业性质来看,其应属于"技術"这一在留资格,但由于国际业务的需要,不乏一些持"人文知識・国際業務"在

---

① 2015年,"技術"和"人文知識・国際業務"这两种在留资格合并为一种在留资格"技術・人文知識・国際業務"。

留资格的中国人从事 IT 相关行业。

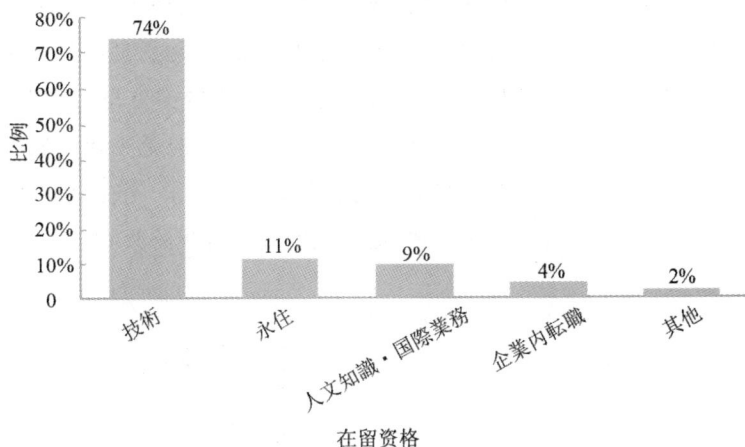

图 5-2　调查对象在留资格类别统计

4. 学历构成

从图 5-3 可知,在日中国 IT 技术人员多为高学历的专业人士。大学本科以上超九成,硕士研究生以上也占到四成。调查对象中回答有留学经验的为 25 人,约占全体的 40%。

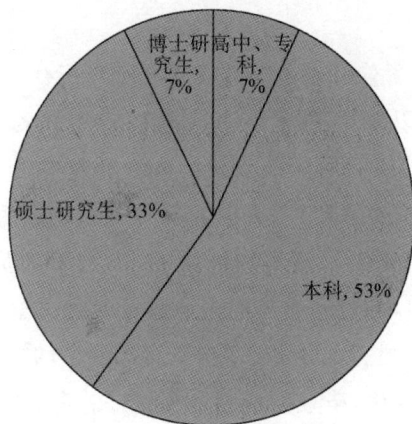

图 5-3　调查对象学历构成

5. 赴日前的职业

从赴日前的职业构成(图 5-4)来看,75% 的人是在职人员,25% 是应届毕业生毕业以后直接来日本工作的。近年来,越来越多的日本企业直接到中国的高校举办人才招聘会。本章第三节的受访者金喆就是在大学期间,参加了日立公司一个子公司的招聘会,在 500 人中脱颖而出,成为最终被录取的两个人中的唯一一个本科生。而在职的 IT 技术人员求职往往通过两种途径,一种是参加日本企业(包括人才派遣公司)在华举办的招聘会,一种是通过中国的猎头公司获得赴日工作机会。在王津的调查中,关于赴日工作动机,三分之二以上的受访者的回答是"提升自身素质,开拓视野"。另外"为了在中国能找到更好的工作,先在日本积累工作经验""为了在中国创业,积累本金和人脉"也是他们赴日就职的原因。

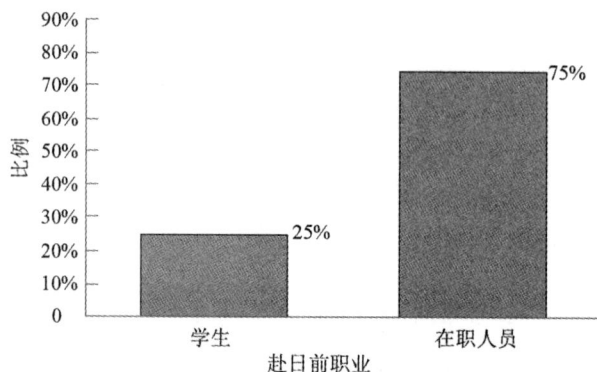

图 5-4　调查对象赴日前的职业构成

6. 工作合同类型

调查对象中 68％为工作相对稳定的正式员工(正社员),30％为合同工(契约社员)。从图 5-5 中可以发现,并非所有从事 IT 工作的都是在日本公司受雇佣工作,也有在积累了多年的经验后勇敢创业的人。随着中国 IT 产业的兴起,越来越多的日本企业为了减少成本,将软件开发直接外包给中国的公司。于是,一批拥有留学经验,并在日本企业积攒了资本和经验的 IT 技术人员,纷纷辞职创办 IT 公司,拿到日本公司的订单,外包到中国的企业进行研发。据 2001 年的统计数据,中国人在日本创办的 IT 公司有 500 多家。[①] 本章第一节的受访者宋辉宇在大学毕业后留学日本攻读硕士研究生,毕业后在日本的 IT 企业工作了几年之后,和朋友创办了 IT 公司,并在北京成立了分公司,经营对日 IT 业务。第三节的受访者金喆是作为正式员工受聘于日本企业,在工作中接触到很多中国 IT 派遣员工,发现人才派遣这一行业发展前景非常好,于是辞职创办了 IT 人才派遣公司。

---

① 管克江.华人闯荡日本 IT 界.环球时报,2001-08-24(10)。

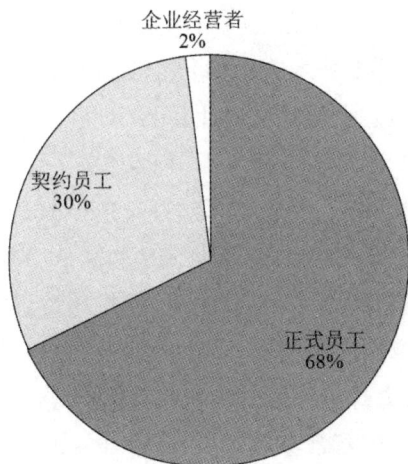

图 5 - 5　调查对象工作合同类型

7. 跳槽次数

关于在日本企业的跳槽次数,45 位回答者中近 80％有跳槽经历,其中跳槽两到三次者最多(图 5 - 6)。跳槽频率如此之高,固然有该行业的工作压力大,加班多,工作单调乏味等原因,但更多的是因为作为外国人在日本企业上升空间小,中日文化差异导致的上下级关系不协调等。

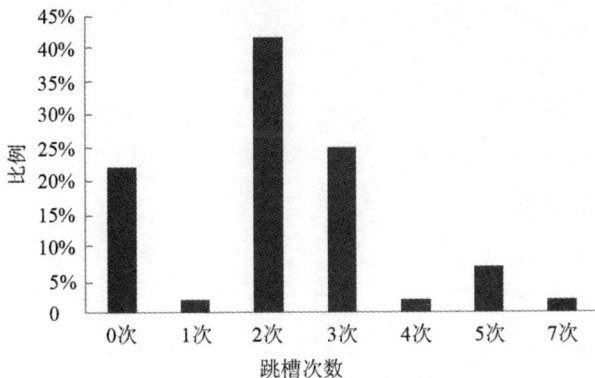

图 5 - 6　调查对象在日本企业的跳槽次数

与其他职业相比,IT 技术人员作为高级人才,在日本过着相对优越的生活。但是该群体也面临着一些困境。首先,缺乏对日本企业的归属感。在日本的 IT 企业里,一般外国人很难介入到企业的核心业务。一些抱有去日本企业学习先进技术的期望的中国 IT 技术人员,很少有机会接触大项目的全局工作,大多只能从事具体的小项目,颇有英雄无用武之地的失落感。其次,工作具有不稳定性。2008年金融危机之前可以说是 IT 技术人员的黄金期,他们很容易找到工作,并拿到比普通白领更高的工资。但是金融危机发生以后,日本的信息服务业受到了巨大的打击,一些企业为了节省开支,开始削减 IT 技术人员。被解聘的中国 IT 技术人员如果不能在签证期限内找到下一份工作,就只能选择回国。特别是直接从中国应聘来日的 IT 技术人员,他们在日本企业大多是和其他中国人一起做项目,平时用中文交流,因此日语水平提高缓慢,一旦失业,要想通过正常的求职途径谋得一份工作是非常困难的。本章第五节的受访者王建中在失业后,曾尝试着参加招聘会求职,但因为没有日语能力等级证书,连面试的机会都得不到。

如上所述,IT 业是一个表面看着风光,内里却有着不为外人所知的困难苦楚的行业。本章的受访者中,比较早的是从 20 世纪 90 年代中后期来日的,大部分人是 2005 年以后来日工作。早期来日者中以留学生或研修生居多,后期来日者多为日本企业的直接雇员。

第一节　语言问题永远存在

——宋辉宇　口述

受 访 者:宋辉宇,男,1968 年出生于温州市
采访时间:2010 年 4 月 28 日
采访地点:东京都
采 访 者:郑乐静
录音整理:杨维波,王小丽
文稿编辑:郑乐静

(一) 留学

采访者:您为什么选择来日本呢?
受访者:我老婆在日本,所以我就来日本了。
采访者:就是说您太太是先来的。

受访者：嗯。

采访者：她是来这边读书?

受访者：对,读书。

采访者：她是哪一年来的?

受访者：1993 年。

采访者：那您来的时候是"家族滞在"的在留资格?

受访者：不,以留学生的身份来的。

采访者：来到日本的哪里?

受访者：东京。

采访者：您过来后马上就读研究生?

受访者：先读语言学校。读 1 年,从 1994 年 4 月到 1995 年 3 月。

采访者：您读的语言学校也在东京?

受访者：对。

采访者：语言学校是您太太帮您找的?

受访者：对。

采访者：然后呢?

受访者：接下来就是读大学院。

采访者：从 1995 年 4 月到 1997 年 3 月?

受访者：对。

采访者：大学院也在东京?

受访者：对。

采访者：之后呢?

受访者：就开始上班了。

采访者：您是在现在这家公司一直做到现在吗?

受访者：没有没有。第一家公司做了 2 年吧。

采访者：第一家公司从 1997 年 4 月到 1999 年 4 月?

受访者：对。

采访者：也是在东京。

受访者：对。

采访者：是做 IT?

受访者：对。

采访者：那你大学院的专业是？

受访者：也是 IT。

采访者：第一家公司是日本人的公司？

受访者：对。

采访者：1999 年 4 月之后呢？

受访者：转到现在的公司，一直做到现在。

采访者：这家公司也是日本人的公司？

受访者：不是的。

采访者：是中国人的？

受访者：对。

采访者：是 IT 行业？

受访者：对。

（二）创业

采访者：听说您在北京也办公司？

受访者：我现在在公司就是股东之一。我们公司到北京办了家分公司。这个不是我一个人办的，是我们公司的。

采访者：哦，那您 1999 年不是跳槽，而是您和别人一起合伙开公司？

受访者：对，对。跟朋友成立公司。

采访者：股东有几个人？

受访者：换了好几次。一开始有 4 个人，都是搞 IT 的。现在是 3 个人。

采访者：一开始的 4 个人都是哪里人？

受访者：他们 3 个都是北京的。

采访者：现在是变成 3 个人。

受访者：对。3 个北京人中走了 2 个。现在的成员是 1 个北京人，1 个天津人和我。

采访者：您来日本之前，有想过来日本创业吗？

受访者：没有想过。

采访者：那你当初来日本的目的是？

受访者：怎么说呢，来了这么多年，忘了当初来日本是为了干什么。因为当时大家都是先出国再说吧。反正有机会出国的话，就先出来再说嘛。

采访者：你在日本的朋友圈是怎么样的？

受访者：留学的时候主要是中国同学，和日本同学就是泛泛之交。中国同学占100％。

采访者：在第一家日本人的公司工作的时候，朋友圈是怎样的？

受访者：那时候有些日本同事还可以。那时候主要是日本同事，跟中国人接触比较少，除了以前留学认识的几个同学以外，就没什么中国朋友。因为住得也不是很近嘛。

采访者：自己开公司以后呢？

受访者：我们公司大部分都是中国人，所以现在的朋友就是中国同事和老乡，各占50％吧，老乡多一点。

采访者：那你现在公司里有温州人吗？

受访者：没有。本来想把一个温州小伙子拉进来，但是我们去年（2009年）不景气。

采访者：您的2个孩子都在日本出生？

受访者：对。

采访者：是男孩还是女孩？

受访者：都是男孩。

采访者：现在是几岁？

受访者：1个11岁，1个8岁。

采访者：他们的国籍呢？

受访者：我们全家都是中国籍，在日本拿"永住"的在留资格。

采访者：您觉得您在日本碰到的最大的困难是什么？

受访者：还是语言的问题。

采访者：是指刚来日本的时候吗？

受访者：不是，语言问题永远存在。语言不只是说话，现在做生意需要跟别人做深层的交流，让日本人很快地成为你的朋友，然后信任你，你才可以做生意。但是你是外国人就很难。如果你能讲一口很地道的日语，那这个可能会好办很多。如果你的日语只是会说，但是说得不地道，那很多人一听吧，就对你有生疏感，除非你跟他交往时间很长了，他才会有那个（亲近感）。

采访者：那么加入日本籍或者改成日本名字，对你做生意赢得客户是不是有帮助？

受访者：我觉得没有太大的帮助。虽然看你的名字是日本人，但一开口就知道你是中国人。还有文化背景的东西。

采访者：你自己见到过多少温州人？

受访者：上百人吧。上次温州同乡会成立 20 周年庆祝会的时候，来了 200 人，中间很多温州人，我也是头一次见到。

采访者：在日本您觉得大概有多少温州人？

受访者：没有办法统计。就东京和横滨，两三百个温州人是有的。

采访者：同乡会开理事会是怎样一个情况？

受访者：没有固定的时间，一年至少开一次。有活动的时候开。

（三）关于未来

采访者：您的出国，是否背负着提升整个家族命运的殷切期待？

受访者：其实大家心里也很清楚，到国外来也不一定能搞成。不过家里人肯定也有一点希望吧，我估计。

采访者：在您的帮助下来日本的人有几个？ 和您是什么关系？

受访者：没有。我们家亲戚都不愿意来。我也问了几个，他们嫌这里学费太贵了。还有听别人说来日本太苦了，都不愿意来。

采访者：你个人是很愿意帮他们办过来的？

受访者：是的，亲戚多也好的嘛。

采访者：国内的朋友也没有拜托您或者您太太帮忙办过来？

受访者：没有。

采访者：您来日本后，和国内的联系多吗？ 比如回国次数，和国内家人的联系频率，和朋友的联系频率。

受访者：蛮多的。开始刚来留学的时候比较少，毕业以后，特别是在第一家日本人的公司的时候，几乎每两三个月就回一次中国。现在是有项目的时候去中国去得多一点。如果做的项目是跟中国没有关系的话，可能一年以上都没回去。回家探亲大概是一年或两年一次。以前都是打电话的，有互联网以后，跟家里人和朋友联系以 MSN、E-mail 为主，很少打电话。

采访者：您在日本的朋友圈里，温州人、温州人以外的中国人、日本人的比例各为多少？

受访者：跟温州人是从 2005 年开始接触的。以前一直不知道日本还有温州人。我来日本的时候是直接从北京过来的，一个温州人也不认识，我太太也是外地的，不是温州人。我有一个温州的高中同学，他告诉我说他老婆的高中同学在日本，然后我就去找他了，哦，那时候还是比较早的。见到第一个温州人，是来日本没多久。那个人他那时候也在留学，他当时在学校里也有个认识的温州人。后来他把我介绍给那个温州人了，也就认识了一下，后来也没有联系。后来是温州电视台问我，能不能帮忙弄点关于日本的报道什么的，我就找啊，大概是 2004 年还是 2005 年的时候，找到了同乡会。

采访者：您是 2005 年的时候参加同乡会的？

受访者：对的。

采访者：在这之前，您就没想过上网去搜索一下，有没有同乡会什么的？

受访者：没有，没觉得还有同乡会之类的。

采访者：您现在的梦想是什么？

受访者：我们公司还很小，根本不能算成功，还是刚糊口饭吃。接下来的打算是到中国去做些 IT 项目。在日本做了这么多年，在一些领域我们还是掌握了一些技术，现在主要就是怎么找到一个机会，在中国发挥我们的技术。

采访者：您最终会选择落叶归根还是落地生根？

受访者：我自己觉得还是两边跑比较好一点，虽然是两边跑，但是重心想移到中国去。现在重心在日本，中国那边只是稍微有点事业，将来希望把重心移到中国。

第二节　计算机"2000 年问题"改变我的命运

——黄国庆　口述

受 访 者：黄国庆，男，1962 年出生于温州市平阳县

采访时间：2010 年 1 月 8 日

采访地点：东京都

采 访 者：郑乐静

录音整理：杨维波，王小丽

文稿编辑：郑乐静

（一）公派赴日

采访者：您是什么时候来日本的？

受访者：1992 年来日本静冈。

采访者：为什么来日本呢？

受访者：是国家公派的。我原来在交通系统,在交通厅下面直属的干部学校执教。

采访者：国家公派您到日本多久？

受访者：1 年。是来学习的。在日本一个很大的跟交通有关的公司,就在那里一边工作一边学习。因为和上海的贸易很多,所以日本人就想在宁波北仑港搞投资,国家港口主管部门就要找些人进行两国之间的人员交流。

采访者：日本也有人派过去？

受访者：对。为了这个项目,两边互派年轻人,那时候我算是年轻的。在日本这里,他们教我们港口管理啊,物流啊。那时候学日语的,在中国很少的。那时候我们在宾馆里,日本海归回来的人教了我们几个月日语。

采访者：1993 年回去后呢？

受访者：还是回到原来单位。1998 年重新来日本东京。

采访者：为什么又想到出来了呢？

受访者：主要是那一年在日本待了以后呢,觉得环境不错,还有一个,日本有一个计算机"2000 年问题",千年虫,日本有很多计算机软件,需要人帮他们解决这个问题,他们自己国家劳动力不足,所以就在中国招人,我就应聘过来了。因为是技术人员,工资也比较高,我在学校当老师嘛,当时想在日本工作两三年就马上回国,我的公职一直保留着,保留了好长好长时间,到后来,没办法回去了就算了。

采访者：那您再次来日本是公司帮您办好手续的？

受访者：对。当时国内既懂计算机又懂日语的不多。还有我在日本有工作经验,所以很快就被录用了。那时候的工资是我在国内的工资的 15 倍。

采访者：来了以后就是公司接的？

受访者：是的。这家公司在杭州就选了 2 个人。

采访者：后来您一直在这家公司吗？

受访者：没有,在这家公司做了 1 年多,就去别的公司了,各种各样的原因吧。从这家公司出来后的经历也是比较辛苦的,语言也不怎么好,人际关系也不是很广。拼命学,先到一个小公司待了 1 年,那公司业务不多。就在这个时候呢,人家

（中国朋友，不是温州人，由同事的同事介绍）帮我介绍到一个很大的日本公司干活（2000 年）。自己应聘肯定进不去。后来我又进到另一家更大的日本公司工作，因为这家公司和我原来的公司有协作关系，2000 年 10 月份我作为原来公司的派遣员工去的。我当时想不到自己能进去。一直做到 2003 年 7 月份。在这个时候，我已经做到很高的位置了，就是我一个中国人，很孤单。还有感觉日本人欺负中国人，做程序有时候会做错的，日本人就没事，我一旦错了话——虽然我工作的质量是很高的，但是偶尔也会出错，我是共同业务，给别人改错的——一旦我做错，日本人就会认为我是有意图的。有时候开检讨会就没让我参加，我就觉得我有可能被排挤了。就这样心里有点不舒服，毕竟干得很辛苦，人家有想法，那时候我是在非常重要的岗位。现在邮政局，所有的火车站入场券的打印，1800 多人都是经过我一个人的手出来的。做火车站入场券进出管理的就有 18 个人，最后走掉 16 个人，你想 2 个人管邮政局的火车站入场券，这 2 个人的位置很重要，在这之间我犯过一次小错误。我连续干过 36 个小时，睡在那里，一有时间马上应答，这样的情况下，我想差不多了，转到了中国人开的公司来（2003 年 7 月）。

采访者：您一进这家公司，就给你相当高的职位吗？

受访者：没有，工资还是可以的，刚进去的时候整个公司就 60 来个人，现在发展到 4000 多人，就 10 年时间。

（二）生活圈子

采访者：在您参加同乡会活动之前，碰到过温州人吗？

受访者：2005 年左右碰到一两个。有个在这里工作的。后来大家都忙，也没联系了。1998 年的时候在银座碰到 3 个温州游客，他们要去秋叶原，我就带他们去了，印象很深刻。

采访者：2005 年以后，同乡会有活动您都参加？

受访者：2006 年、2007 年的时候去得不多，他们活动也很少，近两年去过几次。人很少，同乡会的陈会长真的很热心，我有空的话都去，去年（2009 年）的活动我也去了，每次陈会长打电话过来，我都尽量去。

采访者：您是怎么知道同乡会的？

受访者：有一年我回国的时候，偶然碰到一个在温州市政府工作的高中同学跟我说起温州同乡会成立 20 周年的事。一开始我都不知道有这个同乡会，通过这个同学才知道的，他告诉我的。后来我检索网页就找到同乡会了。2005 年的时候温州市副市长来日本访问的时候,同乡会会长就叫我过去坐坐。其实加入同乡会也是为了多认识些人,扩大生活圈子。像我这样的要说为家乡做什么大事也做不了,如果有机遇的话肯定会去做的。只是自己现在还没有能力。我也没有寄希望于在同乡会里面和谁合作起来办公司什么。如果有的话,挺好的。

采访者:您现在的工作压力大吗?

受访者:年休我有 20 天的,去年(2009 年)我只休了 6 天,如果 20 天你都休息了,代表你这个人在这里没多大用处了。我们这些做 SE 的生活圈子比较小,生活比较单调。这是一种现象。

采访者:在您的帮助下来日本的人有几个? 和您是什么关系?

受访者:没有,这是我的遗憾,其实老早就想带人出来,作为温州人总是想把家人朋友带出来。现在这样的话,我小孩在这里的关系比较狭窄,发展基盘不大。

采访者:您的出国,是否背负着提升整个家族命运的殷切期待?

受访者:没有,因为我已经在杭州工作 10 多年了,跟家里基本上是,已经非常独立了。家里人也没想到我会在日本待这么久,那时候我来日本只是为了赚点钱,学点东西。单位如果送老师出来进修要很多钱的嘛,这样你自己出来的话,单位更高兴。

采访者:您来日本后,和国内的联系多吗? 比如回国次数,和国内家人的联系频率,和朋友的联系频率。

受访者:以前是比较紧密的,写信打电话都有,这两年有些疏远了。自己也比较辛苦。一年回去一次。和高中同学联系非常紧密。

采访者:您在日本的朋友圈里,温州人、温州人以外的中国人、日本人的比例各为多少?

受访者:温州人以外的比较多,温州人占 10%,温州人以外的中国人占70%—80%,我在中国人的公司,同事都是中国人,日本朋友也有四五个。我交际比较狭窄,与工作中的客户以及同一工作组内的人交际比较多。

采访者:您现在的梦想是什么?

受访者:把小孩子培养起来,自己能继续工作也挺好,如果以后不能工作了,回国也不错。有开公司的想法,现在没有机遇和人脉。我的这个工作性质,每天光工作就已经很忙了。

采访者:最终会选择落叶归根还是落地生根?

受访者:最好是两头跑。根据我女儿读书的情况,我看来是回不去了。2 个女儿都会讲中文。

第三节 连接中日 IT 业的桥梁

——金喆 口述

受 访 者：金喆，男，1980 年出生于黑龙江省，1 岁时随父母回温州

采访时间：2009 年 12 月 29 日

采访地点：东京都

采 访 者：郑乐静

录音整理：杨维波，王小丽

文稿编辑：郑乐静

（一）出生在黑龙江

采访者：能稍微讲一下您来日本以前的经历吗？

受访者：我的经历跟普通的温州人不太一样，有一点特殊。因为我母亲是黑龙江人。我爷爷是江苏镇江人，到我父亲这辈的时候才迁到温州。

采访者：为什么迁到温州？

受访者：这个我就不太了解了。我爷爷的有些兄弟姐妹在丽水。我爷爷这一家，我父亲跟我姑姑，他们 2 个是一直都在温州的。我父亲和母亲是在"文化大革命"上山下乡的时候在黑龙江认识结婚的。我是在黑龙江出生的，1 周岁的时候随父母回到了温州。1981 年到的温州。

采访者：那您出国前住在温州的哪里？

受访者：温州市小南门那边。刚开始的时候家里条件也不是特别好，住在我爷爷租的房子里。我姑姑呢，嫁出去了，嫁给一个乐清人。姑父在温州的一个单位里上班。我们一家三口从黑龙江回来之后呢，是和我爷爷住在一起。当年呢，是租的。后来到 1993 年的时候拆迁了，之后 1996 年年底新房子盖好后，又搬回来了。家庭是这么一个经历吧。我本身的成长呢，因为住在小南门嘛，在小南路小学上了 6 年，初中的话是根据你住在什么地方分到哪里去的，我去的是温州三中。初中毕业后考上了温州中学。高一的时候，也就是 1996 年，我家搬家。1993 年拆迁，

1996 年年底搬回来的,在我读初中的这 3 年之间呢,我们住的是周转房。我爷爷腿脚不太方便,以前国民党轰炸的时候,有个弹片进脚后跟,所以他一直是挂着拐杖的。所以当我们搬家之后,原来我们住一楼,搬家搬到二楼,他就不太方便,几乎没有怎么出去。我爸爸呢中午回来做饭给我们吃,所以这 3 年之间,我爸爸特别劳累。我刚刚上高一的时候,他突然倒下,被确诊是胃癌中期。因为我父亲的病要手术费,他厂里提供了一部分,温州中学的老师召集同学,帮我募捐了一点。然后我高中这 3 年的学费是免掉的。募捐来的钱,到我高中毕业后还剩了 5000 多元。正好够我大学头一年的学费。我大学是在大连理工大学。我的专业是机电外贸加日语强化。这个专业是读 5 年的。我头一年是专门学日语。除了上体育课啦,毛泽东思想,邓小平理论这些课,其他时间都是在学日语。当时为什么选这个专业呢?因为家庭条件不是很好,考高中的时候我就想如果考不上温州中学就去技校,结果考上了温州中学,考上了怎么办呢,就读嘛。读温州中学的时候呢,父亲的身体又不好,我也坚定了一个信念,就是要找一个好工作。所以当时在选择大学专业的时候,学校介绍中介绍他们是培养面向就业的复合型人才,读机械、电子、自动化、日语、还读贸易这么一个专业,所以当时我对这个专业比较倾心。虽然念 5 年,但是我们毕业时有两个学位。一个是工学,一个是文学。正如我一开始希望的,毕业时我们专业的就业形势非常好。现在在日本一听到我们学校的名字,就会问是不是机电日语强化班的。

采访者:你们班同学来日本的多吗?

受访者:我们班才 20 多个人,我们这一届有四个班。我们班原来大概有不到 10 个人在日本。我们专业大概有三四十个在日本。后来有一部分人去了北京做专利代理。当时日本的日立公司的一个子公司到我们学校去招聘,面试了之后,又要做性格测试,又要写作文,又要做智力题。

采访者:跟现在日本国内的招聘差不多。

受访者:对,对。完全是根据日本这个形式走的。我自己也蛮幸运的,他们从 500 人中选了 2 个人。本科生就我一个,还有一个是研究生。我就是因为这样子来到了日本。日立这个子公司呢,名称我就不说了,日本是 4 月份入职,我是 6 月底毕业,然后 6 月底到第二年 4 月份,我在大连进行研修。日本公司指定了一家大连的软件公司作为研修地。

采访者:2004 年 6 月到 2005 年 4 月在大连的一家软件公司。这家公司和日本公司有关系吗?

受访者：一开始没有，后来有业务来往。我在那里实习的时候稍带做了些跟日本有关的项目。那个研究生呢，4 月份提早答辩完就来日本了。虽然同时录取，但是我比他晚一年过来。他那一届进入公司的新员工一共是 16 个人（1 个中国人和 15 个日本人），我这一届 12 人（我和 11 个日本人）。在我们俩入职后，这个公司里就我们 2 个中国人。他们招中国人的目的呢，是打算以后在大连或者上海开设子公司或者办事处。所以他们想招新毕业的学生开始培养，比如公司的氛围、风格、文化。我呢，一开始也知道，互相也比较清楚。我当时也考虑到了，毕竟是中国人，虽然日语也可以说得很好，但是最终我还是想回到中国的。所以当时是这么一个背景下签约的。

采访者：一签签几年？

受访者：日本公司签约是没有年数限制的。因为是正式员工嘛，他们给你一个聘书，他们也不可以无故解聘你。我们自己如果没有过失的话，可以在这家公司里待一辈子。当时来的时候，收入也不是很高，20.6 万日元。

采访者：和同期的日本人一样的工资？

受访者：日本公司的工资根据学历不同而不同，比如本科生和研究生不一样。研究生大概比本科生多 1 万日元。我们完全是按照日本人的待遇的。刚到日本，也是先要进行 3 个月时间的研修，研修的时候就是上课，之后 12 个人开始做一个项目，当时弄得天天晚上都要通宵。1 个礼拜集训。到一个宾馆，租一个教室，把电脑都带过去，大家做模拟开发，体验了一下日本的这个高强度的工作氛围吧。从那个环境出来后呢，正式开始工作反而没有那么累。

（二）来日本工作

采访者：您来的时候是公司的人去机场接您？

受访者：是的。

采访者：包括住的也是？

受访者：对的。头一年他们给我准备的是宿舍。到的头一天把我送到宾馆。住了一晚后接我到宿舍去，宿舍里的设备条件都还是不错的。在东京的后乐园。公司对中国员工有一个特殊优待，由于我们不是日本人，来日本后很多东西花费比较大，所以公司先给你 10 万日元当作安家费。我一开始不知道，后来和日本同期聊起来的时候才知道，他们日本学生都是很穷的，有些人是贷款上学的，毕业后要还贷。我来日本的时候是一个人，喜欢热闹，想打进他们圈子里去，所以经常叫他们一起吃饭,后来才知道他们是囊中羞涩的。公司先给了我 10 万日元,到了日本后就先支付我 1 个月工资,这也算安家费,所以一共给了 30 万日元让我在日本安顿好。这也表示公司很有诚意去培养中国的干部候补。

采访者:您入社后,和一起被录取的那个中国人联系频繁吗?

受访者:我们住在同一栋宿舍里,他住在我楼上。因为他比我早一年,有很多地方可以给我很多建议。他自己本身有业务。我们做 IT 的公司员工年纪都比较小。30 多岁的年轻人比较多。他那边业务也特别忙。另外我天天跟同年进公司的同事在一起,跟这些日本人还比较谈得来一些。这个中国人前辈呢,有事情找他,他都会告诉你,你不主动找他的话,他没有时间。他有时间的话会过来主动问问你怎么样。所以基本上跟日本人在一起比较多。而且这段时间吧也锻炼了我的日语。

采访者:外国人来日本后必须办的手续也是日本人帮你的吗?

受访者:这些是这个中国人前辈帮忙的。主要是签证啊,外国人登陆证什么的。

采访者:您在这家公司做到什么时候?

受访者:我在这家公司一共做了 2 年。从 2005 年 3 月到 2007 年 3 月。这期间反正是一直也很忙嘛,在我做满 1 年的时候,我下一届又来了 2 个中国人,也是 1 个研究生和 1 个本科生,不过这 2 个人是一起过来的。后辈的这个本科生比较愿意闯,在学校的时候我们就认识,他在学校的时候就开公司做网站。他到了这里以后,就把他的一些理念和想法说出来,然后我们之间交流蛮多的,正好他 3 个月研修后呢,也分到我这个工作组里面,所以我们经常讨论日本的软件开发的弊端有没有可能改进。我们想出了一些办法,向公司提议。之后,公司呢说不管经营也好运作也好,不是你提议我们就会采纳的。我们也碰了几次壁。我们因为在现场做嘛,对一些弊端,中日之间 IT 开发有些想法。但是呢,因为交流沟通的问题,对我们中国人来说日语不是母语,日本人呢想法表达起来比较暧昧,比较细致,所以他们有些东西我们体会不到。我们也没有心思去体会他们那个意思。所以双方之间交流呢,多多少少是会有一些问题的。我们想解决这个问题。而且中国人来日本的人数又很多。我来的那几年的话还是比较景气的。在日本的大部分中国人,除了厨师就是做 IT 的。

采访者:刚才提到您向公司提议没得到采纳。

受访者:在这之后的 1 年我们也尝试很多次,也找了些客户去做系统的。当然也碰到一些温州人。

采访者：那是您第一次接触到在日温州人吗？

受访者：对。我是在找客户的时候接触到温州人的。做 IT 的话，要做什么项目是需要客户来定，比如客户说我需要一套什么样的系统，比如做鞋店的，想把鞋放到网上去卖，要做一个网站。我们当时通过朋友的朋友介绍知道有这个温州总商会和温州同乡会的存在，然后参加了他们的活动，认识了 1 个温州人，是做整体院①的。他打算做一套网上预约的系统，当时还有其他的一些温州人。

采访者：您当时参加的是总商会的活动？

受访者：是总商会的。当时我不知道同乡会和总商会是不同的组织。好不容易碰到温州人了，所以在这个会上，吃饭喝酒的会上，是新年会，像找到了组织。2006 年年底还是 2007 年年初吧。应该是 2007 年。

采访者：您刚才讲的朋友的朋友，这个朋友是中国人？

受访者：温州人。

采访者：您跟他是怎么认识的？

受访者：这个温州人，他的母亲和我的岳父是在同一家工厂工作的工友。

采访者：你们是来日本以后认识的？

受访者：他们碰到后提起来说自己的子女在日本。然后这个时候呢就互相留了一下联系方式。后来我们就直接搭上线。然后他就告诉我在日本温州人有很多的。也有个什么会，有搞活动的，你去报个到，下次有活动会通知你。他把总商会事务局长的号码告诉我，当时我就是直接联系了事务局长。后来总商会有活动，就通知我去参加。在新年会上认识了做整体院的这个温州人，他想要做这么一套系统，而我呢也想做一些实际的程序出来给公司看。除了这个客户以外，还有其他的客户，我们利用周末的时间做，想证明自己。公司对我们的培养，是想作为今后的干部，去上海或者大连，即使在中国的业务不开展的话，我们在日本也要担当一些东西，所以我们也想做出一些东西来。我们中国人被公司聘用，他们不是说希望我们和日本人一模一样，比如辛勤工作。我们要比他们有想法，因为我们成长的环境和他们是不一样的。公司的经营方针呢，有可能是打开市场以后要进入中国市场，因为日本的市场毕竟只有这么大，所以他们的眼光放在那里，我们呢也想把自己的这些想法表现一下，得到关注也好，可能是有一些帮助也好，想把自己这方面充分

---

① 整体院：主要通过推拿等来调整全身骨骼和肌肉的机构，相当于中国的推拿、按摩的医院或店。

表达出来。

采访者：公司是不需要你自己去找客户的。是你们自己为了表现自己而去找客户做出来给公司看。有提前跟公司说吗？

受访者：有，做呢是拿到公司里面做，具体怎么一个做法呢，我们想要有一个建议权。但是公司实际负责的人呢态度比较暧昧，没有表态，但是人事这方面呢，是说你们这个是自作主张，虽说你们有客户，但是你们还太年轻。那时候我入职还不到2年，然后我的后辈也是来了1年还不到，确实是年轻。有想法么可以尝试，但是人事那边呢，就说对于这个事情比较不满意。最终是人事那边跟我们闹翻了，之后呢，我们就辞职了。

采访者：2007年3月份，2个人一起辞职？

受访者：对。

（三）艰辛创业路

采访者：你辞职的时候已经给自己留好后路了吗？

受访者：没有没有。当时什么都没找呢。在工作期间找了很多客户是为了证明一下自己的价值。因为做IT开发的话，我们了解我们公司。这个要从头说起，我在日本做IT的时候，发现日本公司呢有一个说法叫外派，有派遣员工，去合作的公司当协助员工。日本公司可以不常时备着自己的长期员工，一旦有项目可以把项目外包出去。如果养一个员工的话，每个月要给他的工资是20万—30万日元。但是派出去一个员工的话也就100多万日元一年，在景气的时候。不景气的时候70万，80万日元的也有。因为公司不承担派遣员工的养老金等，所以派遣员工的工资会多一点。我们为了体现自己的市场价值，虽然在公司工作，也去外面的公司面试一下，得到反响还不错。我们日语还可以，所以首先在用日语和别人交流方面已经没有问题了。然后在业务方面，我们学到的技术也都用得上。我们发现这样子还可以，然后我们就自己去找客户，找到客户跟公司谈，谈崩了。最后呢，我们也想尝试，就辞职出来。辞职出来之后，我们才开始找出路。是马上成立公司，还是先去找个项目，还是说找一个客户？当时呢我们内部也有一些分歧，我的意见是，我们先稳定下来。我们已经辞职出来了，方向已经定好了，我们先稳定下来。然后呢，通过我在现场认识的中国人去打听了一下，有没有一起做的项目，解决了我跟后辈的工作问题。朋友介绍我们过去工作，我们的出发点呢是过去帮他们做一个项目，项目完了之后，我们是打算出来办公司的。去了半年之后，我们找了个日本人,我们3个人成立了一家人才派遣公司。2007年10月。成立公司后,我先从原先的项目里辞职出来。

采访者: 介绍你们工作的这个中国人是哪里人?

受访者: 沈阳人。我先从他们公司的这个项目里出来,我的后辈留在那里。那时候那边公司现场情况有变动,不希望我们走。没有办法的情况下,我们就留了1个人在那边。我们当初进这家公司时是员工和公司的关系。2007年10月份之后,就变成公司和公司的关系,等于我们派出1个人到他们那里工作。这个关系持续到今年(2009年)1月份。公司不景气之后,我的这个后辈从这个项目出来,因为不景气,他闲了1个月。今年(2009年)2月份闲了1个月,他又去找新的工作了。他一直闲着的话,生活是个问题,作为公司经营者我们也没办法强求。从关系上来讲呢,他重新去当他的正式员工,我这边一直在忙着人才派遣,虽然一直在找,也没有找到合适的,公司就剩下2个人。

采访者: 你们3个人办公司,他留在原来公司工作,结束后回来,为什么他会闲着呢?

受访者: 因为他技术方面的经历呢毕竟比我少一点,业务方面也不是那么精通吧,然后他日语方面虽然没有问题,但是他的口音比较重,所以出去面试的时候,结果不太好,我个人认为是这样子。

采访者: 公司的话,就你和那个日本人就够了?

受访者: 人数的话,最多的时候有5个人。2007年9月招了1个员工,10月又招了1个。我们是小公司,我们也知道正式员工和派遣员工的区别,所以招的2个都是派遣的。

采访者: 都是日本人?

受访者: 都是中国人,不是温州人。10月份进来的这个人做了2个月之后,客户的这个现场结束了,我们也继续帮他找,他自己找到了,他就走了。因为是派遣员工,互相之间没有什么约束,如果我们能找到现成的话,你进到这个现场,现场给我们公司一定的报酬,我们以一定的工资的形式发给他。

采访者: 9月份进来的这个人呢?

受访者: 他呢一开始做了些事务性的工作,到现在呢,人还是在的。因为今年(2009年)下半年开始都不景气嘛,一直都没有事情,他也一直闲着。

采访者: 也没有继续给他发工资?

受访者: 嗯,工资呢是暂停掉了。但是人呢还是算在职的。从今年(2009年)3

月份暂停掉工资的。

采访者：一起创办公司的日本人是怎么认识的？

受访者：也是在原来的工作现场认识的。

采访者：是你原来的客户？

受访者：他也是一个派遣员工。我是他的客户。我从公司出来之后，也是机缘巧合吧，打电话联系上，出来见了一次面，我们聊了聊我们这个想法，他的年纪也不大，比我大1岁。他以前也有一个公司。他听到我们这个想法后呢，说，不如我们一起合办一个派遣公司，我们专业的同学或者外国人由你们来联系，我们呢可以把他们派到客户那边去，然后他呢可以去找一些日本人。一开始是从这么一个出发点成立公司的。公司的代表取缔役会长①是他。但是他的股份是最少的。我们股份不是平分的。

采访者：这个日本人现在还在吗？

受访者：还在，现在他得了个病，感觉统合失调症。这边实际上是我一个人在撑着。他一开始是有精力，有投入的。后来他去养病了。养病呢也养了一段时间，大半年了吧。原来3个人成立的公司，3个董事，现在就剩我1个人在撑着。然后员工呢，还有1个人在。

采访者：你的后辈，他去别的公司工作后，有没有把他原来的股份抽走？

受访者：因为我们投资进来以后也有花销的嘛，当时就（他投的股份也花得）差不多了。头一年之后，股份我们有分红的。分完红，第二年他中途走掉之后呢，基本就把他的股份撤掉了，完全转让到我们这边了。

采访者：那您是如何来现在的公司上班的呢？

受访者：这边公司我现在还没有完全进来。今年（2009年），我是一直工作到9月份。

采访者：工作到9月份，是指您办公司，还是自己做派遣的时候，自己把自己派出去？

受访者：对，对，我自己把自己派出去。在现场一直待到9月份。这时候因为家里父亲的身体不太好，所以回了一趟温州，（带父亲去）看病，待了1个月。10月份回日本，在日本休息了1个月。之后想找派遣的活，这个时候日本的经济不怎么景气，我们的经验呢偏向于现代的一些网络，新兴的网络技术，这些项目的，大多已

---

① 董事长。

经告停了,反而是一些小的项目,像PHP(超文本预处理器)开发啊,这些周期不长的,大概3个月到半年,长的话也就1年之内就结束的项目啊,这些项目还多一些。对专业技术的要求就更加细致些。这一段时间的话,出来找项目,因为单价降得也比较多,我这边一直没有妥协。这时候,我是加入了(总商会的)理事会,11月左右。之后呢,林会长说:你有公司的话,我这边办公室是有空位置的,你可以过来办公,要不拉条电话线也好。反正网络、打印机都有,大家在一起的话,平时多交流一下,都是温州人,大家互帮互助嘛。因为他们那边也在做一个网站,他说我既然是做IT的话,有没有一些我知道的技术、经历、经验交流一下。在这个背景之下,我说:那好,我过来。以前是把事务所定在家里,在家里办公,与其这样,还不如出来办公。

采访者: 你自己的公司是办在家里,没有租事务所?

受访者: 对的。因为我们人才派遣这个行业,不需要在自己的公司里办公,所以我们的员工就算进来的话,也是派到客户那边去,包括我自己本身也是,因为常驻在客户那边,时间长了,信任度也高。我会带我的团队过去,是这么一个构想。当时考虑到没有必要租事务所。

采访者: 然后您从11月份过来这里?

受访者: 11月底吧。就是那次我们在品川见温州市的周副市长之后。那天我本来是来这边看看位置怎么样啊,来拜访一下,这边公司也还没进来,正好赶上周副市长过来,陪副市长一天嘛。晚上到品川那边吃的饭。就在这个同乡会的接待会上,认识了更多的温州人。之后,又另外找了个时间,来这边公司看。然后开始到这边办公。接下来的计划是,12月中(旬)的时候,把1月份的安排做出来。又要到客户那边去了。

采访者: 到那边给客户做项目?

受访者: 对,对。

采访者: 您在这边除了自己的办公外,是否也帮林总做些事情?

受访者: 偶尔有的。我自己的工作,除了收集工作信息和技术人员的信息外,主要在网上发发邮件。除了这些之外,主要是帮林总这边的网络公司。现在人数也不多,需要做一些市场调查啊,接一下电话的业务啊,主要是这方面吧。其他事务性的工作,我有空的话,就稍微帮忙一下。市场调查是因为他们的网站打算把日本连锁店的品牌弄到中国,在这边需要取得这些连锁店的一些基本信息、联系方式,他们经营的样板店大概是多大规模,多少投资。大概是收集这样的一些信息。

采访者：以后还是以发展您自己的公司为主？

受访者：对。很有可能会合作。因为林总的这家网络公司在国内呢是有网站的，然后我现在只在日本招收所谓的 IT 人员。因为日本这个社会比较特殊，国内的人一下子过来可能适应不了，他们的说话习惯啊，说话方式啊。所以在日本找一些现成的技术人员的话，这个价格当然是差很多啦，日本各个方面来讲是比较高的。在日本找中国人也好，日本人也好，韩国人也好，其他国家的人，找他们作为派遣员工，目前我们是这个方针。如果以后发展得比较好的话呢，可能希望从国内带来一批人，对他们日语要求呢可能不要求那么高，因为国内技术人员的技术是有的，日语是不需要特别好的，我们可以安排 4 个人配两三个人日语比较好的，作为一个团队，有 1 个比较好的领导，互相之间沟通也比较好。形成这么一个开发体制，给日本人做大小型系统。跟林总有过这方面的沟通，希望能通过他这个网络的平台，在中国国内招一些人来，然后在日本这里呢，也能扩大一些影响。可不可以把这个派遣啊，做得更大一些。

（四）今后的打算

采访者：哦，以上是您近期的打算。作为远期的打算，您以后是想留在日本呢，还是回国？

受访者：这个，因为我还年轻，我来到日本 2 年的时候出来办了公司，公司现在已经 2 年多了，加起来还不到 5 年，所以还想在日本多历练一下。现在已经在经营公司了，接下来的话，希望可以花更多的时间去结识一些人，特别是办公司去经营这些东西的话，不像去就职，就职不需要操很多心，你只要有前辈照顾你就好了。我们如果是作为经营者的话，在客户那方面你都要照顾好，一些潜在客户你也要去挖掘，尤其像我们 IT 的话，我们要去找有做项目的或者接到项目的日本公司，要经常去找他们，扩大人脉网络。我的优势呢，是现在年纪还不算很大，有时间。但是我的劣势呢，也是在这一方面，因为在日本的资历还浅，认识的人中，水平很高的人的年龄层跟我们这个年龄层相差得还比较远，我们要主动去结识他们，所以呢这个人脉网络还没有那么大，可能还需要一段时间吧。至于今后会不会回国发展，我想在日本我们得到的这方面的经验，比如派遣，我相信以后肯定是能做得起来的。我听说国内已经在做了。可能国内的实际情况和日本不一样，做起来的话，有很多弊端在里面。如果能把日本方面的优势吸收进来，完善起来，然后把这个模式拿到国内去做，今后国内的市场毕竟是比日本要大。

采访者：你先在日本发展事业，看时机再回国发展。

受访者：对的。国内现在，像东软也好，华兴也好，他们做得已经比较大了。像东软的话，面向日企的比较多一些；华兴的话，日企（客户）只占他们的一小部分，肯定不到50％。现在国内也有做系统的意识，很多官方的也好民营的也好，都想做一套系统，公安局有公安局的系统，邮局有邮局的系统，他们这个系统呢，肯定以后是要升级的。中国的整个基础建设还不够发达。我们为什么觉得日本发达，你说日本的交通发达，他们的地铁、公交、高速公路这些在支持。网络也一样，你所谓的这个体制，体系，他们有各个系统在那里支持，有一个巨大的数据库在那里，整个国家的运营都在上面，我就觉得这是一个基础。我在日本亲身体会到，周末骑自行车出去闲逛，就有便衣警察，突然叫我停下来，临时抽查，抽查的时候，他说：我可以看一下你的自行车牌吗？我说：你看吧。因为车牌都是贴在车子上的，他拿出一个无线的机器，照了一下车牌，跟我说：是金先生吗？我说：是的，是的。我问他：你们这个这么先进的？他说：你在买自行车的时候有防犯登录[①]，里面有你的资料。你的自行车如果丢了话，我们能随时给你找回来。如果发现无人认领的自行车的话，车主的地址都在里面的。他们这个数据共享是做得不错的。我们外国人都可以看得到。我们国内也有公安局的户口登记，但是没有共享，我们也接触不到。

采访者：您现在先在日本发展事业。

受访者：是的。刚才也提到了，我祖辈不在温州，家庭条件呢也一般。在大连上学的时候，同学们都说：我们大连的房子都是被你们温州人买走的。我说：我们家到现在为止还只有一套房子，只够自己住的。这个家庭环境方面，我没有亲朋好友来支持我，我必须自己发展自己的事业，不然没有资金支持的话，很多事情比较难做。

采访者：对于您的出国，您的亲戚朋友是否期待您成功后帮助他们？

受访者：会有的。

采访者：到现在为止，在您的帮助下来日本的有吗？

受访者：现在还没有。我有1个表哥，他的儿子才大学刚刚毕业，现在也在学电脑。听说我在日本办这个公司，他也想把他儿子办过来。我说过来是没有问题的，但是现在日本不是很景气，他要先在国内把日语学好。

---

① 根据日本法律的规定，在日本购买自行车时必须进行自行车防止偷盗的登记。

采访者：然后你可能会帮他办过来？

受访者：对的。像我到总商会这里也是通过朋友的介绍，虽然我不是在温州出生的，但是我在温州也生活了差不多20年吧，所以温州这个氛围啊我很喜欢。我在大连也接触过温州同乡会和总商会。温州人在外地也好，国外也好，都比较抱团，互相之间协助精神是比较好的。首先我们互相之间不会去害彼此，其次呢，如果能出得上力的话，我们会互相帮忙，而且是无偿的。如果我们合作，能产生利益的话，何乐而不为呢。所以说这个方面温州人做得比其他地方的人好。比如我这边资金雄厚一点，你那边资金少一点，但是我们可以互补啊，因为你那边有你的优势，我这边有我的优势，我们可以互补。

采访者：您来日本以后和国内联系得多吗？比如回国的次数。

受访者：回国次数的话，说多也不多。平均一年一次吧。

采访者：和家里的联系呢？

受访者：基本上每周都有打电话吧。给家里弄了台电脑，每周都可以让他们打过来，或者我们打过去。

采访者：和国内的朋友联系多吗？

受访者：国内的朋友主要是温州以前的同学，然后是在大连的大学同学。我在大连上了5年学，又工作了8个月，这段时间认识了一些朋友同事。我回国这几次大多都是先回大连，再回温州。跟朋友见一下面。

采访者：在你办公司之前接触日本人比较多。您是进入总商会之后开始接触温州人的？

受访者：对的。

采访者：您能倾诉心事的朋友是日本人比较多还是中国人比较多？

受访者：怎么说呢，跟我自己的个性也有关。我们家是从外地到温州的，在温州的时候，我父亲生病，高中毕业的时候，我当时主动地填了大连，我也想出去闯一闯，也比较愿意闯。很多事情的发生，特别是我父亲的事情，对我的经历来说是一种财富。我觉得世界上不管有什么问题，碰到什么困难总是会有解决方法的。所以我头一年到日本的时候，确实是生活方面有很多不方便。现在回想起来，当时也没有什么太大的问题。比如出门了没有电车，可以选择出租车嘛。我本人在精神方面，主动和日本同事接触，后来出去和客户接触，后来办公司，这期间的压力主要是疲劳，身体的疲劳，包括工作也一样，这方面的排解呢，大多是利用周末的时间一睡睡到下午三四点。精神方面我觉得不是很有负担，包括我刚才提到我的后辈他闲了1个月就待不住了,就急着去就职了。我从10月份开始,10月,11月,都没有所谓的着急或者绝望,继续找。毕竟来了日本也4年多了,多多少少也有些积蓄,暂时可以渡过一下难关,而且我对今后的发展形势也比较乐观,大不了也可以去做正式员工嘛,最差的打算。我们从公司辞职出来的时候,虽然没有安排好后路,但是最差最差的情况还能是什么呢?我们有自身的条件,有经验会日语,有端正的态度,去找人找工作的话,肯定不是问题。我们现在的问题是如何把公司的事情做大做好。

采访者:平时交往对象多为中国人,比如吃饭聊天?

受访者:人数上来讲中国人多一点,但频率上来讲跟日本人出去挺多的。我的工作性质是在工作现场,可以接触到很多其他外派员工,所以大家在一起聊工作或者IT行业方面的事情,生活方面的烦恼啦。

采访者:不是温州人?

受访者:对,温州人是最近才开始接触。是从参加总商会开始。总商会活动不是很频繁,一年一次。

采访者:您加入总商会的目的或者契机是什么?

受访者:朋友介绍,希望我能接触温州人,我当时呢,也是这么一个目的。因为我在日本没有接触过温州人,说实话,从2006年那次总商会活动后才开始接触温州人。接触之后呢,那个时候自己也忙着在找客户,发现温州人在日本,办企业的,办整体院的,开饭店的比较多,他们这个群体,我可以去接触。我做IT的,接触的人的面比较狭窄,我也想接触各行各业的人,去了解他们的情况,甚至说,到了今年总商会改选的时候,我为什么申请加入理事,我觉得在总商会里头可以找到商机,这是一个。还有温州商人之间互帮互助。我们有闯劲,可以找到结合点。如果可以合作的话,互惠互利嘛。

采访者:一开始有没有考虑到加入总商会对于提高你公司的信誉等会有好处?

受访者:怎么说呢,加入之后呢,才发现林总的网络公司在做这个东西,有一个平台,可以凭借它来做大。另一个就是在日本结识更多的温州朋友,何乐而不为呢。

采访者:在你朋友给你介绍温州人之前,你没有想过去找温州人吗?

受访者:没有,没有。我完全没这方面的信息,不知道日本有没有温州人,有多少温州人,我都没有碰到。

采访者:也没有想过上网搜一下有没有同乡会什么的?

受访者:当时没有这样的条件,因为我整天在上班,一直忙到赶最后一班地铁,或者打车回来。周末除了睡觉,还要出去跑客户。在这之间,还有学习,考试。

一直以来,没有这个意识。我连小春网也是很久之后才听说的。也是很后来才看的。包括总商会和同乡会的网站我也很少看的。

采访者: 您现在的国籍是中国,有没有考虑过"永住"或者"归化"?

受访者: 最有可能的话呢,是在日本待够 10 年办"永住"。没有"归化"的打算。"归化"必须放弃自己的国籍,这个方面我比较坚持。因为不管你跟日本人交往得多么好,他第一个印象就是你是中国人。我给人的印象就是我是中国人,我要和你做朋友也好,做商业伙伴也好,把事情做起来。我学的这个专业灌输给我的是我的定位是中日桥梁。包括我们做 IT 也好,有个词叫 SE。我们叫 BSE。

采访者: 听说在日本做生意的时候用日本名能帮助提高亲切感,您有这方面的考虑吗?

受访者: 暂时还没有。人家叫我的名字,我也没有感觉特别的不方便。

采访者: 有一个日本名,会给日本客户带来更大的认同感,便于开展业务?

受访者: 现在还没有这个必要。以后如果有需求的话,会考虑也不一定。

采访者: 好的,谢谢您。

第四节　我的梦想是当老板

——林邦　口述

受 访 者: 林邦,男,1981 年出生于温州市鹿城区

采访时间: 2011 年 2 月 19 日

采访地点: 栃木县

采 访 者: 郑乐静

录音整理: 杨维波,王小丽

文稿编辑: 郑乐静

(一) 辗转于 IT 公司之间

采访者: 您第一次来日本是?

受访者: 2003 年 10 月到 2004 年 10 月来日本留学。之后就回国了。

采访者：那您是什么时候重新来日本的？

受访者：2006年9月份。

采访者：2004年10月到2006年9月这期间您的经历是什么？

受访者：回国毕业，然后在杭州的一家印度的IT公司工作。

采访者：2006年9月来日本的第一家公司是日本人开的公司？

受访者：第一家公司其实是一家中国人开的公司，我不想提这家公司。在里面的一个富士通项目里干过，做CRA（customer relationship analysis，客户关系分析），就是客户管理系统的一个东西啊，在那里做过。

采访者：做到什么时候呢？

受访者：做了1年左右。到2007年9月左右。之后进了一家日本公司到2010年11月底，然后这公司倒闭了，最近失业中。

采访者：您刚才提到的这两家公司都在东京？

受访者：对。一家是在浅草桥那里，一家是在五反田。接下来我要去另一家公司，这家公司在东银座。下个月1号开始上班。

采访者：这家公司是？

受访者：印度公司。我待过的这三家都是IT公司。

采访者：您在第一家中国人开的公司里做的时候，现场的同事是哪里人？

受访者：客户是日本人，同事一半印度人，一半中国人。英语、日语都用。

采访者：第二家公司呢？

受访者：中国人居多。基本上都是上海人。

采访者：您重新来日本的第一天是谁去接你的？

受访者：是公司人事部的一个中国人来接的。超痛苦，第二次来日本超孤独。

采访者：那时候住在哪里？

受访者：住在埼玉县的蕨市。公司的宿舍。

采访者：您来日本后碰到的最大的困难是什么？

受访者：最大的困难就是没办法把日本当成家。在这里没有安全感。在这里漂泊，没有安全感。还有跟日本人交流方式也不习惯。我是B型血，讲话心直口快，而且做事情效率比较高。日本人非要你做一些事情，绕弯子的事情，跟他说嘛，他就会以为你这个人怎么样。有时候一些摩擦就会出来。还有吃的，我不是很喜欢。还有在这里太静了。朋友不会像国内那么多。在这里朋友少，生活太单调。没有娱乐。

（二）想移民澳大利亚

采访者：您为什么会选择来日本？

受访者：因为我大一就开始学日语了，既然有来日本留学的机会就来了。而且英语也学不好，其实是很现实的问题。日本又近，在国内又赚不到钱，只有来日本，来日本可以赚到钱。我不会讲漂亮的话，比如说日本好啊什么的。我根本不喜欢日本。

采访者：您来日本的目的是什么？留学或者创业？

受访者：积累第一桶金。找一些商机。

采访者：您的出国，是否背负着提升整个家族命运的殷切期待？

受访者：他们是有（这种想法）的。但是我不会干这种事情，累死了，在这里自己都活不下去了，还带（人）？！我有考虑考雅思，移民澳大利亚，拿绿卡，有这个打算，不想待在日本。我觉得接下来是中国的时代了，没必要做这种事情。

采访者：在您的帮助下来日本的人有几个？和您是什么关系？

受访者：没有。

采访者：您来日本后，和国内的联系多吗？比如回国次数，和国内家人的联系频率，和朋友的联系频率。

受访者：和国内联系很多，以电话为主，一周两次，打得勤的时候三四次都有。有时候两个星期一次的也有。有两次出差回国。有一次是个人出差去做口罩生意，另外一次是工作出差。还有几次探亲啊，去看我老婆啊。

采访者：您在日本的朋友圈里，温州人、温州人以外的中国人、日本人的比例各为多少？

受访者：日本人也就一两个，不可能多的。温州人以外的中国人也不怎么多，做IT的中国人基本上都很忙啊，以前周末出去喝一下酒也有，现在主要把精力投在温州同乡会了。而且跟那帮人来往主要也是看看有什么好工作介绍啊。我几乎没有要他们介绍工作，因为我认识IT公司的经理比较多，帮他们免费找工作都有的。也就做这种事情多一点，没有说纯粹地为了娱乐去（喝酒）。

采访者：您是通过什么渠道知道同乡会或者总商会的？以及为何加入同乡会或总商会？

受访者：在网上知道同乡会。

采访者：您是出于什么动机去网上搜索同乡会呢？

受访者：那时候，我想回国了。我爸爸说温州有几个从日本回来的同乡会会员，他们好像在聚会，他在报纸上看到了。我在网上查了一下，居然查出这个同乡会来，机缘巧合。

采访者：您现在的梦想是什么？

受访者：我的梦想是当老板，创业，做生意，做贸易。我不想打工了。最好能在日本和中国之间做生意，特别是温州这方面，最好是能带动我们老乡一起去创业。我们看在欧美的温州人啊都团结起来，做生意做得都非常火，我不希望在日本的我们这些温州人做不起来。虽然日本做贸易的门槛是非常高的——不像欧美门槛非常低，你只要带一批货进去，哪里都能卖出去——日本的门槛是非常高的，而且质量要求高，所以说想做这方面贸易的人非常少，但是只要你跨过这个门槛，之后的事情就非常容易了，就顺风顺水了。

第五节　出门在外对自己好点

——王建中　口述

受访者：王建中，男，1980 年出生于温州市平阳县

采访时间：2010 年 4 月 10 日

采访地点：东京都

采访者：郑乐静

录音整理：杨维波，王小丽

文稿编辑：郑乐静

（一）无心插柳柳成荫

采访者：在这么多国家中，您为什么选择来日本？

受访者：其他国家去不了嘛。

采访者：当初在国内工作的时候，有想过出国吗？

受访者：有的。就是 2007 年年初的时候计划，打算 2007 年来日本看看。

采访者：那时候就选了日本？

受访者：因为我的工作就是做对日 IT 的嘛。

采访者：您本来从事的行业是做对日的？

受访者：对，对。然后觉得日本是不是蛮好玩的，就想过来看看。

采访者：是如何通过同学介绍到这家中介公司的呢？

受访者：是这样的，他面试的时候没过。

采访者：您没有想过自己找中介去面试？

受访者：那时候我还在准备嘛，还没开始找嘛。然后他（指在上海的同学）就找过来了嘛。我那个同学可能比较急，他先去找了一下，但是没有成功。然后中介问他周围是不是有什么人可以介绍的，他就把我介绍过来了。

采访者：就是说您面试通过，就来日本了。那是几月份？

受访者：2007 年四五月份。8 月份来日本。

采访者：来了日本当天，也是公司去接您的？

受访者：对。公司员工来接我们。

采访者：您的住宿呢？

受访者：公司帮我把房子找好。

采访者：是家 IT 公司？

受访者：对。

采访者：在哪里？

受访者：就是那个早稻田大学汉语教育综合研究所。①

（二）遇上金融危机

采访者：之后您在日本经历了怎样的发展？

受访者：很悲惨的。因为那时候经济不景气了嘛，公司想做派遣派不出去，就裁员，全裁了。然后我就开始自己找工作。运气还蛮好的，还没有被裁掉的时候，自己就找到一家公司。然后这家公司先让我过去做。

采访者：那是哪一年？

受访者：2008 年 4 月份。在第一家公司做了 10 个月左右。

采访者：然后您进的这家公司也是东京的 IT 公司？

受访者：对。现在还有联系。

---

① 株式会社 WEIC，http://www.weic.jp/newhtml/index.html。

采访者：进入这家公司经历了怎样的发展？

受访者：他们不跟我签合同，我就辞职了。他们要写报告向总公司汇报，那时候像日语能力考试什么的我都没有考嘛，子公司么肯定要向母公司汇报说这样的人他们需要啊什么的。但是好像没有效果，我想想算了，再撑下去也不行了，因为我签证马上要到期了。在这家公司做了1个月，合同签不下来，我想就算了。怎么说呢，因为那个老总是在上海交大留过学嘛，他觉得我是校友，所以觉得特别亲切。他那时候让我做契约社员，做契约社员，没那个概念，那时候想做正社员，但是合同签不下来。其实那时候还有另外一家，我做过现场那家，我也去聊了一下，他们也是在那里写报告给总公司，他们是东京分公司嘛，给名古屋的总公司写报告。但是名古屋总公司不同意，因为我没有日语能力考试证书。

采访者：你在那边做了1个月后呢？

受访者：就退出来啊，那时候刚好四川发生地震[①]。

采访者：您在第二家做了1个月，然后呢？

受访者：那1个月算是打工嘛。然后又去找工作。找到第三家公司。运气蛮好的。

采访者：找工作都是自己一个人去找的还是朋友介绍的？

受访者：自己找的。日本有家很大的人才派遣公司。株式会社テンダ[②]。我在那里注册了一下，因为我没有日语能力考试证书啊，他们根本不睬我的。书面审查那关就过不了。

采访者：您是什么时候开始在第三家公司工作的？

受访者：2008年9月份。中间空了好几个月，蛮享受的，续签完签证，中间还回国一趟。

采访者：公司是东京的？日本人开的？

受访者：对。总经理是日本人。后来进了一家航空公司的现场。

采访者：您做了多久？

受访者：半年吧。那家航空公司不景气嘛倒闭了。

采访者：到2009年三四月份？

受访者：嗯。

---

① 2008年5月12日。

② 株式会社テンダ，http://www.tepss.com/dojo/other/company.html。

采访者：之后呢？

受访者：失业嘛。有那个失业保险金的，拿着这个钱回了趟国玩了21天，回来后到处玩。

采访者：那时候您不忙着找工作？

受访者：因为我对那个总经理（第三家公司的）很有信心。他虽然没有明确答应帮我找工作，但是我对他很有信心。另外有失业保险金，还算衣食无忧。

采访者：之后呢？

受访者：经济不景气么，失业保险先是拿了3个月，又自动延了2个月。到期了，就问那个公司的老总，接下来有没有项目做。他说现在经济很不景气，大家难，公司难。我就不想为难他，就想回国了。回国前就跟清华同方的那个老总联系了一下。

采访者：您早就认识清华同方的老总？

受访者：嗯，去年（2009年）找工作的时候认识的。他对我还有点印象。我给他发了封邮件说我要回国了什么的，如果他们那边有活的话，我就在日本再留一下。因为那时候我知道2个人回国了，1个是回国找了3个月也没有找到工作，1个是找了半年才找到。那我想我回去也得这样子，那很辛苦的。如果能在日本找到的话，就找。刚好清华同方那边有个项目在做，他看我这种性格也蛮适合，进去做销售。

采访者：是什么时候？

受访者：2009年10月。

采访者：您做了多久？

受访者：做到现在。

采访者：2010年3月。为什么离开那边？

受访者：因为现在这家公司叫我嘛，另外这里回国的机会比较多。毕竟日本不是我的根。想慢慢往回移。

采访者：您是怎么知道温州总商会的？

受访者：清华同方公司里面有总商会会长的名片。我就发消息给他了，我说：大家都是温州人有空能不能让我拜访您一下。后来总商会的事务局长打电话给我，我就去参加2010年新年会了。

采访者：然后他们邀请你来？

受访者：对。还有他们不是做贸易的嘛，我一直对贸易很感兴趣。

采访者：来日本以后,您遇到的最大困难是?

受访者：没有什么困难。

采访者：在 2010 年的新年会之前,在日本你没有碰到过温州人?

受访者：一个都没有。

采访者：您来日本的目的是什么? 留学或者创业?

受访者：我来日本的目的是想把当时工作的那家公司的日语教学产品在中国的代理权拿过来。然后在中国创业。

采访者：您的出国,是否背负着提升整个家族命运的殷切期待?

受访者：没有。还没有那个能力。

采访者：在您的帮助下来日本的人有几个? 和您是什么关系?

受访者：没有。

采访者：您来日本后,和国内的联系多吗? 比如回国次数,和国内家人的联系频率,和朋友的联系频率。

受访者：一年回一次国。和妈妈一周打一次电话。现在用 QQ,和朋友用 QQ 联系,或者回国联系,一般也不怎么联系,没有事情可以聊。

采访者：您在日本的朋友圈里,温州人、温州人以外的中国人、日本人的比例各为多少?

受访者：温州人 5%,温州人以外的中国人 90%,日本人 5%。

采访者：您现在的梦想是什么?

受访者：目前先把手头的工作做好吧。

采访者：您最终会选择落叶归根还是落地生根?

采访者：最后会选择落叶归根。在日本发展事业倒有可能的,做中日间贸易。

第六章

中餐馆的温州菜

早期移居日本的中国人主要靠"三把刀"立足：裁缝业的剪刀，理发业的剃头刀和餐饮业的菜刀。老华侨华人们正是凭借着这"三把刀"在日本社会闯出了一番天地。随着时间的推移，时代的进步，剪刀和剃头刀已经逐渐退出历史舞台，唯独菜刀所代表的中国餐饮业在日本生根发芽，日益壮大。改革开放以后，随着赴日高潮的兴起，一批又一批的中国厨师也加入其中，东渡日本谋生。

如今，中餐已经成为日本人生活中必不可少的一部分。2006 年的统计数据显示，日本全国有 59574 家中餐馆，从业人员达 369056 人（表 6-1）。

表 6-1 2006 年中餐馆及从业人员数量

项　目	所有餐馆	中餐馆	比例
店铺数量	415449 家	59574 家	14.3%
从业人员数量	2870254 人	369056 人	12.9%

资料来源：厚生劳働省.飲食店営業（中華料理店）の実態と経営改善の方策.

那么中国厨师是通过何种途径进入日本工作和生活的？他们在日本社会的融入状况又是如何？

外国人在日本生活，需要有与其身份相对应的在留资格。就工作签证而言，2016 年日本政府发放的在留资格包括"教授、芸術、宗教、報道、経営・管理、法律・会計業務、医療、研究、教育、技術・人文知識・国際業務、企業内転職、技能、技能实习 2 号イ、技能实习 2 号ロ"[①]，外国籍厨师属于日本《出入国管理及难民认定法》规定的"从事产业特殊领域需要熟练技能业务的职业"，持"技能"在留资格在日本就业。

"技能"是根据 1989 年修订后的《出入国管理及难民认定法》[②]设立的在留资格。规定以下从业人员可以持"技能"在留资格在日本工作：①外国菜厨师；②拥有外国特有的土木建筑技能的建筑技术人员；③外国产品的制造、修理者；④宝石、贵金属或者毛皮的加工匠；⑤驯兽师；⑥海底地质调查技术人员；⑦运动教练；⑧飞机驾驶员；⑨酒库看守。在这九种职业中，厨师人数所占比例最大。据 2014 年统计数据显示，持"技能"在留资格的外国人总数为 33374 人，其中中国人多达 17240 人，占据首位，其次是尼泊尔，印度和泰国排名随后（表 6 - 2）。

表 6 - 2　2014 年持"技能"在留资格的外国人统计

项目	总数	中国	尼泊尔	印度	泰国	其他
人数/人	33374	17240	7412	3926	1117	3679
比例	100%	51.7%	22.2%	11.8%	3.3%	11.0%

资料来源：法务省 2014 年在留外国人统计。

外国籍厨师（除泰国厨师[③]）如果要申请"技能"在留资格，必须满足以下条件：①厨师等外国籍技术人员，必须拥有十年以上工作经验（包括在外国教育机构里学习厨艺或制作食品的时间在内）；②与日本用人单位签订雇佣合同；③在日本工作时必须能够取得与日本人同等待遇的报酬。如果达到这些条件，一般能取得一年或者三年的签证。

中国厨师一般通过两种方式赴日工作。一是通过中国各地的国际劳务人才派遣公司，另一种是通过早先来日的亲戚朋友或者同乡人寻找在日工作机会。相比起其他工作签证来，日本对外国籍厨师无日语能力水平要求，并允许其携带配偶和

---

①　2015 年的外国人在留资格统计中增加了"高度專門職 1 号イ""高度專門職 1 号ロ""高度專門職 1 号ハ""高度專門職 2 号"这四种在留资格，并将原来的"技術"和"人文知識·国際業務"合并为一种在留资格"技術·人文知識·国際業務"。

②　《出入国管理及难民认定法》1951 年 10 月 4 日政令第 319 号，根据 2015 年 6 月 24 日法律第 46 号最终修订。

③　根据《日泰经济合作协定》，泰国厨师只需拥有五年以上工作经验，提供初级以上泰国菜技能水平证明和来日本之前的一年内曾经或者正在泰国作为厨师获取报酬的证明。日本外务省.日タイ経済連携協定——附属書 7　自然人の移動に関する特定の約束.

子女。加之在月收入可达约合人民币 1.5 万—2 万元等诱人的条件下,众多试图出国改变命运的中国人,不惜缴纳高昂的中介费用奔赴日本。随着早期出国的中国厨师渐渐在日本站稳脚跟,他们开始介绍国内的厨师来日工作。本章第一节的受访者鲁洁出国前并没有从事餐饮业的经验,他通过神奈川县川崎市一家中餐馆里的一位温州籍厨师的介绍,1996 年以厨师的身份来到日本。第二节的受访者史安雄出国前就在温州当厨师,他也是通过在日本经营中餐馆的温州籍老板的聘请来到日本当厨师。第三节的受访者张晋虽然是以日裔中国人眷属的身份来日本的,但由于他在日本的亲戚大多从事餐饮业,因此来到日本后,他也自然而然地加入了厨师这一准入门槛比较低的行业。

1. 出国前的职业

本章受访者中只有史安雄出国前就是厨师,他来日工作的主要目的是给子女提供更好的教育环境。而鲁洁出国前在温州鞋厂工作,由于生意不好,想来日本发展,因此通过在日温州人以厨师聘请的方式拿到"技能"签证。张晋出国前也从没掌过厨,由于他妻子的奶奶是日本人,因此几乎整个家族于 20 世纪 90 年代开始陆续移民日本,他也跟随着移居日本。

2. 家庭成员出国路径

根据不同的情况,中国厨师携带家庭成员出国大致有以下三种路径。第一种,拥有"技能"在留资格的厨师先来日本,等生活稳定后先将配偶办来日本,然后再把孩子办来日本。第二种,拥有"技能"在留资格的厨师先来日本,等生活稳定后将配偶和孩子一起办来日本。第三种,拥有"技能"在留资格的厨师携全家人一起来日本。在这三种路径中,以第一种路径居多。采访者中,鲁洁是 1996 年赴日,3 个月后将妻子接到日本,女儿留在温州老家由父母照顾。史安雄 2002 年先到日本工作,5 个月后妻子和 2 个孩子也到日本一起生活。

3. 社会适应状况

中国厨师来到日本后,又经历了怎样艰辛的职业生涯呢?

如图 6-1 所示,赵卫国对在日本的中国厨师进行了深入的访问调查,揭示了中国厨师在日职业移动路径。

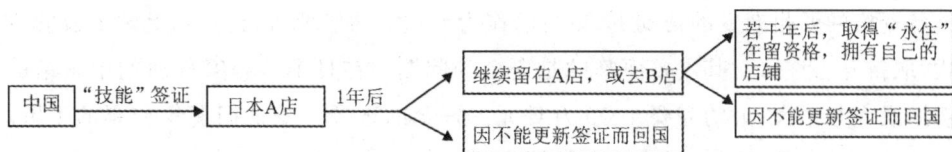

图 6-1　在日中国厨师职业生涯模式

资料来源：趙衛国.中国系ニューカマーの教育戦略と社会的ネットワーク——中華料理人の場合.移民政策研究,2011(3)：43.

从上图可以看出,中国厨师首先是以"技能"签证进入日本的餐馆工作。在日本工作的第一年一般都是持有 1 年期限的签证,为了能顺利延续签证,在第一年内很少有人跳槽。1 年后如果不能拿到新的签证则只能回国,而顺利拿到签证的人或继续在原来的餐馆工作,或跳槽到条件更好的餐馆。就这样中国厨师到日本后,或一直供职于该餐馆,或辗转于不同的餐馆。他们的最终目标是在若干年后,取得"永住"在留资格或者加入日本国籍,就可以以个体户的身份创业,拥有属于自己的餐馆。

厨师这一职业的特征是劳动时间长,劳动强度大。由于他们一直在厨房工作,所以除了厨房里的工作伙伴以外,几乎很少与其他人交流,这严重影响了他们融入日本主流社会。比如鲁洁在日本的朋友 90％以上都是温州人,史安雄虽然有意愿与日本人交朋友,但是由于日语水平有限,平时还是以和家人或温州老乡交流为主。

开餐馆、当老板是众多温州籍厨师最大的事业追求和梦想。但是在日本,如果想自己开店做生意,必须先拿到"永住"在留资格或者加入日本国籍。而申请"永住"在留资格需要在日本连续居住 10 年以上,并且其中有连续 5 年的工作资格或者居住资格。[①] 因此需要花费 10 年时间取得资格这一规定,成为中国厨师在日创业的最大障碍。

本章受访者鲁洁和史安雄为了让梦想早日变为现实,借助在日温州人社群的力量,分别在来日后的第五年和第四年独立门户开起了中餐馆。聚群、抱团和互助是海外温州人的一大特色。温州人遍布世界各地,他们凭借的就是能充分地调动其拥有的社会关系网络。首先要解决的是开店资格的问题。鲁洁和史安雄分别以 2000 年和 2005 年加入日本温州总商会为契机,认识了许多在日温州人。他们在

---

① 日本法務省.永住許可に関するガイドライン.http://www.moj.go.jp/nyuukokukanri/kouhou/nyukan_nyukan50.html,2016-07-22.

具备资格的温州老乡的帮助下,以自己作为形式上的代理店长、实际上的老板的方式,取得开店许可。其次要面临的是资金的问题。在日本开一家普通的中餐馆的初期投入并不大,大约需要 1000 万日元。资金的来源一是他们多年积累的工资,二是从在日本的温州亲戚或朋友处筹集的资金。

4. 未来规划

在采访中发现,关于未来是在日本永久居住,还是回国,抑或去往其他国家的问题,温州籍厨师是根据家庭成员的移民状况来决定去留的。史安雄一家四口人都在日本,现已经取得"永住"在留资格,并购置了房产,打算长期留在日本生活。而鲁洁一家,由于女儿在中国国内读书,所以他们选择往返于中日两国的生活方式。

第一节　300 日元中餐连锁店

——鲁洁　口述

受 访 者：鲁洁,男,1967 年出生于温州市

采访时间：2010 年 4 月 26 日

采访地点：东京都

采 访 者：郑乐静

录音整理：杨维波,王小丽

文稿编辑：郑乐静

(一) 不适应厨师的工作

采访者：您为什么想到来日本呢？

受访者：因为我弟弟在日本。我弟弟那时候在日本留学。

采访者：您弟弟是什么时候来日本的？

受访者：他比我早 4 年。

采访者：那您也是来留学的？

受访者：我原来在温州鞋厂做鞋的,但是厂里生意不怎么好。然后我弟弟说,

日本挺好的,来日本也挺不错的。我弟弟帮我办过来的。

采访者:您是以什么身份过来的?

受访者:"技能"。

采访者:厨师"技能"吗?

受访者:嗯,厨师"技能"。

采访者:这个也是您弟弟帮您办的?

受访者:是我弟弟通过别人办的,是个温州人。

采访者:1996年的时候是一个人来的?

受访者:嗯。

采访者:您来日本以后到现在的经历可以介绍一下吗?

受访者:我是以正式厨师的身份来的,来了以后去上班也不习惯,这种工作对我来说蛮勉强的。刚来的时候看不上这个工作,想回去。

采访者:您来了以后,先是去饭店做厨师?

受访者:嗯。

采访者:饭店在哪里?

受访者:在川崎。

采访者:中餐?

受访者:嗯。帮我办过来的这个人也是温州人,也是川崎这家店里的厨师。

采访者:您刚来日本的时候,住宿是怎么解决的呢?

受访者:我比别人幸运,我老板他自己有一幢房子,我们店里的员工都住在那里。

采访者:那家店里温州人就您和那个厨师?

受访者:以前好像蛮多的,我去的时候就我们2个。

采访者:您在那里从1996年做到什么时候?

受访者:1996年到1999年。

采访者:1999年以后呢?

受访者:后来就是温州总商会成立了,那时候余建华是第一届会长。后来就认识了很多温州人。因为在日本要开店,保证人什么的很麻烦的。2000年以后我就自己开店了。

采访者:总商会成立之前您就认识这些人?

受访者:认识是认识,没怎么接触。

采访者: 您开店是温州人帮您做保证人?

受访者: 嗯。温州人帮了不少忙。

采访者: 您开的这家店在哪里?

受访者: 在东京蒲田。是家中餐馆。

采访者: 从 2000 年开到什么时候?

受访者: 到去年(2009 年)。

采访者: 那您太太是什么时候过来的?

受访者: 我来了日本 3 个月以后。

采访者: 那您开店的资金是自己工作攒的钱呢还是融资的?

受访者: 以前我弟弟也在这里的。开店的投资也不大的,就七八百万日元,从我弟弟那里借了点。

采访者: 没有跟您弟弟一起做,是您夫妻俩一起做?

受访者: 嗯。

(二) 把连锁店开起来

采访者: 您现在这家店是怎么开起来的?

受访者: 就是有空的时候和温州老乡在一起打打麻将,听说有个老乡那里开了家中餐馆,所有的菜都是 300 日元一碟,于是开玩笑说我们也开吧。后来和他们合资开了四谷店。

采访者: 所有股东都是温州人?

受访者: 嗯。

采访者: 四谷店是您管理的?

受访者: 店都是我一个人管理的。

采访者: 其他股东只是投资,其他的都不参与?

受访者: 嗯。

采访者: 分红呢?

受访者: 大家商量的。

采访者: 吉祥寺分店也是您管?

受访者: 嗯。

采访者: 四谷店的员工构成如何?

受访者: 正社员 4 个,中国人,都在厨房里。这家店里就 2 个温州人。打工的以前有日本人,现在都是中国人。

采访者:吉祥寺的店是什么时候开的?

受访者:2010 年 3 月。

采访者:员工构成呢?

受访者:刚开业的时候,是和这边的员工调来调去的。现在那边厨房里也是 4 个员工,外面做服务员的有日本人,也有中国人。

采访者:您从总商会成立时就是理事,到现在一直在理事会里,您跟这些温州人是怎么认识的呢?

受访者:我弟弟在这里读书,跟现在的总商会会长是同学。所以他们认识的横滨这里的温州人,我也都认识。

采访者:也就是说,您来了日本以后就跟他们认识起来了。

受访者:嗯。认识是认识,但是那时候工作比较忙,没怎么接触。总商会成立后,开始接触多了。刚成立的时候,理事没几个人,后来增加到十几个人了。

采访者:理事会是怎么开的?

受访者:理事会本来是一个月一次,后来因为大家都挺忙的,出不来,觉得一个月一次太频繁了,改成三个月一次。

采访者:现在也是三个月一次?

受访者:不一定的。中间有段时间是空白期,没开理事会。

采访者:现在你们的理事会是怎么开的?

受访者:两三个月一次吧,没有具体的规定。

采访者:理事费是多少呢?

受访者:以前是会长 15 万日元,副会长 10 万日元,理事 5 万日元。刚成立的时候理事很少的,就 15 个人。现在只要加入,就是理事,所以理事是 2 万日元。现在是会长 100 万日元,副会长 10 万日元,理事 2 万日元。

采访者:您弟弟后来回国了?

受访者:我弟弟在日本待了 10 年。这些温州人他都认识的。

采访者:他现在回去了?

受访者:嗯,在做皮鞋贸易。

采访者:您弟弟也是理事吗?

受访者:嗯。

采访者:他现在在中日间来回跑吗?

受访者： 没有。

采访者： 他拿到"永住"了？

受访者： 没有。

采访者： 也没有加入日本籍？

受访者： 嗯，还是中国籍。

采访者： 您弟弟在日本工作过吗？

受访者： 他们那批来的，都没有在读书。就是留学打工。他们一开始来读书的，后来都坚持不住了，不读了。

采访者： 做生意？

受访者： 没有，也就是打工。我弟弟后来回温州，自己开外贸公司。

采访者： 您现在在日本有没有其他亲戚？

受访者： 没有。

采访者： 您在这边认识的温州人有多少人？

受访者： 大概 100 人。

采访者： 您估计在日本的温州人大概有多少人？

受访者： 这个感觉不出来的，如果没有成立总商会，就不会认识这么多人。

采访者： 您来日本后，有没有想过去找温州同乡会？

受访者： 没有。有段时间，同乡会叫我去参加的，我已经在总商会了，所以没去参加。

采访者： 在您的帮助下来日本的人有几个？和您是什么关系？

受访者： 没有。

采访者： 为什么？

受访者： 有几个亲戚说过让我把他们带出来，我觉得日本也不怎么景气，后来就没怎么讲起来了。还有我有个朋友，在中国把厨师证都考好了，后来也没来。

采访者： 您来日本后，和国内的联系多吗？比如回国次数，和国内家人的联系频率，和朋友的联系频率。

受访者： 一年回国一次。和家里人以电话联系为主，一周一次左右。刚来的时候和朋友联系比较多的，后来都没怎么联系了，有联系的也就两三个朋友。

采访者： 您在日本的朋友圈里，温州人、温州人以外的中国人、日本人的比例各为多少？

受访者： 温州人 90%，温州人以外的中国人没怎么接触，日本人 10%。

采访者：您是通过什么渠道知道总商会的？以及为何加入总商会？

受访者：我认识第一任和现任的会长，知道他们要成立总商会。

采访者：成立的时候就邀请您参加？

受访者：我倒没有这个意向，第一任会长来讲了好几次，后来就自然而然地加入了。

采访者：您现在的梦想是什么？

受访者：想多开几家店。就是说等日本的店稳定了后，能中日来回跑。在日本十几年了，家里父母年纪也大了，我女儿不愿来日本，所以想多回去看看。

采访者：您最终会选择落叶归根还是落地生根？

受访者：落叶归根吧。

第二节　一切为了孩子的前途

——史安雄夫妇　口述

受 访 者：史安雄，男，1956 年出生于温州市

史安雄太太，女，1960 年出生于温州市

采访时间：2010 年 1 月 11 日

采访地点：神奈川县横滨市

采 访 者：郑乐静

录音整理：杨维波，王小丽

文稿编辑：郑乐静

（一）给孩子一个好的教育环境

采访者：你们是哪一年出生的？

史安雄：我是 1956 年。

史太太：我是 1960 年。

采访者：你们出生在？

史安雄：温州小南门。

史太太：温州百里坊。

采访者：你们的学历呢？

史安雄：我是初中没毕业。

史太太：我也是一样的。

采访者：来日本前的工作是？

史安雄：厨师。

史太太：个体户，做生意的。

采访者：你们现在的国籍是？

史安雄：都是中国籍。

采访者：拿到"永住"了吗？

史安雄：还没有。

采访者：您是哪一年来日本的？

史安雄：我是 2002 年。

采访者：怎么想到来日本呢？2 个人一起来的？

史太太：不，不是。

史安雄：我先是来了一趟日本旅游，认识了个温州朋友。第二次来日本是 4 月 18 日。

采访者：2002 年 4 月 18 日，一个人来日本？

史安雄：嗯。

采访者：第一次来旅游是什么时候？

史太太：2001 年 9 月份的时候吧。

采访者：拿旅游签证来的？

史安雄：对。

采访者：当初来是为了旅游呢，还是来看一看有什么可以做的？

史太太：当时是来玩的。

史安雄：我当时来是她（指史太太）妹妹嫁给日本人，也就是她妹夫邀请我们来玩。

史太太：我妹夫邀请我们来他们家里玩。

史安雄：来了以后，我感觉日本很好，说在日本也挺好的。

采访者：9 月份是 2 个人一起来的？

史安雄：对。

采访者：来了以后觉得日本好？

史安雄：嗯，环境好，人有礼貌，人的素质好。

采访者：想在日本发展？

史安雄：嗯，也想到日本，把小孩带到日本发展。

史太太：想培养小孩读书。那时候大家都说外国好。培养小孩读书，等他们毕业，以后工作什么各个方面发展比较好一点。毕竟是外国留学过的。有这个想法。

采访者：主要是为了小孩。

史安雄：我们对餐饮也比较懂行的，在中国天天做中餐，来这里也换一个环境，也比较欣赏。

采访者：2002 年 4 月份，您是一个人来的。那是什么签证？

史安雄：工作签证。

采访者：谁帮您办的？

史安雄：一个温州人。他们公司聘请我来的。

采访者：您来了以后，就开这家店了？

史安雄：来了以后，在他那边工作。

采访者：那时候做的不是餐饮业？

史太太：也是中餐。

采访者：在里面当厨师？

史安雄：对。

采访者：来的第一天是温州人来接您，住在他那里？

史安雄：对。

采访者：您第一个住的地方是温州人家里？

史安雄：对。

采访者：4 月份来了以后呢？

史安雄：在他那里工作了 3 年。

采访者：做到 2005 年。

（二）会长的支持

史安雄：2005 年 6 月 1 号开始转职到现在的总商会会长的公司。

史太太：就是总商会的会长，靠他的帮忙，靠他的支持。

采访者：到他公司做职员？

史安雄：不，不是。这家店就是他公司的。

采访者：哦，6月转到他公司，不是去东京总公司上班，而是来这里开店？

史安雄：嗯。

史太太：靠他的帮忙，他的支持。会长这个人很好，我们的困难，全是会长帮忙解决的。他帮助我们很多。

采访者：这家店是他的？

史安雄：这家店是他公司的。

采访者：现在这家店，您是店长？

史安雄：对。

史太太：主厨。等于交给他管。

史安雄：他们公司把这家店交给我管。

史太太：我们管理。

采访者：你们自己也有投股份在里面？

史安雄：没有。

采访者：一直在这家店里做到现在？

史安雄：对。这家店也将近4年了。

史太太：4年多了。

采访者：这店是你们自己一手开起来的？

史安雄：是我们手里开起来的。店面是他们公司里找来的，装修、管理等都是我负责的。

采访者：店里有多少员工？

史安雄：忙的时候叫兼职工。正式员工就我1个。

采访者：服务员呢？

史安雄：服务员都是临时工。生意忙的时候叫过来，生意不忙么，也不叫。

采访者：就你们2个自己做？

史安雄：也有临时工的。

采访者：临时工是日本人还是中国人？

史安雄：基本上都是中国人。我们是中国人，一般都叫中国人。

采访者：打工的中国人是温州人还是外地人？

史安雄：外地人，安徽的。叫过很多临时工，没有固定是哪个人。有的人时间合不上,有的人嫌工资低,有的人回国了,没有固定的。

采访者:厨房里就是您自己?

史安雄:还有 1 个临时工。

采访者:您是主厨,再加 1 个临时工。

史安雄:对。

采访者:也是中国人。

史安雄:对。

采访者:不是温州人?

史安雄:不是。

采访者:这家店里温州人就是你们俩?

史安雄:对。

史太太:两夫妻。我们两个人在这里全靠会长的帮助。

采访者:您是怎样跟会长认识的?

史太太:我妹妹和他认识。

采访者:您妹妹把你们介绍给他?

史太太:对的。我妹妹说:我姐夫来了。就这样认识了。

采访者:是哪一年的事情?

史太太:来了就认识了。旅游来的时候就认识了。

采访者:您刚才提到您重新来日本的时候,是去一个温州人开的公司,那个人就是会长?

史安雄:不是。

采访者:跟这个人是怎么认识的?

史安雄:这个人也是温州人。他和我妹妹认识的。

采访者:到现在为止,您在日本见到的温州人有多少人?认识的温州人。

史太太:基本都认识。去年(2009 年)温州总商会的新年会在我这里开的。

采访者:有多少人?

史安雄:有 50 人左右。我来旅游的时候认识的温州人就有 10 来个了。

史太太:旅游的时候,妹妹带我们去温州人开的店里玩过。

采访者:现在认识的温州人大概有多少人?

史安雄:温州人一般都知道我们。提到我们的饭店名字,一般人都知道的。有些人,人不认识,人跟人之间讲起来,都知道的。温州人基本上都知道我这家店。

采访者：按照您的估算,温州人有多少人？比如横滨有多少？

史太太：横滨大概四五十人。

史安雄：一般都是一家人全在这。有些家里有多少人,我们不知道,大概四五十人。

采访者：东京大概有多少温州人？

史安雄：我认识的就只有 20 多人。

史太太：没怎么接触,他们有时候来吃饭。

史安雄：打打电话。

史太太：也没怎么接触。

史安雄：一般在日本很少接触到。

史太太：我们在这里和温州人蛮谈得来。他们也喜欢来我们这里,热闹。

采访者：以吃饭和打电话为主。

史太太：我们俩对别人也很客气。大家都是同乡人,过来吃便饭。

采访者：现在这家店是租的,没有买下来？

史太太：对,租的。

史安雄：这家店是租的。

采访者：子女大了以后,你们也有留在日本发展的打算,那有没有以后自己独立开店的打算？

史安雄：想也有这样想。

采访者：也想扎根下来,有自己的事业？

史太太：这家店现在也基本上是他在管了。会长都交代给他了。

史安雄：以我的想法,会长对温州人的帮助很大。

史太太：我们俩有什么事情,他都会帮忙的。

采访者：比如说,具体的？

史太太：最困难的时候帮了我们。

史安雄：我们有事情找他商量,只要他能办到,他就会帮我们办了。这样的温州人很少。有些有钱人不爱帮助有困难的人,他是你有什么困难都会尽量想办法帮忙,他很同情温州人来这里人生地不熟,刚来,什么东西都不懂。你有什么事情找他帮忙,他都是尽量想办法。

采访者：那您当初开这店也是和他商量？为什么从原来那家店转到现在这里呢？

史安雄：原来那家店，老板人也蛮好的，但是路远，在千叶。我们一家子都来日本了(店在千叶，家人在横滨)，两头跑，家里照顾不了。照顾不了小孩。

采访者：小孩在哪里？

史太太：在横滨。

史安雄：小孩在横滨，我在千叶，所以照顾不了。会长有家店，我找会长商量，会长说那你转到我公司，我把这家店给你负责。

采访者：您没跟他商量之前，他也没有打算开这家店的？

史安雄：嗯。我没来的话，他也没想到开餐馆。

采访者：哦，是您来找他，告诉他您的困难，然后他投资这家店。

史太太：他投资一家店，让我们一家人(可以)生活。

史安雄：我在这里工作，又可以照顾好家里和小孩。林会长也蛮相信我，他这家店投资下来，就委托给我。

史太太：这样的老板很少的，数一数二的。

采访者：真的是这样的。你们跟他还不是亲戚。

史太太：对啊，只是认识，也没怎么接触，只是认识。

采访者：2002年到2005年间，在千叶店里工作的这段时间和会长接触多吗？

史安雄：也就是打打电话。

史太太：他很关心大家的，那时候他还没有当会长。

史安雄：他那时候还是副会长。

采访者：你们听到的，他对别的温州人的帮助事迹有吗？

史安雄：我也有听过的。他公司比较大，有些温州人找不到工作，因为大学毕业嘛，找不到工作，基本上，温州人他都收了。

史太太：有人找他商量，他能办的都帮忙办。反正，温州人对他的印象都很好。评价相当好。特别是他对我们家的帮助很大。

采访者：对您子女的帮助呢？

史安雄：我子女还小。等他们大一点，找他商量。

采访者：生活中遇到困难找谁倾诉和帮忙？除了刚才提到的会长。比如在日本生活中有什么困难呢？

史安雄：在日本需要担保的什么的都是找妹夫。租房子啊，担保。会长还不是日本籍，所以我们都找妹夫担保。

采访者：其他生活上的困难呢？

史安雄：其他一般的小困难，我们也不麻烦别人，都是自己克服。真的解决不了的问题，和妹夫商量，和会长商量。

（三）在日本精神很愉悦

采访者：你们在日本的亲戚构成是怎样的？

史安雄：我们有 2 个小孩，大的是儿子，小的是女儿。

采访者：都在日本？

史安雄：对。

采访者：同一年来日本的？

史太太：比他晚 5 个月。我们 3 个人是 9 月 10 号来的。

采访者：那时候是"家族滞在"签证？

史太太：对。

采访者：现在也还是"家族滞在"？

史太太：对的。

采访者：儿子现在在读书？

史安雄：读大学。

采访者：女儿呢？

史太太：也在读大学。

采访者：都挺大了的吧？

史太太：1 个 24 岁，1 个 22 岁。

采访者：您妹妹嫁给日本人，她是什么时候来日本的？ 她有孩子吗？

史太太：有 2 个儿子。

采访者：她已经是日本籍了？

史太太：是"永住"。

史安雄：中国籍。

采访者：那 2 个小孩是日本籍？

史太太：没有，也是"永住"。小儿子已经办"永住"了，大儿子还是 3 年更新一次的签证。

采访者：3 年更新一次的是什么签证？

史太太：也是"家族滞在"签证。因为去中国，又再来日本的，所以还没法办"永住"。

采访者：大儿子是在中国长大的？

史太太：2 个都是在中国长大的,后来带过来的。

采访者：是跟日本人生的吗？

史安雄：不是。

史太太：她带了 2 个小孩过来。和日本人还没有小孩。

采访者：她是哪一年来日本的？

史太太：比我们早 3 年。

采访者：除了她们一家您还有别的亲戚在日本吗？

史太太：没有。

采访者：那您妹妹有没有帮别人办来日本？

史太太：没有。

采访者：你们在日本也有好些年了,在你们的帮助下来日本的有吗？

史安雄：没有。都还没有。

史太太：自己都还管不好,带来干吗？

采访者：对于你们的出国,亲戚们是不是期待日后你们帮他们出国或者你们事业成功了,他们来工作？

史太太：大概有吧,目前我们还没有条件。

采访者：如果日后条件成熟了,还是愿意帮助的。

史太太：当然是愿意的。但我们自己还没有拿到"永住"。

采访者：来了日本以后,和国内联系多吗？

史安雄：联系是有联系的。

采访者：一年回国一次？

史太太：那倒没有。到现在为止我回了两趟国。第一次是全家回去探亲,是来日本待了 5 年之后。第二趟是我爸身体不好,回去见我爸。也有 2 年了。现在我在日本已经 7 年了。

采访者：都是全家一起回去的？

史太太：第二次是我们夫妻俩回去。

史安雄：头一次是全家回去。

采访者：那您的孩子们,来日本后才回国一次？

史太太：他们自己回去过好几趟了。暑假什么的。儿子回去一趟,女儿大概回去两趟了。

采访者：和国内的家人联系，打电话多吗？

史太太：打的。

史安雄：经常打的。

采访者：打电话的频率呢？

史太太：每天都打的。刚刚才打过。我爸身体不好。现在日本打国际电话和一般国内电话一样价格。打给我妹妹和打给我妈妈都是一样的价格。

采访者：和国内的朋友联系多吗？

史安雄：也都是电话联系。

史太太：节日向她们问好。因为在日本也无聊啊，也偶尔打电话，问问情况，开心一下。现在一般都聊子女的话题。

采访者：你们在日本的朋友圈子是怎样的？

史太太：基本上都是温州人。

史安雄：温州人来我这玩的都是朋友。温州人蛮多的。

采访者：除了工作交往外，平时聊天啊吃饭的朋友，一般都是温州人？

史安雄：嗯。占 70%到 80%。

采访者：其他地方的中国人呢？

史太太：也有几个要好的，有什么事情也都帮我们。

史安雄：有天津的，北京的，上海的。

采访者：大概占到 20%？

史太太：嗯，她们来日本都很久了，是老华侨，我们刚来很多事情都不懂，都问她们。她们人很好，都解释给我们听。

采访者：日本朋友多吗？

史安雄：我们和日本人语言不通，沟通不了。日本人也想和我们交朋友，但是我们沟通不了。

史太太：有一对日本夫妇，人很好，我们店开起来到现在一直来吃饭。4 年中，每个月来一两次。每年正月都来拜年。相当好的人。今年正月初二，老太太 65 岁生日，来我这里，让我老公做菜给他们吃。

采访者：你们的日语？

史太太：我们不太会讲，都笑脸对人。

采访者：日常生活的语言是没问题的？

史太太：嗯，日常生活上是没有问题的。在店里工作说说是可以的。那夫妻俩天天说我亲切。他们人很好的，每次走的时候，都跟我说加油，叫我努力加油。

采访者：平时日语是如何学的？

史安雄：也都是工作中，靠向客人学。没有去学校学，有不懂的日本人会教的，日本人人很好。有什么不懂的话，日本人会写给我看。日语跟中文字很像的，我们也能看得懂。

采访者：您的孩子很快就适应日本了？

史太太：他们在这里很好。他们已经有点日本思想，有日本人的风格了，礼节礼貌做得相当好。他们在读书，老师有培训的嘛。

采访者：他们是高中时来的？

史安雄：初中来的。

采访者：直接进入日本的初中读书？

史太太：对。儿子有点困难，来的时候初中毕业了，日语不懂，考不进高中。所以我儿子去了语言学校读书，延误了，所以他读书毕业迟了。

采访者：在语言学校读了1年？

史太太：读了1年多，再考高中。所以比别人晚了1年。女儿比较顺利，来了之后直接插班进去读初中，她刚来日语也不会，直接跟日本人接触，她直接插到日本的学校，女儿也很努力，她老师也很好。女儿日语不会，请了个老师坐在她旁边教。

史安雄：是教育局请的。

采访者：学校安排的？

史安雄：对。

采访者：哦，上课的时候坐在您女儿旁边？

史安雄：嗯。

采访者：请来的是中国老师还是日本老师？

史安雄：日本人。懂中文的日本人。

采访者：后来她跟同班的日本同学直接一起考高中？

史安雄：嗯。

采访者：上高中，上大学，没有耽误。

史太太：女儿没有耽误。

采访者：他们现在在横滨？

史安雄：都在鹤见。

采访者：他们来了以后一直在横滨？

史安雄：对的。

采访者：您是如何加入温州总商会的？

史安雄：加入总商会是因为我们大家都是温州人，温州人要成立商会，我在总商会会长的公司里工作，所以我也加入了。

采访者：有没有想过为了自己以后的发展而加入总商会？这边有同乡会和总商会。

史安雄：我是这样看的，我来了以后，同乡会也没打电话给我。在总商会中呢，会长——原来是副会长——他很关心我们，我们这么多温州人在日本，他经常跟我们通通电话，也经常关心我们有没有遇到困难。每年总商会都有送贺年卡过来，我们也觉得心里有些感动。

采访者：您现在的梦想是？接下来的打算？

史安雄：我年纪也大了，接下来的打算是看儿子和女儿怎么发展，希望子女的路子走好点。

采访者：只要他们好，你们最开心了。

史太太：我们辛苦没关系。当初来也是为了这2个孩子。他们说想来这读书。

采访者：是他们自己提出来读书？

史太太：他们有这个想法。他们想留在日本，觉得日本环境好，在这里已经生活习惯了。

采访者：对他们的结婚对象有什么要求吗？希望他们跟中国人结婚？

史安雄：看他们自己喜欢，我们无所谓。和日本人结婚，和中国人结婚，我们都无所谓。

史太太：只要他们喜欢就好了。你让他去找温州人，如果他不喜欢，你也没办法。

采访者：心里是不是希望他们跟温州人结婚？

史太太：我们生活在这边，（跟温州人结婚）不现实。

史安雄：就算把温州人带过来，有可能在这里也待不住。比如让我女儿直接嫁到温州，她也待不住。她的生活习惯已经是日本的了。她的同学朋友都是日本人。日本的风俗礼节她都习惯了，她一下子到温州还接受不了。

采访者：子女大了，以后有他们的生活，你们以后会选择回温州，还是留在日本？

史太太：看子女吧。

史安雄：大概会留在日本，因为子女在日本，我们老了，需要子女照顾。温州也是会去的，是我们的故乡，有空就会回去，见见亲戚朋友。

采访者：也不一定是过年回国，就是有空才回去。

史安雄：爸妈还在世的时候，道理上过年都要回去的。现在工作太忙了，没有办法（回去）。

采访者：来日这么多年，对目前的生活是如何评价的？

史安雄：现在我在日本精神很愉快，不担心，子女在外面玩迟一点回家也不担心，比较安全嘛。日本这个国家带给我的安全感是很大的。

采访者：现在开始申请"永住"了？

史安雄：时间还没到。

采访者：到了以后会申请"永住"？

史太太：还有 2 年多。

采访者：好的，谢谢你们。

第三节　为了儿子换工作

——张晋　口述

受 访 者：张晋，男，1955 年出生于温州市

采访时间：2010 年 1 月 1 日

采访地点：神奈川县横滨市

采 访 者：郑乐静

录音整理：杨维波，王小丽

文稿编辑：郑乐静

（一）来日本并不是心血来潮

采访者：您是哪一年出生的？

受访者：我出生于 1955 年。

采访者：您是怎么想到来日本的？是哪一年来的呢？

受访者：1992年2月16日来日本的。

采访者：当初是怎么会想到来日本呢？

受访者：当初来日本是因为亲戚关系。因为有血缘嘛，有日本血缘关系，那所以呢来日本的。

采访者：那您当初的签证是？

受访者：我的签证是"定住"①。

采访者：能介绍一下您在日本的亲戚关系吗？

受访者：指哪一方面？

采访者：在您来日本之前，在日本有亲戚吗？

受访者：老婆的奶奶是日本人，她姓花田。所以是因为血缘关系来日本的。

采访者：当初是您太太跟您一起来的吗？

受访者：她先来。

采访者：是哪一年来的？

受访者：她是1991年8月份来。

采访者：那她现在的国籍是？

受访者："永住"。

采访者：还是中国国籍？

受访者：嗯。

采访者：您也是"永住"？

受访者：对。

采访者：那您下面有几个孩子呢？

受访者：我小孩子还是1个。

采访者：儿子还是女儿？

受访者：儿子。

采访者：他是哪一年来日本的？

受访者：他和我一起来的。

采访者：就是1992年？

---

① "定住"是日本政府发放给外国人的在留资格的一种，允许指定期间内留在日本。"定住者"和日本人及"永住者"一样，在就业上并不受限制。

受访者：嗯。

采访者：他来的时候蛮大了吗？

受访者：来的时候才 10 岁。

采访者：他是？

受访者：也一样是"永住"。

采访者：在您太太来日本之前，在日本有亲戚吗？

受访者：有啊。

采访者：大概是怎样的状况？

受访者：现在亲戚那边都是开中餐馆的。

采访者：奶奶下面来了几个人？

受访者：她爸爸妈妈是回去了，回中国了。

采访者：他们下面几个孩子？

受访者：多了。4 个。大女儿，二女儿，儿子，三女儿。我太太是大女儿。

采访者：二女儿也过来了？

受访者：都来了。

采访者：她丈夫是温州人？

受访者：嗯。

采访者：然后儿子结婚了，太太也是温州人？

受访者：嗯。

采访者：然后三女儿呢？

受访者：也是和温州人结婚了。都是结婚后来的。

采访者：二女儿下面是？

受访者：2 个女儿。

采访者：儿子下面是？

受访者：3 个儿子，1 个女儿。

采访者：我是想了解一个人带出来的家族有多大。

受访者：我数数看。三女儿是 4 个孩子，儿子下面是 4 个孩子，老二是 2 个孩子。加上我家 3 个人，一共是 19 人。

采访者：奶奶下面就是爸爸 1 个人吗？

受访者：对。

采访者：就 1 个儿子？

受访者：对。

采访者：奶奶是在日本吗？

受访者：奶奶现在过世了。现在她爸爸也 80 岁了。

采访者：奶奶来日本以后一直生活在日本？

受访者：不，在中国。一直生活在中国，1945 年日本投降以后，她爷爷就带着她奶奶回中国了。

采访者：您太太的父亲是在中国出生的吗？

受访者：在日本出生。

采访者：哦，有出生证明才回日本来的？

受访者：对，对。没有出生证明的话，你是查都查不到。因为她的奶奶是日本人，她的户籍还在，在秋田县，那么她爸爸的户籍也是在秋田县。

采访者：她爸爸已经落户了是吧？

受访者：嗯，她爸爸是 4 岁以后回中国的，所以他的户籍现在都能查得到。

采访者：哦，所以说除了出生证明以外，还有户籍证明，所以他能回日本来。您当初来日本纯粹是有亲戚关系来，还是想来创业？

受访者：来日本的主要目的并不是来赚钱。最重要的是因为日本在科学方面比较发达。那么来学点技术，是吧。第二个方面是也想来见识见识国外的发展情况。这两点是主要的动机。第三个方面，赚钱也是一个原因。

采访者：去国外有很多的选择，为什么选择日本呢？

受访者：选择日本并不是心血来潮，而是因为有亲戚关系，过来比较方便。反正到其他国家去语言也是照样不通。同样在语言不通的情况下，毕竟日本和中国是近邻，这是一个方面。另一个方面，有亲戚，那么就不需要花很大的精力出国，给自己带来了方便，所以选择日本。

采访者：能讲一下 1992 年您来日本后的经历吗？特别是刚来日本的那段时间。比如下飞机后是亲戚来接的吗？刚来时住在哪里？

受访者：第一天来日本的时候，亲戚来接。住宿方面，老婆先来的，已经租好房子了。在亲戚的帮助下先租好了房子，来了就有居住的地方。

采访者：您刚来日本也需要办很多手续，这些是不是他们也提供了很大的帮助？

受访者：办理手续呢，也都是靠亲戚（温州人）、朋友（温州人）的帮助。不然的话，连区役所在哪里都不知道。语言不通，路不会走。

（二）孩子的读书问题

采访者：办完手续后，是怎样开始生活的呢？

受访者：住下来以后，第一点考虑的是孩子的读书问题。因为他来的时候才10 岁，读三年级。

采访者：您是怎么解决他的读书问题的呢？

受访者：读书问题也是亲戚帮助解决的。这些方面都是靠亲戚帮助的，如果没有他们的帮助的话，没有办法解决。

采访者：比如找学校都是他们帮助的？

受访者：找学校是不用的。日本学校是确定的，你住在哪个区域，就在哪个区域的学校读书，不允许你自己挑选的。

采访者：您孩子一来就插班进去读同一个年级还是降了一个年级？

受访者：同个年级。

采访者：解决了孩子的读书问题后，接下来呢？

受访者：接下来就是打工，养家糊口。

采访者：第一份工作是？

受访者：中餐馆。

采访者：第一份工作是谁帮您介绍的？

受访者：温州亲戚的帮助，是在他的介绍之下找到的。

采访者：这份工是全职的吗？

受访者：是。

采访者：在打工的过程中，您有碰到什么问题呢？

受访者：一个是语言方面，因为在打工的时候，在横滨中华街打工，都是中国人，方便很多，语言方面就不成问题。语言问题就解决了。在一边打工的情况下，一边学习日语。

采访者：您是怎么学日语的？

受访者：那就是靠自学啊。

采访者：是在跟顾客的交流中学会的？

受访者：就是自己回家晚上学习。中午休息时间和每周休息日来学习日语。

采访者：从书本上学？

受访者：书本上，还有录音带，请教店里的老师傅，请他指导。

采访者： 老师傅是中国人？

受访者： 是。

采访者： 不是温州人？

受访者： 不是。等语言上没有问题了再去创业，是不可能的事情，时间上是不允许的。只能一边创业一边学习日语。

采访者： 那您在这家中餐馆一直做到创业吗？

受访者： 不是的。在这个当中，孩子碰到问题，第一个语言不通，三年级学科的学习成绩跟不上去；再加上和同学之间无法沟通的情况，有时候会打架；还有学校的学习用具整理不好，不完整，那么会被同学欺负。在这样孩子不安心的情况下，那只能是搬家。搬家到静冈地区。在静冈的建筑公司打工，打了1年多时间。在这种基础上，也积累了一定的资金，就自己创业开中餐馆，1995年9月份。

采访者： 开在静冈？

受访者： 开在沼津市。哦，不是沼津市，是在川崎市幸区，第一家中餐馆。

采访者： 静冈和川崎离得挺远的，您是怎么想到到川崎开店的呢？

受访者： 为了自己创业，不惜一切代价，重新回到横滨的中华街学习开中餐馆。1994年重新搬回横滨中华街。

采访者： 您孩子也跟着您一起过来？

受访者： 嗯，一起过来。在这种情况下，孩子的语言问题已经解决了，和同学就能沟通了，和同学关系很融洽，也适应了日本的生活。在这种基础上开第一家中餐馆"上海酒家"。

采访者： 您这家店一直开到现在吗？

受访者： 后来到了2001年，为了扩大店铺，在川崎西口开了第二家店，也叫"上海酒家"。

采访者： 后来又是怎样的发展情况呢？

受访者： 自己创业了以后，工作就比较顺利。

采访者： 那您这两家店都是您一个人在管理吗？

受访者： 对，我自己一个人在管理。

采访者： 两家店同时开着？

受访者： 前一家已经关了。

采访者： 前一家开到什么时候？

受访者： 2001年。把原来的店关了再开新店的。

采访者：厨师就您一个人？

受访者：员工方面一般雇的是中国人。兼职的呢有日本人，点菜雇日本人，怎么讲呢，厨房里雇日本人的话，比较难沟通，所以厨房里雇中国人。

采访者：在您的帮助下来日本的有吗？

受访者：没有。

采访者：对于您的出国，在国内的亲人对您是否有期待？

受访者：这些是很难讲的。当时中国经济落后，在经济上帮助父母亲和兄弟姐妹也不奇怪。给父母亲点钱，也是自己的本分，是应该做的事情。说帮助兄弟姐妹发展，这个话就说不上来了。只能是说适当地给予生活上的补贴吧。

采访者：您来以后和国内联系的频率是怎样的？

受访者：联系的频率和时期有关系。如果家里都平平安安的话，联系频率就比较低；万一家里有事的话，就及时地回家。也没有固定一年回家一趟这样。

采访者：平均下来？

受访者：大概三年回去一次。

采访者：我调查的目的是想了解在日本的温州人的生活状态。

受访者：温州人是比较团结的一个集体。温州人如果有什么困难，老乡会出来帮助。比如说当温州人遇到困难的时候，一打电话给老乡，那么老乡就不会顾及自己的时间，出来帮助。比如说，像我们温州一位老乡，他犯了点小错误，被警察抓了——这其实是我自己个人的经历——我就把店铺关掉，去警察局保他，把他保出来。我不只帮了1个，而是帮了2个，担保了2个。比较突出的是温州总商会会长林立，林先生，他帮助温州人的事迹比较多。

采访者：当初您也参加同乡会了，是吗？

受访者：我当初是同乡会的人。现在我从同乡会退出来了。

采访者：您是哪一年加入同乡会的？

受访者：1992年。

采访者：为什么加入同乡会？

受访者：加入同乡会，因为在同乡会的帮助下，可以解决不少问题。当时的同乡会会长是潘宝吉，当时他在沼津市把温州人集体带出来。沼津市不是渔港嘛，他带研修生出来，带动了温州人出国深造，为温州人带来了便利。

第七章

多元化的温州商人

改革开放以来,大批中国新移民以各种渠道和形式赴日,他们的到来使得在日中国人社会在规模和构成上发生了巨大的变化。与靠着"三把刀"艰辛打拼天下的老华侨华人不同,新华侨华人呈现出了高学历、高素质、高技术等特征,突破了老华侨华人以裁缝、理发和餐饮为主的传统行业,开始涉足高科技、制造业、通信业、批发销售、进出口贸易、金融保险、房地产、医疗以及其他服务行业,朝着多元化方向发展。

随着中国经济的崛起,中日两国间的经济联系日益紧密,拥有高学历、专业技术的新华侨华人群体呈现出较高的创业积极性。日本侨报社总编辑段跃中指出,新华侨华人创业者首先从面向中国人的食品店、中文书报和录像带租赁店等起步,逐渐开拓贸易、制药、信息技术、传媒文化等高新领域。[1] 其中新华侨华人创办了大量 IT 企业,引起日本社会的极大关注。1998—2000 年为日本华侨华人 IT 企业的鼎盛时期,当时仅东京周边就有 1000 家左右华侨华人创办的 IT 企业。[2] 经过在日本几十年的打拼,华侨华人企业的实力也在不断提升,一些大企

---

① 段躍中.在日中国人(新華僑)の日本各界における活躍.21 世紀中国総研編.中国情報源 2010—2011 年版.東京:蒼蒼社,2010:110-113.

② 鞠玉华.日本新华侨华人状况及未来发展走向论析.世界民族,2006(2):41.

业陆续在日本上市,如 Softbrain 株式会社①、EPS 株式会社②、SJI 株式会社③等知名企业。这些企业有一个共同的特征,其创办者多为 20 世纪 60 年代出生、80 年代初赴日的公费留学生,取得博士学位,从事高新技术行业。

以下通过日本最大的华商组织——日本中华总商会的会员企业构成来一窥现今日本的华商状况。

日本中华总商会成立于 1999 年 9 月 9 日,是以在日华侨华人以及有中资背景的在日企业为主力的非营利公益团体,也是日本最大的华人经济团体。截至 2013 年 3 月,日本中华总商会有会员企业近 300 家,会员企业所从事业务广泛涵盖信息、能源、金融、贸易、加工、运输、环保、服务等领域。其中以华侨华人经营者为主体的 230 家正式会员企业当中,有 6 家在东京证券交易所上市。据最新统计,正式会员企业注册资金总额超过 300 亿日元,员工 14000 余人,最近的年销售额超过 2200 亿日元,下属子公司达到 230 余家。而以日本企业和跨国公司构成的赞助会员企业,则达到 70 家,其近半数是上市大型企业。当中有日本最大的外资银行、外资生命保险公司,日本最大的会计师事务所、律师事务所、审计事务所,日本最有活力的证券公司,日本最大的高尔夫球场运营公司,以及各种新兴商业领域的领军企业。据不完全统计,赞助会员企业注册资本总额超过 3 兆日元,员工 12 万余人,最近的年销售额超过 9 兆日元,下属子公司 1000 余家。④ 现有的会员企业,除数家老华侨华人企业和中资企业以外,绝大多数是新华侨华人创办的企业。会员企业的经营行业分布如图 7-1 所示。

---

① 宋文洲(1963 年出生,山东威海人,1985 年作为公费留学生赴日)于 1992 年创办 Softbrain 株式会社,2000 年 12 月在东京 MOTHERS 市场上市,开创来日中国人创办企业在日上市的先例。
② 严浩(1962 年出生,江苏张家港人,1981 年作为公费留学生赴日)于 1991 年创办 EPS 株式会社,2001 年 7 月在东京创业板(JASDAQ)成功上市。
③ 李坚(1961 年出生,北京人,1981 年赴日留学)毕业后进入 SJI 株式会社(创办于 1989 年),1998 年升任总经理,2003 年成功带领 SJI 株式会社在东京创业板(JASDAQ)上市。
④ http://www.cccj.jp/? mid=1&lan=zh,2016-07-25.

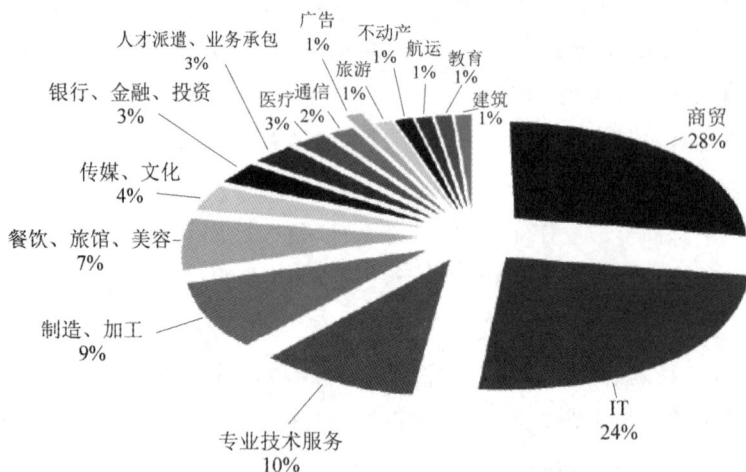

图 7-1 中华总商会加盟企业经营行业分布

资料来源：廖赤阳.日本中华总商会：以"新华侨"为主体的跨国华人经济社团.华侨华人历史研究,2012(4)：25.(原文数据如此)

从图 7-1 可以看出,总商会的会员企业中半数以上经营商贸与 IT 行业,各占 28％和 24％,而餐饮等传统产业仅占 7％。从事商贸行业者,在 20 世纪 80 年代至 90 年代初,以中国食品店和杂货店为中心,以中国食材、杂货、美术工艺品、古董、中药等的进出口为主,近年来拓展到了矿产、服装、皮革、建筑、电器、医疗仪器等多个领域。IT 行业需要高端的专业知识和技术,且创业所需资本较少,所以比较受理工科的新华侨华人青睐。现在日本共有 600 多家华侨华人 IT 企业和 2 万多名中国工程师,2016 年 7 月 4 日,200 多名来自日本各地的 IT 企业家会聚一堂,宣布成立行业侨团"一般社团法人日本华人 IT 企业信用协会"。

日本温州总商会作为日本最早成立的地方性商会,于 2000 年 5 月在横滨成立。总商会成立后吸引大批温州籍新老华侨华人创办的企业加入其中。

温州商人在日本的创业轨迹,基本上也是遵循了从传统的"三把刀"行业向多元化行业发展的方向。

20 世纪 90 年代以前因继承产业、家族团聚、跨国婚姻而赴日的温州人,由于没有特殊技能,所以比较倾向于加入创业门槛较低的餐饮业。而 90 年代以后随着留学生、技术移民和投资移民的增加,这些具有高层次知识能力的新温州商人,开始在经贸、科技等领域初露头角。现今的温州商人主要在东京、横滨等大都市,从事餐饮、贸易、IT、建筑、美容等行业。本章的 5 位受访者中,2 人经营中餐馆,1 人经营整体院和美容仪器公司,1 人经营贸易公司,还有 1 人从事城市温泉行业。

近年来,温州人作为新崛起的移民群体,其足迹遍布全世界 130 多个国家和地区,而温州商人更是以其独特的经营模式在海外崭露头角,引起了国内外学者和媒体的关注。海外温州人的商业发展具有许多相似之处,同时也根据移居国的不同社会状况而呈现显著的地域特点。

日本的温州商人和欧洲的温州商人在移民初始,都经历了从"卖散"起家到开办中餐馆的原始资本积累阶段。

20 世纪初,温州人携带雨伞、青田石等小商品赴日销售。当从国内带来的商品售罄或者销路不好时,他们就在日本当地的商铺购入六神丸、人参糖、樟脑丸、草鞋、皮包和自来水笔等,以提篮叫卖的方式,在日本各地挨家挨户贩卖商品。受 1923 年关东大地震和三四十年代中日关系的影响,虽然绝大多数温州人回到了中国,但仍有一小部分温州人留在了日本。他们利用"卖散"积累的资金,开始转行开中餐馆。本书第一章中的受访者潘氏家族和林氏家族均由其祖辈在 20 世纪初赴日行商,而后在三四十年代开办中餐馆,传承至今。

欧洲的温州人也是从小本生意和小百货做起。20 世纪三四十年代,在巴黎、伦敦、汉堡、鹿特丹、维也纳等城市,出现了很多走街串巷的温州商贩,他们手里拿着的、手腕上挂着的、随身小包里装着的,多是些廉价的项链、手袋、皮包和青田石等工艺品,向当地人推销。① 随着资产的积聚,一些人从游商变成坐商,另一些人转向开办中餐馆等。

不论是在日本还是在欧洲,温州小商贩的职业特征都是流动性大,收入和生活不稳定,经常受到警察的盘问,在夹缝中寻求商机。

改革开放以后,特别是 20 世纪 90 年代以来,温商之所以驰名海外,是因为其在欧洲和美国所取得的不凡的商业表现。张一力总结出海外温州籍新移民典型的创业历程:"由于国内没有好的就业或创业渠道,他(她)通过合法或者不合法的途径到了欧洲或者美国等地开始创业。第一阶段,创业者会在一家熟悉的温州人餐馆或者箱包厂等行业做工,用有限的工资支付高额的出国费用,并积攒余钱。大概需要 3 至 4 年的时间,创业者才会有机会独立创业。大多数情况下,第一个创业行业一般为其海外最初的就业行业,很可能就是餐饮、服装鞋帽、箱包等温州人的传

---

① 李明欢.欧洲华侨华人史.北京:中国华侨出版社,2002:91.

统行业;第二阶段,创业者再经过 2 至 4 年努力,其企业规模逐渐扩大并可能会跨行业扩张和并购;第三个阶段,创业者会发掘机会并从事贸易、房地产等更高层次产业;第四个阶段,在积累了大量财富的基础上,创业者会积极利用国内各种优势资源,将大量低成本的国内商品销售到所在国及周边市场,并可能筹备建设中国产品批发市场,从而转型成为商业地产开发商。"①

　　欧洲的温州商人主要集中在法国、意大利、荷兰等国。传统行业中餐饮业仍然占据很大比重,尤以荷兰为多。从事皮革业和服装加工业的温州人主要集中在法国和意大利。在法国,温州人主要集中在巴黎三区的庙街和博布尔街之间的几条小街,十一区的伏尔泰街,十九区和十一区及二十区交界的美丽城和十八区的拉沙贝尔,②以生产和经营皮包为主。而意大利政府自 20 世纪 80 年代以来对待移民的宽松政策吸引了大量温州商人涌入,他们主要从事餐饮业、贸易业、制衣业和皮革业。从事制衣业的温州人集聚在著名的纺织品集散地普拉托省。该省总人口为 22 万人,其中华侨华人多达 4 万人,而温州人就有近 3 万人。③ 温州人的制衣工厂和贸易公司云集在普拉托郊区的 Iolo 地区和 Tavola 地区,而市内的 Via Pistoiese 街道附近形成了"温州城"。从事皮革业的温州人以佛罗伦萨为主要商业活动中心。1983 年温州人经营的皮革工厂仅 6 家,1990 年增到 400 家,现在仅 Osmannoro 地区就有 1000 余家。而美国的温州商人作为 20 世纪 90 年代兴起的移民群体,在外贸、商品集散、大型亚洲超市和酒店餐饮业等领域都有亮眼的表现。④

　　改革开放以后赴日的温州商人虽然在日本的华商中占据一定的地位,但是在人数和企业规模上远远不及欧美的温州商人。尽管如此,他们在经营行业、集资方式等企业运作方面也呈现出一定的相似性。制鞋是温州的传统行业,日本的温商也借助这一优势,创办贸易公司,将温州的皮鞋引入日本市场。与意大利和法国的温商在当地开设皮革工厂不同的是,日本的温商由于日本距离温州比较近,大多把工厂直接设在温州,因此在日本没有规模巨大的皮革制造公司,取而代之的是机动灵活的贸易公司。

---

① 张一力.海外温州商人创业模式研究:基于 32 个样本的观察.华侨华人历史研究,2010(3):17.
② 王春光.流动中的社会网络:温州人在巴黎和北京的行动方式.社会学研究,2000(3):110.
③ 周欢怀.海外华人企业探究:以佛罗伦萨的温商企业为例.企业活力,2012(9):61.
④ 赵小建.从纽约到罗马:海外温州人经商理念、创业模式和运作特点探析.华侨华人历史研究,2016(1):2.

　　海外创业首先要面临的问题是资金。欧美的温州人大多是支付了高额的出国费用才得以移民，所以他们到了移居国之后，往往在温州人企业里做工挣钱还债。赵小建对美国的福州移民研究发现，"一个典型的福州移民通常会先在同乡经营的餐馆打工，挣钱还债。打工让他们熟悉了餐馆的运作，有志创业者也常常以当餐馆老板为目标。从还清债务到积累足够的资本开业，福州移民通常要在餐馆打工多年。与此不同的是，打工多年的温州人并不多"①。这是因为温州人比较渴望自己当老板。他们往往忍受不了以替人做工的方式积累资金，而是求助于同乡集资。"合会"是根植于温州地区的一种民间传统集资方式，也被海外温州人广泛利用。"合会"是指会首邀集2人以上为会员，以互助为目的，互约交付会款及标取（合会金）的活动。"合会"在温州民间俗称"呈会""抬会""标会""资金互助会"等，往往是已经在移居国站稳脚跟的先来者们共同出资帮助后来者创业，所以温州人能够在比较短的时间内创业当老板。

　　日本的温州商人在创业初期，也同样是借助同乡网络筹集资金。本章的受访者王乡说："那时候已经认识我老婆了，2个人一起凑钱1000多万日元，那时候1000万日元很难的，2个人在日本赚的钱加起来才七八百万日元，到国内的朋友那里借用些钱，总共1000万日元。"第六章的受访者鲁洁创业时的资金除了打工积累之外还向弟弟借了钱："以前我弟弟也在这里的。开店的投资也不大的，就七八百万日元，从我弟弟那里借了点。"②这种融资方式，在温州总商会中尤其明显。温州总商会于2009年提出以商养会的理念，成立了投资资金会，"投资资金呢，是各个人投资进来。也是为大家都能赚些钱吧。因为很多人是上班的，工作的，自己做生意的，可能有些剩余的钱，不知道怎么操作，我们的投资也不是很多，一口是50万日元嘛，50万日元投我们这个商会是没有风险的，我们商会承担所有的风险，3年后如果不继续投的话，我们可以还给他。如果赚了钱，总商会扣一点手续费，其他全部分红"③。

---

　　① 赵小建.从纽约到罗马：海外温州人经商理念、创业模式和运作特点探析.华侨华人历史研究，2016(1)：5.
　　② 摘自笔者于2010年4月26日在东京都采访鲁洁的访谈笔记。
　　③ 摘自笔者于2009年12月27日在东京都采访日本温州总商会会长林立的访谈笔记。

第一节　研修生到经营者的华丽转身

——王乡　口述

受 访 者: 王乡,男,1963 年出生,原籍河南,父亲是温州人,母亲是河南人,7 岁时随父母回温州

采访时间: 2010 年 1 月 9 日

采访地点: 神奈川县川崎市

采 访 者: 郑乐静

录音整理: 杨维波,王小丽

文稿编辑: 郑乐静

(一) 研修生、就学生的日子

采访者: 能否讲一下您为什么来日本以及来日本以后的经历?

受访者: 我参加工作比较早,1980 年参加工作。那时候中国刚开放,静冈县潘宝吉牵头从温州带水产研修生来日本。我是第一批派出来的研修生,作为副团长出来的。

采访者: 您第一次来日本是去了静冈县?

受访者: 团长有 3 个,团长是党员,2 个副团长,1 个管经济,1 个管安全保卫。我是管安全保卫的。第一批是 40 个人,那时候很好,研修完,大家一起回温州,没有任何人逃掉。

采访者: 是哪一年来的?

受访者: 1986 年。

采访者: 1986 年做到什么时候?

受访者: 到 1987 年。没有人逃掉,大家对我评价很高。研修是在沼津,当时是有宿舍住的,现在这个宿舍没了。我是 1987 年回温州的,第二次来日本是 1989 年。

采访者: 以什么身份?

受访者：留学生。[①]

采访者：读语言学校？

受访者：嗯。

采访者：在哪里？

受访者：池袋。

采访者：签证是谁帮您办的？

受访者：都是自己弄的。

采访者：没有通过中介？

受访者：没有，是原来在日本静冈打工的地方的日本人帮我做担保的，是水产公司总经理的妈妈。我在那里做事情很认真，她很欣赏我，她帮我办过来读书。

采访者：1989 年就开始读语言学校？

受访者：对。

采访者：读到什么时候？

受访者：1991 年。

采访者：然后呢？

受访者：在日本工作。

采访者：进入日本人开的公司？

受访者：对，对。

采访者：是什么行业？

受访者：服务行业。就在这个公司做，派遣到别的公司去。就好像打工一样的，就是做技术的。手续上是正社员，实际上是打工。反正我打的工很多，刚来的时候是菜店，卖菜。

采访者：是指您来日本的第一份工作？

受访者：嗯。蔬菜水果店。第二份工作是烤鸡肉串店。

采访者：第一份工是怎么找到的？

受访者：是前辈同学介绍的，中国人，不是温州人。

采访者：您刚来日本是语言学校去接？

受访者：没有，是自己来的。是温州老乡来接的。就是第一次我们一起来的，团里面的一个翻译。他先来日本的，他比我早一点过来。

---

① 确切地说应该是"就学"在留资格。

采访者：他是什么时候来的？

受访者：我是 1989 年 3 月 5 号来的，他是 1988 年年中来的。

采访者：那时候您认识的温州老乡就是他一个人？

受访者：嗯。

采访者：来日本后住在他那里？

受访者：住了 1 个星期，那里还住了另一个温州人，和那个人一起搬出来住，房子很小，他也来得比我早，说不定比我迟。翻译的房子很小，只有 4 帖半。① 我们自己搬出来住的房子也是 4 帖半，一个月 2 万日元左右，很便宜。

采访者：房子是自己找的？

受访者：嗯，通过房屋中介。我在温州时就会讲日语了。

采访者：在日本的 1 年内学会的？

受访者：在日本的 1 年还不会讲日语。回温州在培训班里学的。

采访者：那您为什么在 1989 年再次来日本？

受访者：那时候日本很先进，中国很穷，和现在的中国完全不一样。那时候刚开放，温州一个月的工资 70 元到 80 元，而日本一个月的工资是 25 万到 30 万日元。那时候是日本最好的时候。还有，日本的经济环境非常成熟，社会也是。中国什么都刚开始，日本那时候就已经很成熟了，卫生、人际关系、法律方面都比较完整。

采访者：当初您是想来留学呢，还是创业？

受访者：比起留学来，主要是来打工，赚了钱回温州。当初很单纯的，读书是没想的。1989 年的时候 25 岁了，不想学习。那时候想来学习的人几乎没有。那个时代没有。

采访者：除了赚钱，有没有想到创业？

受访者：有。不过是赚了钱，到中国去做生意。那时候认为，日本是别人的国家，做生意做不大。

（二）创业路上三次大失败

采访者：您讲到您在公司工作？

受访者：哦，就是在那里拿了签证，工作都是自己去找。和那公司没有关系。

---

①　日本榻榻米（畳）的传统尺寸约为宽 90 厘米，长 180 厘米，面积约为 1.62 平方米，一张榻榻米的面积称为 1 帖，4 帖半约为 7.29 平方米。

这段时间,我打工的地方很多,蔬菜店,烤鸡肉串店,我在饭店打了 7 年工。出来后在一家拉面店做了 3 年,其中当了 2 年店长,我在那里工作表现很好,那里也有 1 个温州人,是我叫来的。这家拉面店里,日本人也有,中国人也有,全部员工有 7 个人。我当店长的时候,这个店我管得挺好的,一个月的营业额也有 800 万到 1000 多万日元,这家店一共有 26 个位子。在那以后,有人找我一起开店。有个认识的朋友,是台湾人,在新宿有家店,开不下去了,叫我过去一起开。

采访者:哪一年?

受访者:10 年前,不到 2000 年,1998 还是 1999 年,我记不清了。一开始是我帮他做,但是管理方式方面不一样,我就退出了。半年后,听说那家店关了。那时候已经认识我老婆了,2 个人一起凑钱 1000 多万日元,那时候 1000 万日元很难的,2 个人在日本赚的钱加起来才七八百万日元,到国内的朋友那里借用些钱,总共 1000 万日元。那时候还有一个温州人合作开。那时候刚好在筹办日本温州总商会。但是这家店开得不成功,第一次合作,大家互相之间意见不同,就分开了。分开后,继续开了 4 年左右,这家店还是不行了,就关了。这家店,生意也一般,但是不赚钱,就关了。那时候亏掉很多钱,就是我和老婆的钱全没有了。这是最大的失败。那时候同时我也做内装,专门面向中国人的装修。内装也是和一个温州人一起合作,我当总经理,他当部长①,做了 3 年,不过做得一塌糊涂。这个温州人现在还和我一起,也是我现在公司的董事之一。内装不但不成功,还亏空了好几千万日元。他现在还在做内装。我损失很大,他也损失很大。还有一个温州人,我和他合作办华人报纸,也亏了几百万日元。李小牧②你知道吗,就是写了《歌舞伎町案内人》的,这报纸本来是他的,他经营不下去,我接手下来帮他做。做了 1 年左右。

采访者:是哪一年的事情?

受访者:和开第一家店的同一时期,2000 年到 2005 年之间吧。为什么把报纸关掉呢,李小牧让我还他,再一个我们也没有利润,所以就停了,以前这个报纸叫《侨报》。我还给他以后,他就停办了,现在就消失了。

采访者:为什么还给他,他关掉?

受访者:他本来就经营不下去嘛。我们接手下来不赚钱,他嘛,自己还想做,不过拿过去嘛,就没有了。有可能他拿过去以后转手给别人,报纸的名字变了,这

---

① 日本公司中的"社长"相当于中国公司的总经理,"部长"相当于各部门领导,比科长高一级。

② 李小牧,1960 年 8 月 27 日出生于湖南省长沙市,1988 年留学日本,2002 年出版了畅销书《歌舞伎町案内人》(角川书店)。

个我们就不知道了。在这里我和那个温州人一起,2个人也亏了好几百万日元。这是第三次失败。4年前,2006年5月5号,在我内装失败的同时,在横滨开了第一家日文叫"安売り"、中文意思是薄利多销的饮食店,卖和食的,什么都是300日元。那时候在日本大型的300日元均一店还没有,就是说小的有,大型的还没有,我们开的是大型的。位置可以坐到80多人,一开始就做得非常成功。第二家店花了很长时间,将近1年,在2007年的5月5号,在千叶开了第二家店,千叶店叫"まるやす",再在同年的12月份开了龟户店,叫"マル安"。但是这时候我们已经用"マル安"登记商标,注册"マル安　株式会社"。2008年10月份左右开川崎店,叫"三百円市場",这是和日本朋友一起合作的,后来我就开始撤去了,去年(2009年)年初,我把自己的股份转让,就撤去了。

采访者:第一家到第三家,您都还开着,对吗?

受访者:对,接下来我们就速度加快了,2007年的9月,在樱木町开了"マル安"。2007年12月份开了家日出町店,也很近的,叫"300宴商人",这是第一家"300宴商人"。接下来就是锦糸町开店了,2008年的2月份,叫"300宴商人",但是这家"300宴商人"是第一家中餐馆,也是一家300日元均一店。2008年5月份,日本的公司加盟我们,在町田,叫"300宴道楽"。半年后,我们就撤出了,由他们自己在开,现在还开着,我们完全撤出了,没收加盟费。2008年5月到2009年5月几乎没新开店。2009年5月在大森开了店,这店比较大,有100多坪①,开得非常成功,也叫"300宴商人"。以后嘛,就在2009年7月份,我们在四街道,靠近成田机场,又开了一家比较大型的店,也是"300宴商人",这些(指大森店、四街道店)都是中餐馆。2009年9月份,把总公司从秋叶原搬到西川口,这幢楼,我们租过来,总公司里面也有家店,叫"マル安",和食店。有停车场,一楼、二楼是店铺,三楼是事务所,四楼、五楼是员工的宿舍。今后会成为我们的人才训练中心。那么2009年11月份到大阪,准备开店。12月16日大阪店开业。我的故事就是这么简单,一直从事饮食业,中间有两个小插曲,办报纸和内装。

(三) 筹办总商会

采访者:您也是总商会的发起人之一,您为什么有这个想法?

受访者:当时温州年轻人来得比较多,和老一辈华侨沟通不是很好,有代沟。

---

① 坪,土地或房屋面积单位,1坪约合3.3057平方米。

那么我们想呢,当时做生意成功的很少,也就是少数几个人当时做得还可以。有2年左右。当时我住在东京,他们住在横滨。有空来玩,就认识了。就想到能不能成立一个组织,大家沟通沟通。那么,当时中国正好流行搞商会,当时正好日本的中华总商会成立。他们比我们早3个月,当时他们也在筹备当中,我个人和他们有来往,那么,我们也成立了温州总商会。第一任会长是余建华。

采访者:他现在还在日本吗?

受访者:他还在日本,但是最近几年去中国做生意。

采访者:当初的筹备小组有几个人?

受访者:主要是我、林立、王平。王平是我们的事务局里的。事务局是我一手弄起来的,事务局长叫刘晓,因为我们都不是高级知识分子,她是温州师范学院毕业的,我让她当事务局长,另一个是蔡向真,也是事务局的成员,还有一个是蔡正绍。

采访者:名单上没有蔡正绍。

受访者:蔡正绍是和我一起来日本的,我当副团长,他也当副团长,他是管经济的。

采访者:当初筹备的时候,最主要是几个人?

受访者:我、林立、王佳泓。商会章程等都是我和我太太拟的。因为当时大家对电脑不大熟悉,所以商会章程都是我和我太太弄的,刚开始是这样。以后就是他们自己弄了。后来商会的操作过程和我当时创办商会的初衷不一样,我脱离了商会。

采访者:大概是什么时候?

受访者:是2002年左右。在刚成立的2年内,温州总商会很活跃,甚至有超过中华总商会的趋势,每次聚会,我们人也多。我们温州人在这里开店比较多,两个星期或三个星期一次,到哪个店里去聚会,聚会的时候一个人负责出3000日元,大家互相交流,拉拢人际关系,后来,觉得这种操作方式太麻烦了,就停了。商会是还在的,但是没有什么活动,后来我就退出来了。商会就是大家沟通好后,一起去做什么,如何带领大家做生意,大家在一起做些研究,或者请一些日本的教授啊经济学家来教我们如何做生意,在日本做生意,法律方面都要懂,这些方面教给我们一些经验。但是后来商会没有做到这一点,我认为商会已经失去意义了。还不如叫同乡会,或者朋友会。商会一直在这样的情况下维持着,也没消失,也没壮大。但组织形式还是每两年更选一次,现在已经10年了。第一任是余建华,第二任是吴晓斌,第三任是林立。就是说虽然没有什么大的作为,但是还在维持着。但是将来,就是从现在开始我觉得商会还会有发展。我估计啊,我现在是不参与,但是作为一个外围的人,有些事情大家一起商量。

采访者:您太太是温州人?

受访者:不是,她是辽宁人。

采访者:在日本,您认识的温州人有多少人?

受访者:有 50 人左右,因为温州总商会的人几乎都认识。

采访者:这些人都分布在哪里,各占多少比例?

受访者:横滨 70%,东京 10%,大阪 10%,静冈 10%。

采访者:您在这里的家族构成是?

受访者:我和太太 2 个人,下面没有孩子,我们 2 个人都是中国籍,没有别的亲戚。

采访者:在您的帮助下来日本的人有几个? 和您是什么关系?

受访者:我帮人来日本很少,就蔡正绍,是温州老乡,是朋友。

采访者:您的出国,是否背负着提升整个家族命运的殷切期待?

受访者:有,在电器方面,那时候中国经济比较差,所以会带日本的电视机回去。现在没有。有可能有这种想法,但结果上是没有的。

采访者:您来日本后,和国内的联系多吗? 比如回国次数,和国内家人的联系频率,和朋友的联系频率。

受访者:就是电话联系比较多吧,回国次数比较少。来日本后,和过去的朋友几乎没有联系,就是和自己关系好的朋友,大家都有家庭了嘛,联系就少了。打电话,过去比较多,现在越来越少。

采访者:您在日本的朋友圈里,温州人、其他地方的中国人、日本人的比例各为多少?

受访者:现在的朋友圈中,温州人占 10%,其他地方的中国人占 30%,日本人占 60%。刚来日本的时候,其他地方的中国人占 30%,温州人占 5%,日本人占 65%。毕竟是在日本人社会,日本朋友多一点。

采访者:您对自己在日本目前的生活满意吗?

受访者:现在有事业,如果有可能和温州老乡把事业做大,包括和他们开 300 宴,还有四谷他们开 300 宴,这些菜单都是我给他们的,包括介绍不动产啊,我尽力帮忙。大阪的 300 宴我们温州人投资很多,但是也存在一个问题,大家沟通有问题,因为大家都在做别的事情嘛。个人做生意和公司做不一样,还需要一段时间。温州人是很团结的。温州总商会没有起到应有的作用。以后的发展目标是定期讲一些成功者的经验,一些法律知识,税务方面的知识,做生意的简单的方法,不可能把钱送给你,最主要是方法教给你。现在就是大家聚在一起,有凝聚力,但是没有发挥商会应有的作用。

采访者:您现在的梦想是什么?

受访者:要开到100家店。现在在全日本总共12家,以东京为主,也开了些别的店,失败的也有,我没讲出来而已,现在根本不算成功,才刚刚起步而已。

采访者:最终会选择落叶归根还是落地生根?

受访者:生意成功后,想要到世界各地,比如欧洲,去做点别的事情,那是50岁以后的事情,还有两三年时间。

第二节　来日本见见世面

——韩坚　口述

受 访 者:韩坚,男,1963年出生于温州市

采访时间:2010年1月7日

采访地点:东京都

采 访 者:郑乐静

录音整理:杨维波,王小丽

文稿编辑:郑乐静

(一) 工作来找我

采访者:您是哪一年来日本的?

受访者:1987年。

采访者:您当初为什么会想到来日本呢?

受访者:我是来错地方了。有人要我去西班牙,我不去。

采访者:那个人是您亲戚吗?

受访者：是我妈的同事。刚好她来我家里做我妈的思想工作，叫我妈做我的思想工作。

采访者：那您为什么没有去西班牙呢？

受访者：因为她在西班牙那边开了很多店，照顾不了，叫我去帮她看店，那我说西班牙语都不懂，她说不用西班牙语，用普通话，温州话都可以，在那里帮她开店，我说那我就不去了。在这个时候刚好我的一个表妹来我家里玩，她是那个时候在日本留学的。她说：你要去西班牙，还不如到日本来。（我想）日本这么近，去看看。

采访者：看一看指留学？

受访者：以留学的方式来看一看。

采访者：目标是在日本创业？

受访者：没，来见见世面。就是说想看看当时中国宣传国外的那种报道是真的还是假的，我要自己来看一下。

采访者：您是怎么过来的？

受访者：留学过来的。

采访者：留学手续是您表妹帮的忙？

受访者：对。她帮我全部办好。

采访者：您来的第一天是她去接您的？

受访者：嗯。

采访者：然后您住在她家？

受访者：对。

采访者：是先读语言学校？

受访者：嗯。

采访者：在哪里？

受访者：在北池袋。

采访者：有些语言学校是强制要求住宿的。

受访者：当初没有。

采访者：哦，一直住在表妹家？

受访者：住了 10 个月。

采访者：您是 1987 年来的，几月份开始上语言学校？

受访者：9 月份。

采访者：读到什么时候？

受访者：读到 1990 年 3 月份。

采访者：您在语言学校的时候，就开始打工了吗？

受访者：我来日本第三天就开始打工了。

采访者：这份工作是怎么找到的？

受访者：是我表妹介绍的。从第二份工开始是我自己闯的天下了。就是没有说我要去找工作啦，是工作找我。第一份工是在吉祥寺的酒吧做服务员。我来的时候日语一句都不会的。日语学校不是有那个叫什么，入学考试，那个考试关系到分班的问题。我们那一批来了，大概有 200 人不到一点吧，我是倒数第一名，因为我一开始没想来日本。

采访者：那 200 个人，是温州人？

受访者：温州市就我 1 个，乐清的 1 个，是跟我一起来的。

采访者：您在语言学校的学费是如何解决的？

受访者：全部是自己支付。

采访者：是您自己在国内攒的工资？

受访者：没有，我来的时候只带了 2 万日元，买了辆自行车就没了，第三天开始就是一天收入 6000 日元，当天拿工资。就拿那个钱付学费和生活费。

采访者：您那个时候的学费不是先交的吗？

受访者：是一个月一个月交的。来的时候入学金和第一个月的学费大概是不到 10 万日元，那是我表妹帮我付的。

采访者：那您语言学校毕业后又是怎样的经历？

受访者：考上大学。从 1990 年 4 月份读到 1996 年 3 月份。在东京上的大学。

采访者：这些学费也全是自己支付？

受访者：对。

（二）读大学时就创业

采访者：1996 年之后呢？

受访者：我 1995 年开始开店。

采访者：哦，在大学期间就开始开店。

受访者：嗯。在吉祥寺开了第一家店，不是这家店，开了家酒吧。

采访者：这家店开到什么时候？

受访者：开到"中华街"(餐馆名)开业第二年。

采访者："中华街"开业是？

受访者："中华街"开业是 1998 年。这家酒吧一直到 2000 年 1 月份为止。

采访者：这家酒吧是您一个人的吗？

受访者：我跟 1 个日本人合伙的。是以日本人的名义，我去开的。

采访者：日本人参与经营活动吗？他有投资？

受访者：几乎没有什么投资啦，那时候泡沫经济破灭，人家开始倒闭了呀。我借他的名义，表面上是他开店，我是给他打工的。

采访者：资金都是您出？

受访者：没有什么资金的，当初开店的时候，很多繁杂事情的，就是这家店原来的老板，当初都跟我们在一起的，关系挺好的。然后我们 2 个人就把这家店拿下来，以他的名义拿，总投资就 500 万日元而已。

采访者：都是您出的？

受访者：我俩都没出一分钱。500 万日元是按 10 个月，每个月付 50 万日元给他。

采访者：这家酒吧雇的是？

受访者：都是男员工。

采访者：都是日本人？

受访者：是的。

采访者：那您开始开"中华街"又是怎样的经历呢？

受访者：开在吉祥寺，一直到现在。

采访者：是您自己一个人经营？

受访者：对。

采访者：那您结婚是在什么时候？

受访者：1996 年，毕业以后。

采访者："中华街"开的时候？

受访者：已经结婚了。

采访者：那您太太跟您一起经营吗？

受访者：我太太从来没跟我一起。

采访者：是家庭主妇？

受访者：对。

采访者：调布这家店是什么时候开始？

受访者：2002 年。

采访者：开这家店以后，那边的店是谁经营呢？

受访者：都是我。两头跑，不过我几乎都在这里。

采访者：这两家店员工的构成？

受访者：吉祥寺店里温州人和日本人是零，其他地方的中国人 12 个。调布店里温州人是零，其他地方的中国人 6 个，日本人 3 个。

采访者：我听您刚才讲的是上海话。怎么会讲？

受访者：我出国前在温州做生意的时候，一两个月要跑一趟上海嘛，上海人你不会说上海话，他不会跟你做生意，那我就没办法只好学了上海话。然后在日本巩固了上海话，念书的时候有很多上海的同学，工作中有很多上海人，然后就不知不觉说上海话。

采访者：您跟总商会是？

受访者：创始人不是我。

采访者：创始的时候您就是副会长了。

受访者：副会长是被他们随便乱加进去的啦。

采访者：2000 年的成立大会您是去的？

受访者：对，对。

采访者：您是怎么知道这个组织的？

受访者：那个时候发起人来找我。

采访者：您就去了？

受访者：我没去，我只是跟他说，办的话，我支持，我赞成。后来是到最后阶段，就是最后那个定时间，谁都定不下来，人怎么叫都叫不齐，我去了，在筹备成立大会的时候，大家都说准备工作做到最后还是没有进展，一直定不下什么时间比较好。那后来我就在那里讲，5 月 7 日。1949 年 5 月 7 日是温州解放的日子。

采访者：从那以后您一直会参加总商会的活动吗？

受访者：一开始是很积极的。

采访者：都参加哪些活动？

受访者：我参加的都是到哪个人家里的活动。我原则上同一个地方不去第二次。比如说这家店，那家店，在长野，在静冈，如果是第一次，不管多远，我都肯定参加。

采访者：那时候是为了扩大商会的影响力？

受访者：没有,没有,没想那么多,因为平时很少沟通嘛,比如说到静冈去,我也经常去静冈,如果没有特别的事的话,我也不会去找温州人。因为加入总商会,到静冈开会什么的,我也去,就是这样。比如说到长野去。哇,长野这么远,我也去,我很积极的。第一次我很积极的,第二次我就不行了。

采访者：同乡会是什么时候加入的呢？

受访者：是总商会以后,是肯定的。是怎么加入的,我真的记不得了。我自己没有印象了,我去同乡会的原因是什么,就是想把总商会和同乡会这两个温州人的会并在一起,这是我的出发点。

采访者：温州人在日本的不多,您还是蛮希望他们合并在一起？

受访者：希望还是有一点点吧。

采访者：您在日本的家族构成如何？ 您讲过您表妹在日本留学,她留在日本了？

受访者：嗯,和日本人结婚了,下面有 2 个女儿。表妹和她的 2 个女儿都是日本籍。

采访者：您是中国籍,您太太是日本人,下面是？

受访者：女儿和儿子。

采访者：女儿大？

受访者：嗯。

采访者：他们是日本籍？

受访者：嗯。

采访者：除了表妹一家,在日本您就没有别的亲戚了？

受访者：我有 2 个表妹。还有 1 个就是帮我过来的这个表妹的妹妹。

采访者：她也跟日本人结婚了？

受访者：2 个小孩,1 个儿子,1 个女儿。

采访者：都是日本籍？

受访者：嗯。

采访者：那您的这个表妹也入日本籍了？

受访者：没有,还是中国籍,"永住"。

第三节 从西班牙到日本

——郑才英 口述

受 访 者：郑才英，男，1971 年出生于温州市

采访时间：2010 年 1 月 12 日

采访地点：东京都

采 访 者：郑乐静

录音整理：杨维波，王小丽

文稿编辑：郑乐静

（一）在西班牙结识了日本太太

采访者：您为什么选择来日本？

受访者：我把我经历说一下，我以前在国内，我父亲是医生，后来，我在 21 岁的时候，出国到西班牙去了。在西班牙那边待了 3 年半左右，在那边认识了我太太（日本人），她是个音乐家，她在西班牙留学，她主要学音乐。我们认识后，她想回来（日本），我呢想反正在那边和这边都一样，就来日本了。

采访者：那时候结婚了？

受访者：没有。认识她以后，我带她去了一趟中国，来了一趟日本。后来就在日本结婚了。结婚后，我以前就是学医的，我父亲是医生嘛，那我跟我父亲学了点医学，读书的时候学了点，在日本整体院学了点。

采访者：您在日本的整体院里学的？

受访者：对，学了专门的技术。脊椎骨啊，脊柱骨啊，头骨啊，头颈啊，骨盆啊矫正。然后在整体院上班。

采访者：您具体是哪一年来日本的？

受访者：我是 1998 年的时候来的。

采访者：您什么时候开始到整体院工作？

受访者：1998 年的五六月份开始工作的，工作了 3 年半时间吧，整体院的经营

者换了,后来我就自己独立了,这样。因为我在中国呢也学了五六年的医。

采访者：独立创业。

受访者：对,在 2002 年的时候。2001 年的时候,那时候还没有开店,在自己家里出诊。2002 年自己开店。

采访者：开的第一家店是哪一家?

受访者：楼下的那一家。不,第一家应该不算是这一家吧。那家呢,地方已经换了,已经没有了。

采访者：那家店从 2002 年开始开了多久?

受访者：也开了两三年时间吧。

采访者：也是在这里吗?

受访者：不是,最早的是在……那家就算了吧,那家不是很大的店,然后在金町这边开店。

采访者：这边是什么时候开始的?

受访者：也是 2002 年,10 月份开始的。

采访者：同时的?

受访者：不是。比头一家店晚个半年时间吧。

采访者：头一家店是 5 月份开的?

受访者：对,对,四五月份。

采访者：第二家店一直做到现在?

受访者：对,对。

采访者：是楼下这一家?

受访者：对。楼下这一家。

采访者：第三家店是什么时候开的?

受访者：第三家店是隔了一两年时间吧。

采访者：2004 年?

受访者：对,2004 年开第三家店。

采访者：您能讲一下您店里的员工构成吗?

受访者：再还有一家绫濑那边的店呢,哦,是 3 年前开的。2006 年。

采访者：也是一直经营到现在?

受访者：对,对。然后,还有一家秋叶原那边的店呢,主要是作为我们的公司。因为我们那边有个产品,主要是美容的机器啊仪器,是属于贩卖东西的。做贸易啊,美容产品啊。

采访者:那边不像这边有场所做推拿的?

受访者:这些也有。现在我们这个店主要经营的是针灸、推拿这一块。

采访者:这几家店主要都是针灸、推拿?

受访者:对。绫濑那家店现在是美容,就是第四家店。秋叶原的店是贸易。

采访者:秋叶原的店也做美容和针灸吗?

受访者:也有。

采访者:除了第一家店关了,现在这四家都一直开着?

受访者:对,对。

采访者:那您员工的构成如何?

受访者:这一块呢是20多个员工,就是医生啊。

采访者:四家店合起来20多个?

受访者:对,对,有6个针灸医生,其余的是按摩师和其他。

采访者:她们都是日本人?

受访者:有1个是韩国人,其他都是日本人。

采访者:秋叶原的店也都是日本人?

受访者:对,都是。

采访者:在您碰到您太太之前没有想到来日本?

受访者:那个时候没有。

采访者:您去西班牙又是怎样的缘由呢?

受访者:西班牙是这样的,因为我姐姐在西班牙那边留学,然后在那边也开自己的餐馆啊什么的,所以我也出国到我姐姐那里去。去那边留学。

采访者:您是在您姐姐的帮助下去的?

受访者:对的。

采访者:当初您去西班牙的时候想过要去西班牙创业吗?

受访者:那个时候也不是说很想那个,主要是去那边,那时候年纪也轻,就糊里糊涂的,那个时候中国经济也不是像现在这样好,那时候对国外也比较好奇,就出去看看,这样想的。也没有想到创业啊,那个时候也没有什么特别长远的打算,只不过是觉得有这个机会能出去就出去一下。

采访者:在您的帮助下来日本的有吗?

受访者:一个都没有。

采访者：对于您的出国，您家人期待您日后成功后带动整个家族吗？

受访者：没有，没有。

采访者：您来日本以后，和国内的联系多吗？

受访者：经常回国。前几年我在上海开了家公司。

采访者：那是几年前？

受访者：大概四五年前吧，成立了家公司，当然现在也有。在这里自己也赚了一点钱，那个时候经济呢也比较好，也赚了点钱，也想去国内发展。但是国内生意比较难做，公司现在也开着，只不过呢盈利状况不是很好。刚开始投资了，总共亏了四五百万元。后来慢慢地生意好起来了。

采访者：这家公司主要是做什么的？

受访者：上海那家公司主要做化妆品、美容仪器。

采访者：是把日本的东西卖到中国？

受访者：对，对。引进日本的产品，在那边的工厂里做仪器。化妆品是从澳大利亚进口的。

采访者：进口澳大利亚的化妆品是不是因为有亲戚在那边？

受访者：对，我大姐在澳大利亚。

采访者：那您来日本以后和国内的联系？

受访者：我是经常回去的，现在也一样，基本每个月回一趟上海。那边算上销售人员也有 10 多个人。

采访者：这些员工中有您的亲戚吗？

受访者：没有。就是财务管理是我的亲戚。

采访者：可能根据您在日时期的不同和国内联系次数也不同？比如开店之前？

受访者：开店之前和国内也经常联系，经常打打电话啊。那个时候基本上是一年回去一次。因为在国外，刚开始来的时候也比较辛苦，为了赚钱什么的比较辛苦。因为在国外看到这样，所以也没想到把国内的什么人带过来。因为觉得国外并不一定比国内好。是这样哦。像我们现在也一样，我们公司现在正在转型，也就是说像开店，毕竟是等着客人上门。现在日本经济有点差了，等着上门的生意呢（也不太好）。刚开始是没办法，因为语言各种方面，只能是以开店这种（形式），开餐馆啊，开这种店（整体院）开始起步。现在也渐渐地，我们现在成立了 IT 的团队，在发展有点科技在里面的东西。现在主要是做一些企业和店铺的管理软件这一块。我们秋叶原那边主要以软件和店铺企业管理为主。这个是 2 年前开始做起来的。

（二）日本朋友比较多

采访者：那您现在在日本的朋友圈里，温州人、温州人以外的中国人、日本人各占的比例是多少？

受访者：我在日本的朋友圈很小，也没有和其他地方的中国人接触，所以说呢，也没有几个其他地方的中国朋友。其他地方的中国朋友也就 2 个左右吧。然后温州人呢就是总商会里这几个人。日本朋友呢，也就是我以前的同事，偶尔吃吃饭，平时也不是交往得很多。总体来说生活还是比较单调的。

采访者：如果按比例来算的话，还是日本人比较多吗？

受访者：对的，我的朋友圈里日本人占 90%。

采访者：和温州人的交往是从什么时候开始的呢？您来日本之前就认识这边的温州人吗？

受访者：在来日本之前我不认识。我碰到一个朋友，一个非常要好的朋友，他的同学在这里，他帮我介绍一下，我认识她以后，她是个女的，再说我已经结婚了，所以平时也不怎么联系，偶尔打电话联系一下。是她带我到总商会，以前跟总商会什么的也没怎么接触。我就是过年的时候去吃饭，到现在为止总共去了两三趟。

采访者：您是从哪一年开始去的？

受访者：最早大概是 3 年前吧，在新桥那边。那一趟是总商会吧。

采访者：您参加这些活动也是单纯地想认识些人？

受访者：对，对。因为待在这里，听到是温州老乡啊，就去了。后面几年呢，有可能他们有些信息传达不方便，没有保持联系。还有这几年过年的时候，我回国的时候比较多，所以说，这段时间我也没去。去年（2009 年）我去了一趟新年会。大概就这两次。

采访者：有没有想过加入总商会，希望他们给您提供一个平台？

受访者：我也不是很了解他们的组织，我平时跟他们那边呢也不怎么联系，一个呢，是隔得比较远吧，另外一个我自己的工作也比较忙，所以说也没有哦。我现在把店铺什么的都已经放下去，由店长她们来管。我自己主要是抽空做公司这一块。到时候，我再看看总商会那边有什么可以那个的哦。因为像我现在这样的经济实力也不强，只不过够自己吃和花，刚刚到小康吧。

采访者：您谦虚了。在日温州人组织有两个，一个同乡会，一个总商会。您对这些组织有什么要求吗？希望他们为温州人提供什么样的服务？或者您需要什么样的服务？当然您现在是比较成功了，回想当初来日本，如果知道同乡会什么的，希望他们提供什么样的信息？

受访者：应该说没有吧。我来日本后，都跟日本人一起，这个圈子。一个是不明白他们的那个，另外一个也没有什么特别要求。到了后来，到国内做生意的时候，那时候觉得如果总商会能提供国内的什么信息啊，或者温州有什么好的项目啊信息啊，那个时候倒希望他们能够提供信息，其他的就没有什么了。

采访者：希望提供温州的动向？

受访者：对，比如投资，国家对我们有什么优惠。自从我在上海做生意以后，在上海那边，怎么说呢，比较难做，一个是不熟悉，一个是没有什么政策，比较难做。所以说如果国内有什么好的信息，提供一下。因为我明年（2011年）会去国内发展。

采访者：您现在跟日本人结婚了，您最后会选择落叶归根，还是落地生根？

受访者：我会回国。我现在已经在国内创业发展，想尽量回国。但是我觉得温州呢，当然比以前发展好多了，但跟上海这些地方比起来还是有些差距，以后很有可能会在上海。

采访者：在大城市发展的可能性比较大？

受访者：对，对。现在在温州啊，成都啊，也是有点事情在那边，也在那边买了房子什么的。

采访者：那您是选择彻底回国呢，还是中日两边一起跑？

受访者：中日两边一起跑。当然主要看以后发展的趋势，日本这一块呢，作为我的基础，中国那边呢作为一个发展的空间，而且国内现在经济发展也非常好。

采访者：那您现在的梦想是什么？除了商业上的成功。

受访者：什么特别的梦想也没有。我自己不是一个很勤快的人，我想以后尽量不像现在这样工作辛苦，然后呢在国内过一下悠闲的生活。而且生意呢，在商业上，我们也没有想要做到很大。

采访者：比较注重个人的生活质量。

受访者：对，对。

采访者：您方便讲一下您的家族成员吗？

受访者：我大姐在澳大利亚。

采访者：您父母在温州？

受访者：对，我父亲是医生，都是在国内。他也有一段时间支援非洲那边，中国跟他们是友好国家，去那边待了2年。

采访者：您大姐在那边结婚了？

受访者：对。

采访者：跟温州人结婚的？

受访者：对，是跟一个从小出去的温州人。

采访者：在澳大利亚的温州人？

受访者：对。

采访者：您还有1个姐姐在西班牙？

受访者：二姐在西班牙，还有1个弟弟也在西班牙。那个时候在西班牙，现在我姐姐跟弟弟都已经回国去了。在几年前，大概是七八年前回国的。

采访者：那您二姐也结婚了？

受访者：对，她是在温州，跟温州人结婚的。

采访者：那您弟弟呢？

受访者：也结婚了，也是跟温州人结婚的。

采访者：您在生活中遇到困难，特别是在日本刚开始创业的时候可能有很多困难，一般找谁倾诉和帮忙的？

受访者：您指经济方面？基本上有什么困难，我都跟国内家里说。我妻子的父母亲对我的帮助也是挺大的。基本上这几年特别大的困难也没有，还好，自己还是顺顺当当的。

采访者：一些小的困难自己解决？

受访者：对。

采访者：您来日本后碰到的最大的困难是什么？

受访者：也就是语言方面嘛。毕竟我们不是从小在日本长大的，基本上的语言沟通是没问题，但是在一些小的，比如说像一些需要文化背景的，像传说啊，历史上的东西，大家一说觉得很有意思，但是我们体会不到。主要就是语言方面，别的具体也没有什么。

采访者：您在开店这方面有没有遇到特别大的困难？

受访者：也没有什么特别大的困难。有些人找店的时候碰到一些不动产不借给中国人的情况，不过这种也很少，我几乎没有碰到，不过这跟我太太是日本人也有关系。基本上大的方向还是比较顺利的。我觉得日本总体上生活还是比较舒服的,总体的素质、质量还是比较好。唯一一点就是想出去玩啊,朋友比较少。

采访者:不像在温州那样,一个电话就能找到很多朋友。

受访者:对,对。在温州大家经常一起出去玩,在日本这倒是比较少。

采访者:这样您会觉得有一点点失落感吗?或者是已经适应日本的生活?

受访者:刚开始的时候是的。现在呢,也渐渐地有点适应了哦。再说我们已经过了特别爱疯爱玩的年龄了。

采访者:您对自己目前的生活如何评价?

受访者:应该说是比较幸福的。

采访者:好的,谢谢您。

第四节　行走在创业路上
——杜祝航　口述

受 访 者:杜祝航,男,1978 年出生于温州市

采访时间:2010 年 1 月 7 日

采访地点:东京都

采 访 者:郑乐静

录音整理:杨维波,王小丽

文稿编辑:郑乐静

(一) 哥哥姐姐都在日本

采访者:您好! 我先问一点基本的情况。您出生在哪一年?

受访者:1978 年。

采访者:然后您是温州哪里?

受访者:我是温州市鹿城区。

采访者:您是哪一年来日本的? 能否讲一下您在温州的时候如何想到来日本的这段经历?

受访者：2000 年 5 月份来日本。刚开始的时候打工，读日语学校。

采访者：您刚来日本是读日语学校。学校在哪里？

受访者：在东京的代代木，东京中央日本语学院。

采访者：您在那里读了多久？

受访者：1 年半吧。应该是读到 2001 年。读了 1 年半就毕业了。剩下的半年就没什么事情了。就是找大学。找大学，准备，考大学。

采访者：您没有继续读大学？

受访者：有，有读大学。

采访者：是 2002 年 4 月份入大学吗？

受访者：对。

采访者：2006 年毕业吗？

受访者：对，2006 年。

采访者：大学也在东京这一块吗？

受访者：就是高千穗大学。

采访者：那您学的专业是什么呢？

受访者：商科。学经济，商科的人比较多吧。以前叫高千穗商科大学，现在改名叫高千穗大学。就在明治大学的后一站。

采访者：那您来之前，有认识的人在日本吗？

受访者：亲戚，姐姐哥哥在日本。

采访者：是亲姐姐亲哥哥吗？

受访者：是。

采访者：亲姐姐和亲哥哥 2 个人在日本？

受访者：嗯，2 个人。

采访者：然后您是在他们的帮助下来日本的？

受访者：对。

采访者：他们帮您找的语言学校？

受访者：对。

采访者：有通过中介吗？还是他们直接帮您办过来的？

受访者：直接帮我办过来的。亲戚。自己人哦。

采访者：那您刚过来的时候，住在他们家吗？

受访者：住了很短一段时间，后来我自己租了个小房子。

采访者：就是刚来日本那段时间住在他们那边？

受访者：对，1 个月左右。要独立，就搬出去了。大家都这样。勤工俭学嘛，半工半读。

采访者：那您在语言学校的学费和生活费是家里负担还是？

受访者：刚开始是家里帮我付的。我哥哥帮我付的。每个月自己打工赚一点，还一点。

采访者：家里帮您付的，是指国内寄过来，还是您哥哥帮您付的？

受访者：哥哥帮我付的。

采访者：付的是学费？

受访者：嗯。我刚开始，房子也帮我租了。一般事情都帮我弄好了。

采访者：然后您是从什么时候开始都是自己负担的？

受访者：自己租了房子嘛，就打工，就自己负担了嘛，学费、房租都自己付。

采访者：自己开始打工后，就都慢慢开始自己负担。

受访者：嗯，这肯定的。日本费用很高的。

采访者：那您的第一份工作是？

受访者：第一份工作是在餐馆。

采访者：是怎么找到的？

受访者：餐馆里，在厨房里洗碗、切菜，什么都干过。

采访者：那您第一份工作是自己打电话还是？

受访者：自己打电话。

采访者：在打工上哥哥和姐姐没有帮您吗？

受访者：也有帮我。

采访者：比如说？

受访者：比如说后来，后来怎么说呢，也找了好几份工作。零零碎碎的，时间都不长。因为学校也离得远，那时候是我姐姐帮我打的。后来我也自己找。

采访者：哦，就是姐姐帮您打电话。

受访者：嗯，打过。我哥帮我打过，我姐也帮我打过。

采访者：也就是说餐馆这份工作是您自己打电话找到的？

受访者：嗯，对，工作的时间比较长吧，报酬也高。

采访者：就是说在打餐馆这份工之前您哥哥姐姐有帮您打电话还是这之后？

受访者：是之前。之后是自己打。之前肯定是完全不会说的。

采访者：2000 年来日本的时候，为什么决定来日本呢？

受访者：比较突然吧。

采访者：为什么呢？

受访者：没有为什么，就是家里人觉得日本好。说理由也算不上吧，就想来日本。

采访者：您父母希望您出来还是您自己？

受访者：也有，那时候在温州，游手好闲，没工作嘛。

采访者：那时候您是高中毕业？

受访者：嗯，毕业后去北京，在日语学校学了 1 年。

采访者：您是哪一年毕业的？

受访者：10 年前吧。

采访者：就是说高中毕业去北京学日语？

受访者：嗯，学了 1 年。北京第二外国语学院，跟几个朋友一起去的。他们学英语，我学日语。

采访者：去北京的时候您就决定来日本？

受访者：打算，对，那时候是打算了。打算先学点日语。

采访者：哦，打算来日本。

受访者：嗯。

（二）高中毕业就开始创业

采访者：您高中毕业的时候有工作吗？

受访者：高中毕业的时候开了个房屋介绍所。在温州，开了半年时间后，就去读语言学校。

采访者：您是觉得来日本能改变自己的命运，您才决定来的？

受访者：对，对。比较先进嘛，日本的东西。那时候日本电器，一些日本的东西，现在也一样，国内的人也很喜欢。

采访者：那您来日本的目的不只是单纯的留学，是为了以后的创业吗？

受访者：也有吧。怎么说呢，温州人，大家都独立性比较强吧，都是想做生意的人。现在也有很多。反正这是温州的文化。

采访者：在日本开创一片自己的天地？

受访者：对，想挣钱的人特别多。有过这样的打算，其实也没想这么深。

采访者：然后您在日本从大学毕业到现在又是怎样的经历呢？

受访者：毕业之后，自己卖鞋，处理一些鞋，怎么说呢，有些不良品，自己拿到市场上卖。

采访者：是这样的，您大学毕业后，您的签证也就到期了，这个签证问题是怎么解决的？

受访者：这个我延长了半年。

采访者：哦，延长半年，找工作的签证①吗？

受访者：没找工作，就想自己做。

采访者：在这半年内自己做？

受访者：对。

采访者：这时候做的是零售，鞋的零售？

受访者：对。

采访者：那时候有自己的店铺吗？

受访者：没有，那时候临时租些店铺，移动方便。比如日本的祭事②，再印点广告，在市场上发一发。

采访者：做到2007年。后来呢？

受访者：后来就在公司上班，那时候不景气，我觉得，刚开始卖得还可以，后来就越来越差了。日本竞争比较激烈吧，市场比较成熟了。特别好卖的地方，我觉得不多。那时候也想不到嘛，就觉得日本的鞋卖得贵，当时就是这样一个印象，就是觉得贵。也没想那么复杂，刚开始想得简单，做生意嘛，一开始都是一个笼统的想法，只有做起来，才慢慢知道。

采访者：那您决定进入公司是想把这个行业学得再明白一点？

受访者：也有吧。老总比较照顾我。

采访者：您跟他是怎么认识的呢？

受访者：通过我姐认识的。我姐姐现在是日本籍。我一开始想做鞋，我姐说有个温州人在做鞋。

采访者：您是2006年左右认识现在的老板的？

受访者：2005年。大学毕业前，快毕业的时候和他见过一次。那时候他做得挺好的。

---

① 日本给予留学生毕业后延期半年的留学签证，用来找工作。
② 祭祀、祭神仪式，有点类似于中国的庙会。

采访者：您进入公司后，又是怎样的经历呢？

受访者：经历嘛，就是普通公司员工的生活。

采访者：然后到 2009 年？

受访者：到现在为止都是他照顾我。

采访者：从您入职做普通员工到现在自己做。

受访者：我自己做才半年。

采访者：2009 年七八月份，这边就辞掉了？

受访者：可以说辞掉了吧。

采访者：然后自己开了公司。

受访者：对。

采访者：我看您在阿里巴巴上介绍公司是有 5 到 11 名员工。

受访者：这是国内的。

采访者：然后在日本的公司有事务所吗？

受访者：有。刚租的。刚开始。我都刚开始。

采访者：在日本的公司，员工现在还没有？

受访者：现在还没有，要么，就我姐过来帮忙。不能算员工。

采访者：您现在跟家里联系的频率是怎样的？就说您来日本以后。

受访者：家里打电话过来多一点，自己打过去少一点。

采访者：大概是多久联系一次？比如说一个月打几次电话？

受访者：不多，四次左右。不多，不多，有时候四次可能都没有。

采访者：一般都是电话联系？

受访者：嗯，以电话为主。后来网络通了，现在都是网络电话。

采访者：跟朋友的联系呢？

受访者：跟朋友电话多。日本现在打电话便宜嘛，或者 QQ 聊天。温州用 QQ，日本用 MSN，这个没有办法。

采访者：您在日本的朋友圈里，温州人、其他地方的中国人、日本人各占多少比例？

受访者：可能温州人比较多吧。

采访者：大概百分之几？

受访者：我就跟总商会里的温州人关系好一点，跟温州人关系比较好，70％吧。

采访者：温州人以外的中国人占多少？

受访者：20％多一点吧。剩下的 10％左右是日本人,和日本人接触不多。还是比较难接触的。跟日本处朋友不多,除了工作上。温州人在这里关系近,聊得来。日本人也有,现在可能多一点。自己出来做,可能多一点。

采访者：您跟总商会怎么联系上的?

受访者：进了公司以后,就联系上了。知道商会的事情。

采访者：您是比较积极地进入商会呢,还是?

受访者：刚开始有点犹豫,比较难为情。现在习惯了,人也认识了,人的交际还是需要一段时间,不可能一下子就熟,刚开始大家都一样,肯定是犹豫的嘛。有些人可能很容易跟人熟悉,有些人要点时间,我可能就属于那种要点时间的。

采访者：您现在的梦想是什么?

受访者：梦想?

采访者：比如说创业啊?

受访者：创业肯定是。对于创业比较兴奋吧,兴奋是挺兴奋的。不像有些人,光思考。思考之后还要分析,还要行动。我觉得开心还是比较重要吧。工作上的梦想,就是希望大家都要开心嘛。跟合作的人,温州那边的人合作,开心。开心最重要,不管挣钱不挣钱。挣钱重要是重要的,但希望很多关系都能搞好,跟日本这边也一样。

采访者：您最终会选择在日本落地生根呢还是会选择回国?

受访者：我不选,两地来回跑。来日本 10 年了,慢慢熟悉日本,这样比较好。

采访者：您觉得自己目前的生活幸福吗?

受访者：比较幸福。有时候。

采访者：您是您姐姐和哥哥帮您办过来的。这 10 年内,有在您的帮助下办过来的人吗?

受访者：我自己没有。我感觉来日本不怎么好。有明确的目的比较好,如果没有明确的目的,我觉得没有必要来。我觉得这样比较好一点,所以我一般不会帮别人办过来。

采访者：您申请"永住"了吗?

受访者：明年(2011 年)申请。不一定批得下来,但是想申请一下。

采访者：会"归化"吗?

受访者：不会。

采访者：我的问题问完了,谢谢您。

第五节　日本的技术，中国的市场

——高德永　口述

受 访 者：高德永，男，1976 年出生于温州市泰顺县

采访时间：2011 年 2 月 10 日

采访地点：东京都

采 访 者：郑乐静

录音整理：杨维波，蔡凤香

文稿编辑：郑乐静

受访者：你好，我是泰顺的。

采访者：您跟日本的联系是什么时候开始的？最早是什么时候来日本的？

受访者：我最早是 2001 年 7 月份，跟我老婆还在谈恋爱的时候，就以探亲访友的签证来到日本，玩了将近 2 个星期吧，那是最早的时候。

采访者：您和您太太是在中国认识的？

受访者：在上海认识的，1998 年 10 月 30 日。

采访者：之后是怎样的发展？

受访者：我跟她是 1998 年认识的，结婚登记是在 2002 年 10 月 30 日。办婚礼是在我老家泰顺，是 2003 年正月初二办的，她的父母、伯父、哥哥、同学都来了，就办了一次。我们领结婚证的时候要通知日本驻上海领事馆，由日本总领事馆向日本传达。

采访者：结婚以后您的故事是？

受访者：结婚以后就开始工作。我其实从 2001 年就开始工作了。

采访者：在上海？

受访者：我在日企工作比较多。当然也开过工厂，失败了。后来在日本的跨国公司，像住友商社等公司做过，负责中国区的销售，和总部还有各个国家的公司，像通用集团啊，大众集团啊，和他们的联系。基本都是在这些国际性公司工作。我

· 255 ·

大学读的是国际贸易，主修英文，后来因为我老婆的原因，还是去了日企，所以进了住友以后才开始学日文。

采访者：您跟您太太不是在公司认识的？

受访者：不是，她在读大三的时候，去中国留学，在上海外国语大学留学，留学的时候认识的。

采访者：那您现在主要是在中国，偶尔出差来日本？

受访者：我现在是这样的。我主要还是以中国的事情为主，有一句话叫日本的技术，中国的市场。资金也不一定从日本来，但是技术的话，日本还是不错的。因为我做的是温泉，温泉这个产业我研究了一下，还是日本最专业。

采访者：您是从什么时候开始自己办公司的？

受访者：5年前，发现了温泉的魅力，就开始研究和学习如何开发温泉生意，广交朋友也是为了做温泉生意。发现温泉后，就不想上班了。

采访者：2005年开始创业？

受访者：进入温泉这个产业是2007年年底，一直做到现在，当然这一路上还是很坎坷的。

采访者：您是从2007年之后，才频繁地来日本的？

受访者：从2004年开始吧，我拿的是1年的签证，配偶签证。先是给了3个月，需要住在日本，然后再申请，要交一点保险。

采访者：2004年来日本待了1年吗？

受访者：2004年12月份是我第二次来日本，待的时间比较久，然后，其实来来回回，我已经十几次了。

采访者：不算是在日本长住？

受访者：不算，接下来会更频繁地来日本，在东京也想成立一个公司。

采访者：您现在来日本的目的是创业？

受访者：不，我们现在的合作伙伴很多都在日本，包括设计师、策划师，目前在中国的项目主要是和他们合作，还有几个温泉专家、温泉设备专家。我们公司需要进口日本的温泉设备，日本的温泉产品。

采访者：您之前认识在日本的温州同乡吗？

受访者：没有。

采访者：您2001年来日本是谁接待您，包括要办的一些手续啊？

受访者：都是我老婆，都住在她家里。

采访者：您出国后,需不需要帮助亲戚们出国?

受访者：没有,2004 年来日本的时候,把所有的家当都搬来了,打算在日本发展。后来又被朋友忽悠回去了,又把家当搬到上海,那算是我第二次创业吧,后来没有成功。因为我也没有长期待在日本,可能亲戚们也是因为这个,所以没有拜托我帮忙吧。

采访者：您太太现在和您一起住在上海?

受访者：对的。她自己的家人都在日本。

采访者：您在日本的时间和在国内的时间是怎样的比例?

受访者：我们的客户在全国各地,我每个月都有半个月在外地。现在基本上一个月来一次日本。去年(2010 年)和今年(2011)一年来日本三到四次。

采访者：那您现在的签证还是配偶签证?

受访者：是的。这个最方便了。以前是来一次办一次,后来有一年多次往返的,现在是三年多次往返的。

采访者：您还没有加入日本籍?

受访者：还没有。

采访者：也不是"永住"?

受访者：不是。可能会向加入日本籍发展,因为将来的事业是全球的。

采访者：加入日本籍是出于事业发展的需要?

受访者：对的,便利嘛。对我来说还是拿日本籍最方便。

采访者：您的朋友圈是怎样的构成?

受访者：我的生活圈里,哪里的人都有,德国人、荷兰人、日本人、海外华人。我工作圈的朋友和生活圈的朋友是重合的。

采访者：您刚才提到您曾有两次创业。创业资金是您自己的还是亲朋好友凑的呢?

受访者：是合股的。

采访者：合股伙伴是温州人?

受访者：第一次是温州人,是亲戚。第二次合伙人 1 个是朋友,1 个是原来的同事,另 1 个是同事的同事,共 4 个人,都不是温州人。现在我的公司员工啊合作伙伴都不是温州人。

采访者：您是什么时候去上海的呢?

受访者：1997 年年底,先是在一家台湾人开的公司里工作,认识了我老婆,然后才去上外读书的。

采访者：您是怎么知道总商会的？

受访者：其实2004年来日本的时候，也想找老乡嘛，就在网上找到了日本温州同乡会。

采访者：去参加过同乡会吗？

受访者：没有，因为我在奈良，关西那一带温州人很少。跟一个苍南人在网上聊天，然后就在大阪见面了。

采访者：就是通过同乡会的网站认识了这个苍南人？

受访者：对。刚来日本也没有什么朋友，虽然在日本有我的家人，但是还是需要自己的朋友圈。也认识了周围的邻居，他也很热情。还有一个中国的女的嫁给日本人了，也认识了。主要还是那个邻居，人很热心，他有法国的朋友啊，英国的朋友啊，因为我也会英文嘛，就经常跟他们在一起，也很开心的。

采访者：您在奈良的那段日子交往的朋友以日本人为主？

受访者：不是，是法国人，一个画家。因为在日本，我们都是外国人，所以有共同语言。和日本人的交往就是参加一些当地的活动啊，聚会啊。还有一个英语老师。

采访者：那您是怎么知道总商会的呢？

受访者：因为当时也没有要创业，当时的心态是打工。比如说温州人一定要自己创业啊什么的，我倒没有这种思想。我还是比较主张顺其自然的。

采访者：您也是通过网络搜索找到日本温州总商会的吗？

受访者：是的，我现在是上海温州总商会的会员，也是重庆温州总商会的理事，我觉得这个平台还是很好的，应该充分地利用。

第八章

侨团领袖

华侨华人社团,是指生活在中国本土之外的华侨、华人、华裔,为达到一定目标、按一定原则自行组织起来的、以非营利为主要目的的合法团体。① 侨团和侨校、侨刊被称为华侨华人社会的三大支柱,其中侨团作为华侨华人社会的核心,在联络情谊、促进融合、维护权益、传承文化等方面起到了重要作用。

有史料可考的,日本最早的温州人侨团是于 1922 年在东京成立的"中华民国侨日共济会"。20 世纪 20 年代,由于大量温州人赴日做工行商,在东京、横滨和名古屋一带形成了规模巨大的温州人社群。那个年代出国的温州籍劳工和小商贩文化水平较低,大多不会日语,居住环境恶劣,经常受到日本人的歧视,还遭到日本工头克扣工资等不平等待遇。这些温州籍劳工的处境引起了旅日中国留学生的关注,在以王希天、王兆澄等人为代表的留日学生的努力下,以维护华工权益为目的的中华民国侨日共济会应运而生。在此基础上,1923 年在东京成立了地缘性组织"温州同乡会"。② 不幸的是,1923 年 9 月日本发生了关东大地震,700 余名温州人丧命于地震后的屠杀华工事件,4000 余名温州人被遣送回国。随着会员的陆续回国,中华民国侨日共济会和温州同乡会的活动也趋于沉寂,以自然消亡的形式退出了历史舞台。关于中华民国侨日共济会,该会曾于 1923 年发行过唯一的一期会刊《共济》,详细介绍了其成立过程、组织结构、活动内容、经费开支、人员构成等具体状况。而关于温州同乡会的文献资料极少,笔者虽在日本外交史料馆所藏的《外务

---

① 李明欢.当代海外华人社团研究.厦门:厦门大学出版社,1995:4.
② 郭剑波.浙江籍华侨华人社团概论.八桂侨刊,2002(4):42.

《省记录》中找到些零星记载,但对于其成立、发展以及消亡的全貌依旧不得而知。

二战以后,日本各地区纷纷成立新的侨团,其中温州人扮演重要角色的侨团不在少数。1940年9月成立的新潟县华侨总会,20世纪70年代温州瑞安人张振发被推选为会长。1943年9月创立的静冈华侨总会,温州人潘进法作为发起人之一,从1943年至1967年担任副会长;他的儿子潘宝吉也从1967年开始,历任理事、副会长、会长和名誉会长;他的孙子潘鸿江1995年被选为理事,2000年担任副会长,2008年任会长至今。1945年春创办的长野县华侨总会,温州人潘恒吉从1949年至1983年担任会长,温州人林叶通从1986年至1997年担任会长。此外,温州人潘岩法历任东京华侨总会(1945年成立)副会长和顾问,温州永嘉人戴青童曾担任和歌山县华侨总会会长(1961年成立)。①

如今在日本社会比较活跃的温州人侨团当属日本温州同乡会和日本温州总商会。这两个团体虽然设立的主旨有所不同,但在加强同胞间的互助友爱与促进中日两国的友好交流方面都做出了积极的贡献。

(一)日本温州同乡会

1985年4月17日,以20世纪70年代前后赴日温州人为中心的"留日温州同乡会筹备会"在神奈川县横滨市的中华街成立。1987年4月17日,留日温州同乡会在神奈川县川崎市正式成立。潘宝吉任第一届会长,陈一夫任第一届副会长。②潘宝吉从1985年至2004年连任四届会长,在2004年4月13日的换届改选中,由朝日贸易株式会社的陈今胜出任新会长。同乡会从成立至今,由最初的"留日温州同乡会(筹备会)"(1985年—90年代末),改为"留日华侨华人温州同乡会"(90年代末—2007年),再最终定为"日本温州同乡会"(2008年至今)。

根据2004年4月13日第五期第三次理事会修改决议,同乡会的主旨为:联络同乡间亲密联系,加强感情增进友谊,加强会员的相互合作,促进会员的事业发展;同时加强与留日各侨团以及世界各地侨团组织的联系,为家乡建设和祖国的繁荣发展做出积极的贡献。其会徽由红色的樱花图案为底,"瓯"字镶嵌其中,寓意:瓯

---

① 郑乐静.日本温州籍华侨华人社会变迁研究.北京:科学出版社,2015:59-60.
② 温州华侨华人研究所.温州华侨史.北京:今日中国出版社,1999:145.

越之子在东瀛。[①] 而会旗以蓝色为背景,代表了缠绵的江南,宁静深远的蓝与纯洁的白体现了清新婉约的江南文化,具有明快的瓯越水乡地域特色。会旗上的麦穗积聚了典雅这一核心,比喻丰收;"穗"又与"岁"同音,喻指新年、新岁。穗多,即"岁岁","岁岁平安"喻指年年都平和安宁、生活幸福。

会徽

会旗

资料来源:http://wenzhou-jp.org/,2014 - 12 - 25.

该会的最高管理决议机关为理事会。现在的理事会由会长(1 名)、特别顾问(1 名)、顾问(3 名)、副会长(5 名)、议长(1 名)、副议长(1 名)、事务局长(1 名)、副事务局长(1 名)、会计监查(2 名)以及 23 名理事组成。除了特别顾问西口敏宏(日本一桥大学教授)是日本人以外,其他的理事会成员均为温州人。关于会员,同乡会并没有将其局限在温州人之中,而是欢迎各国各界人士的加入,在章程中明确指出:凡属留日温州同乡、关心组织者,均可申请入会,非我同乡但热心支持帮助我会者,可聘请为我会赞同会员[②]。

同乡会自创办以来一直以原会长潘宝吉所居住的静冈县为中心开展活动,直至 2004 年陈今胜担任新会长,才开始转向东京。同乡会虽然是以老华侨为基础的团体,但是近年来,随着东京及周边地区的新温州移民的加入,其活动内容也逐渐多样化,除了每年例行的新年会之外,还举办赏花、卡拉 OK、温泉旅行等多姿多彩

---

　① "瓯"字对温州人来说非常重要,因为"瓯"是温州古称,而温州人也大多有"瓯"字情结。而"瓯"字周围花盘般的造型立刻让人联想到樱花烂漫的日本。日本盛产樱花,被誉为"樱花之国",樱花是日本民族的骄傲。日本人民认为樱花具有高雅、刚劲、清秀、质朴和独立的精神,它同雄伟的富士山一样,是勤劳、勇敢、智慧的象征。一提起樱花,人们也会联想起自中日邦交正常化之后,日本政府多次向中国赠送了许多名贵樱花以示友谊,促进了两国间的友好往来,所以樱花也见证着中日两国人民的友情。
　② 赞同会员是指支持并赞同该会主旨而加入的会员。

的活动，促进了新老华侨之间的友谊。

（二）日本温州总商会

20 世纪 90 年代末，随着中日两国经贸交流的加强，在改革开放以后赴日的温州籍中青年华商急需一个能促进中日经贸合作和侨胞经济发展的平台，经过半年的筹备酝酿，在 2000 年 5 月 7 日（温州解放纪念日）这个极具历史意义的日子里，日本温州总商会在横滨举行了创立大会。余建华从 2000 年被选为第一届会长以来连任三届（2000—2006 年），2006 年吴晓斌改选为第四届会长，2009 年 8 月，林立被推举为会长至今。

总商会以爱国爱乡、互帮互助、团结同胞、维护侨胞权益为宗旨，致力于促进在日温州籍经商者之间的交流，增进中日两国的商务往来。商会荟萃了众多活跃在中日工商界的温州籍企业家。近年来随着在日温州人事业的发展，商会的队伍也在不断壮大，会员分布在日本各地，从事的行业涉及电子通信、贸易流通、金融等各种领域。商会成立后，分别设立了东京支部、横滨支部、静冈支部和长野支部，并创建了日本温州总商会网站，定期发行会刊，促进会员间的交流。2004 年 8 月，总商会应温州市政府聘请，成为温州市政府开放办唯一的在日温州招商引资联络处；2008 年，应温州市政府聘请，成立了日本温州投资促进联络处。作为温州市政府在日本招商引资的窗口，总商会充分利用商会的资源，为家乡经济的发展贡献力量。2010 年，温州总商会向日本法务局申请登记为一般社团法人。在日本的众多华商团体中，温州总商会是唯一正式登记的社团法人。

经过 10 多年的发展，温州总商会在中日社会中具有了一定的规模和影响。为了整合资源，集中团结更多浙商力量，建立更为广阔的商业网络，在温州总商会会长林立及众多在日浙商的努力下，2013 年 12 月 1 日，日本浙江总商会在东京举办了成立大会，林立任第一届会长。浙江总商会秉承"以商养会，以会促商"的运营宗旨，并通过各种手段和形式增进了成员间的友谊，发扬会员企业的团结互助精神，共享商务信息，交流经验和心得，还向新创企业提供企业管理及战略规划咨询，为会员企业在财税筹划、法律服务和业务拓展等方面提供了各项协助。

第一节 为新老华侨华人搭桥梁

——陈今胜 口述①

受 访 者：陈今胜,男,出生于温州市瓯海区,日本温州同乡会会长(2004 年至今)

采访时间：2009 年 10 月 24 日

采访地点：东京都

采 访 者：郑乐静

文稿编辑：郑乐静

(一) 个人奋斗史

陈今胜,今年(2009 年)61 岁,出生于温州市瓯海区瞿溪镇,原来是高中物理教师。来日本之前,他曾在校办工厂做过一段时间,但是这段经历给他后来做生意并没有带来很大的影响和很多的经验。

1982 年,他持旅游签证来日本。他当时来日本的目的是观光,因为日本是个发达国家,他同时想看看日本的市场。来了以后,觉得日本不错,于是决定留下来发展。

1988 年,陈今胜创办了朝阳贸易株式会社,一开始公司的规模很小,主要经营中国的食品、服装、工艺品、玩具等的批发零售。一开始生意很不好,周末客人多一点,虽然一年到头没有休息日,很辛苦,但是日子过得很开心。

有一天他看新闻报道,为了保护大象,日本禁止使用象牙。但是在日本制作印章,最高档的材料是象牙,其次是牛角,再次是黄杨木。他看到自己店里卖的牛角玩具喇叭(500 日元一个),觉得牛角生意是个机会。于是他出发去山梨县考察市场。山梨县是印章的主要生产地,他转了一圈,拿了很多名片回到了东京。他开始着手牛角的进口贸易。日本对做印章所用牛角的要求很高,只取牛角的两端使用。

---

① 应受访者要求,采访时没有录音。本节内容根据笔者的采访手稿整理而成。

他得到日本人的指导后,到福建、云南等地进货。1年后,碰到了一个困难,中国供货商觉得一个牛角只用两端太浪费了。供货商问陈今胜剩下的牛角能不能做点别的。当时陈今胜刚好认识昭和电工的一个朋友,知道其公司对牛角肥料有需求。由于昭和电工是家上市大公司,他一开始不敢马上去联系。于是先找了家小公司,问他们如何将牛角加工成肥料。在这家日本公司的悉心指导下,陈今胜在中国将牛角加工成肥料后,按原价卖给这家小公司,是作为一种回报,感谢他们的技术指导。但做生意不能没有利润,陈今胜开始把肥料卖给其他肥料工厂,等自己的商品质量有保证后,他和昭和电工签订了协议,开始长期供货。日本对制作肥料的氮、磷、钾元素的需求很高,而牛骨头含有很多的磷,于是他开始扩张到将骨头加工成有机肥料的贸易。生意越做越大,后来他和全农协①也签订了合作协议。

对于人生计划,陈今胜认为做人有目标,有梦想,有方向很重要。他给自己定了个5年计划。在他的店和住处之间有一座三层楼,每次他路过时都会停下来,看一眼,心想如果哪天能在日本买得起三层楼就满足了。所以他的第一个5年计划就是买个三层楼。

5年后,他买了现在公司所在的土地,房子很破旧,经过装修,终于有了像样的事务所。这是他的第二个5年计划,重建办公大楼。一开始他只打算建三层。他的一位建筑公司的日本友人劝他多建几层。因为地段很好,处于商业区,而且和车站很近。陈今胜说:我公司用不了那么多的房间。那位日本友人说:那你可以把剩下的出租啊。如果有资金问题,可以找银行借钱。日本的银行有一个特色就是,"雨天收伞,晴天借伞"。由于朝日贸易株式会社的信用很好,银行很乐意借给他资金。作为公司创办10周年纪念,朝日大楼于2000年竣工。

陈今胜说,由于在日中国人的信用度不高,在日本的中国人不怎么说自己是中国人。但是他每次打电话给客户,总是先说自己是中国人。正是因为自己是中国人,所以了解中国,可以预知生意过程中可能出现的一些问题,可以做预防工作。另外,他可以通过中国的朋友圈得到最快最新的信息。陈今胜公司的员工几乎都是日本人,均有贸易经验。他说因为想要进入日本社会,就必须借助日本人的力量。他需要这些日本员工的力量帮助他找日本客户。

---

① 全农协:全称"全国農業協同組合連合会",是进行农畜产品的销售及养殖材料的供给等经济活动的组织。

（二）为同乡会做事

陈今胜是日本温州同乡会创始人之一。在浙江省和静冈县结为友好省县的筹备阶段，温州人发挥了很大的作用。温州人比较热心于家乡建设，他们在筹备浙江省和静冈县结为友好省县的过程中，深刻体会到需要一个自己的组织。于是，在林叶通、潘宝吉、陈一夫、陈今胜等人的努力之下，1987 年留日温州同乡会正式成立了。陈今胜从担任理事到副会长，再到 2004 年的换届选举中担任新一届会长，一直热心侨团工作。

由于同乡会的成员多为老华侨，陈今胜上任后，思索的第一件事就是如何扩大同乡会，敞开大门，广纳贤才。于是他吸收了大批改革开放后到日本深造并从事高新技术行业的新华侨会员，并邀请了日本著名经济学家西口敏宏教授担任同乡会特别顾问。现在的温州同乡会在团结老华侨的基础上，充分发挥新华侨的积极性。所以现在的温州同乡会活动能力比较强，在各个方面都比较活跃。如今在日温州人主要集中在东京和横滨，在吴市也有少量留学生。他本人见到过的在日温州人有 100 多人，他估计在日温州人有几千人。其中大多是商人（包括公司职员），只有很少一部分是留学生。现在整个在日华侨华人社会处于新老华侨交替时期。陈今胜在老华侨组织和新华侨组织均担任重要职务，[①]他认为老华侨应该把爱国爱乡的精神传承给新华侨，充分发挥新华侨的作用。在这一点上，陈今胜表示自己愿意起到一个桥梁的作用。

第二节　以商养会

——林立　口述

受访者：林立，男，1967 年出生于温州市，日本温州总商会会长（第三届，2009 年至今）

采访时间：2009 年 12 月 27 日

采访地点：东京都

---

① 陈今胜除担任日本温州同乡会会长一职，还兼任日本新华侨华人会副会长。

采 访 者：郑乐静

录音整理：杨维波，王小丽

文稿编辑：郑乐静

受访者：就是说你想了解什么，我知道的都可以告诉你。其实我们也想了解在日温州人到底有多少人，但是没有这个精力，也没有这个人手，也没有认真去做。明年（2010 年）的话，在这方面我会花点心思上去，把事务局健全起来，这样对开展工作比较好点，现在比较松散。

采访者：能介绍一下您个人的经历吗？

受访者：我大概是 1990 年来日本的。是以留学生的身份过来的，待了一段时间就回去了。第二次来日本大概是 1999 年，来了后就成立了我现在的公司。第二次来就是为了做生意，我们靠山吃山，靠海吃海，在日本待了这么长时间的话，还是想在日本有些发展。一来以后，我也知道在日本的温州人和在欧美国家的温州人不同，想改变这种状况，所以成立这个总商会，是以这个为初衷的。

采访者：您是从 1999 年开始自己办公司的吗？

受访者：我是 2000 年。

采访者：开的就是现在的公司？

受访者：是另外一家，这家是 2001 年。

采访者：第一家公司主要是做哪个方面的？

受访者：以前是做贸易的，很多商品都做，现在把它规划成做鞋的零售。现在这家公司呢，是做贸易批发的。2000 年在成立公司的同时，成立了总商会。

采访者：在日本创办公司已经很不容易了，那时候您怎么会想到成立总商会呢？

受访者：其实也是一样的，大家在日本就想怎么打开自己的一片天地。日本这个国家跟欧洲有些做法不同，日本是一个成熟的国家；跟欧美国家的温州人比，在日本的温州人的生存方式有点不同。我想我在创业当中，能不能跟这帮温州人有一个交流沟通的地方，同时一起改变一下温州人的状况。

采访者：1999 年来日本的时候，认识这边的温州人吗？

受访者：对，我都认识的。

采访者：他们是朋友还是亲戚？

受访者：全部是朋友。没有亲戚。我没有亲戚在日本。

采访者：大概多少人？

受访者：我这个圈子大概五六十人吧。说多点也就 100 人。到目前为止我们还是统计不出来,因为我们手头拿到的资料大概有 100 人。以前侨办也叫我们统计一下在日本的温州人,但是我们一直没有做起来。自己的事业也很忙,就一直拖着。我自己公司有发展,但是总商会呢,发展不是很快。

采访者：您 1990 年的时候为什么选择来日本留学？

受访者：像我们那时候,很多人都要出来的,很多是去欧洲。刚好我父母的朋友在日本,说起来后,觉得日本也可以,就来了。来日本看看怎么样。

采访者：您的手续是您父母的朋友一手帮您办的？

受访者：对。

采访者：一开始读的是语言学校？

受访者：对。

采访者：您第一次来日本待了多久？

受访者：四五年。1990 年到 1995 年,2 年语言学校,3 年专门学校。

采访者：那时候您为什么选择回去呢？

受访者：我想回去做做看,就是说,想回去试试看。回温州开了家婚纱礼服店,因为做得不好,所以我还是想再来日本。

采访者：哦,您刚才说的第二次来日本认识的这些温州人,是在您第一次来日本期间认识的？

受访者：对。

采访者：是因为什么机缘呢？

受访者：因为日本的温州人集中在横滨,另外在川崎有很多,然后我当时也在横滨。

采访者：语言学校在横滨？

受访者：嗯。我刚来的时候住在川崎,因为我的保证人(父亲朋友的儿子),他就有很多亲戚朋友在这里。

采访者：您在日本打的第一份工是他帮忙介绍的？

受访者：嗯。

采访者：您是国内毕业后就出来的？

受访者：我是在温州卫生防疫站工作过。

采访者：您在日本创办第一家公司的时候,是您自己一个人办的吗?

受访者：跟我表弟一起办的,他也在日本,温州人,1993 年来日本的。2 个人各一半的股份,一起合作到现在。现在的公司也是一起的。刚开始办的时候有 3 个人的,还有 1 个中国人(不是温州人),半年以后合作不下去,就分开了。两家公司都是我和我表弟一起。

采访者：这两家公司没有合在一起?

受访者：没有。因为两家公司现在做法都不同的,以前有点差不多的。第一家公司也在东京。现在是做零售,员工大概有 20 来人,全部是日本人。这家公司有 30 多人,中国人有 4 个(全是温州人,不是亲戚,是朋友),其他都是日本人。

采访者：您为何倾向于雇佣日本人?

受访者：因为我们在日本做生意嘛,还是要雇佣本地人,在业务的开展方面比较方便。

采访者：您在日本的生活圈里交往最多的是?

受访者：温州人。

采访者：以哪种方式交往?

受访者：这个也不多的,留学的,打工的,自己开公司的,大家很分散,也不方便。不像在温州,打个电话,大家就来了。这边大家过不来。

采访者：您觉得最亲切的还是温州人?

受访者：嗯。

采访者：跟别的中国人的交往呢?

受访者：不是很多。其他就是跟日本客户的交往。

采访者：您亲戚或者家族在这边的有几个人?

受访者：没有。就我表弟是我办过来的,他是一个人。

采访者：您的朋友中通过您办过来的多吗?

受访者：不是很多,有一两个。朋友的朋友。现在在我公司全职做的温州人有 4 个。我还有一家公司是做 IT 的,叫 NET CHINA。这家是我们几个温州人(9 个人,在日温州人 4 人,在温州的温州人 5 人)一起创办的,基本上是以我和我表弟为主的。主要是做 B2B 的一个网站。

采访者：除了股东以外,员工是?

受访者：到目前为止是王平在负责,他也是股东。这个团队目前人不多,在日本现在就他 1 个人,在中国有 10 个人左右,在上海。以前在日本的团队共 4 个人,其中 3 个温州人,1 个日本人,后来这个日本人不做了。

采访者: 现在在您名下的就是三家公司?

受访者: 在日本是三家,在上海有一家贸易公司(2008 年创办),在温州有一家贸易公司(2004 年创办)、两家工厂(2005、2006 年创办)。都是跟我表弟合作的,反正所有事情都是跟我表弟一起的。我们是做贸易的,在做的过程中还是需要一个厂家的背景,所以我们去成立这些工厂。

采访者: 在日本创业的难处是?

受访者: 日本是一个比较成熟的国家,商业模式跟中国和欧美都不同,一开始进入这个圈子会有点困难,但一旦进入,就看你怎么去操作了。还是比较好操作的。

采访者: 在进入的时候,是不是比较需要当地人?

受访者: 对。很多中国人想在这里开公司,做贸易,就是在这个圈子外面转的时间太长,一旦进去的话,大家多多少少都是有点生意可以做的。

采访者: 您是比较刻意地去拓展一些和日本人的交往?

受访者: 对。

采访者: 在您的家里,您是第一个出国的吗?

受访者: 对。我还有 1 个妹妹,还在温州。

采访者: 家族里面呢?

受访者: 很多在欧洲。目前我唯一的社会活动就是总商会。总商会是我第二次来日本的时候成立的。因为我在国内待了一段时间嘛,当时全世界的温州人都在成立总商会,思考在当地怎么做生意。我想在日本也成立一个我们自己的会。因为以前有个同乡会,但是同乡会那时候还是在静冈的,也不怎么有活动,毕竟是老华侨潘宝吉在做的,我们也没怎么跟他们打交道。我们这一批都是最近 20 年过来日本的,算是新侨,新侨想在日本打下天地,包括我自己那时候也是从零开始的,同时总商会也是从零开始的。我的公司和总商会是同时起步的,我想能不能改变温州人在日本的生存方式。因为那时候(2000 年左右)在日本的温州人,做生意的不是很多,以开餐馆为主,做贸易不多,这几年就多起来了。几乎都是我们这个圈子里的人。我选择了做鞋子,因为温州的鞋业比较发达,还是靠温州的资源去做,比较好操作些吧,因为做贸易的话,肯定需要产品,产品的话首先厂家要稳固。我们总商会现在做鞋子的很多的。

采访者: 当初您提议成立总商会,那时候有多少人响应?

受访者：有 20 多个人吧。

采访者：从什么时候开始筹备的?

受访者：我一来日本(1999 年 11 月)就开始操作了。我一来就有这个想法,我们这 20 多个人大致想法一致,觉得挺不错的一个想法。真正的筹备工作也就半年时间吧,联系一些温州人,了解一下在日本的温州人在哪些行业以及他们的生存方式。那时候我们跑了很多地方,长野、静冈、东京这边的一些老华侨也都去跑了。因为我们需要一些人脉,所以需要跑很多地方。在这当中也认识了很多温州人,然后他们加入我们的理事会。和王平就是总商会成立那天认识的。像这样的温州人蛮多的,在做商会当中成为好朋友。

采访者：筹备期间,大家各自去联系呢,还是一起行动?

受访者：一般我们都是一起去的。四五个人,抽个时间去拜访谁,这样。

采访者：那时候在日温州人的反应如何?

受访者：都蛮不错的。都蛮积极的。我们一直没有跟静冈方面打交道,但是成立那天有四五个人加入。

采访者：成立当初有多少会员?

受访者：50 人左右。

采访者：您说的 20 多人,都在理事名单里?

受访者：嗯。几乎都在这里。这些都是我们初期的发起人。除了这些,还有会员,当时会员不到 50 人,几乎都在横滨和东京,关东地区比较多,关西一个都没有,长野有两三个人,还有静冈的。理事会里长野的有 1 个,静冈的有 3 个。

采访者：成立以后主要有哪些活动?

受访者：开几个会吧,大家交流为主。那时候大家的事业都还没有起步,还是以自己的事业为主,商会呢,就是大家碰到一起交流生意的话题。

采访者：是定期的吗?

受访者：刚开始的话,两个月一次,开理事会,那时候比较频繁点。都是在东京、横滨开。不是大家都参加,看情况,都有 10 来个人。我们那时候办那个会刊,办了一两年,后来就停办了。以前我们事务局有 4 个人在做事情,后来大家各自比较忙,就分散了。

采访者：除了理事会以外还有什么活动?

受访者：就是新年会,还有温州市的领导过来的时候招待一下。我们每年新年会都会开。搞得最大的一次活动是(中华人民共和国成立)57 周年国庆吧。

采访者：对于总商会的成立，温州侨办是怎样的态度？

受访者：他们也蛮支持的。我们总商会是温州市政府在日本的投资联络处，这个是每一个国家放一个联络处的，日本呢就是放在我们总商会。

采访者：作为联络处，做了什么工作？

受访者：温州如果有什么需要的信息，我们会发给他们。以提供信息为主。

采访者：有带招商团去温州吗？

受访者：这个还没有，但是我们在做生意时，会把日本的服装业的一些协会带到中国去。还有温州的服装协会，来日本找日本的服装协会啊，都是我们帮着接头的，这也是我们商会的功能。温州的服装协会是通过外事办，再通过侨办，找到我们的。因为温州所有的人出去都是通过外事办，外事办没有华侨的信息，就要再通过侨办。侨办跟我们联系。

采访者：市政府对这个联络处的要求就是提供信息？

受访者：对。

采访者：总商会从成立到现在的变化如何？

受访者：变化不是很大，你也知道在日本的温州人不是很多，来来去去的，回去的人比较多一些。现在成员有80人左右，原来的50人左右回去创业的也有，但跟日本还有联系，生意全是跟日本有关的。

采访者：现在总商会的成员中大家所从事的行业是？

受访者：以鞋的贸易为主，有七八家，还有电子产品、小商品、塑料、眼镜。餐馆最多，有20来家。大家有的从餐馆改到做贸易，有的从在公司上班到自己做贸易。

采访者：对总商会将来有什么展望？

受访者：我是从今年（2009年）8月份开始当会长的，是第三届。还是跟以前一样，这个会是我一手创办的，虽然我一开始不是会长，但是这个会我一直在维持着，这么多年来变化不是很大，这种状态也有点困扰，也比较松散。以前不当的时候，觉得都是会长的事情，我是当常务副会长，就是在后面支持。我现在的想法和以前一样，就是想改变在日温州人的生存状态，带动温州人发展。现在年轻人来了很多，我那边有个圈子，有20多个温州年轻人。包括这些温州人留下来怎么发展，我们能不能够帮助大家一下，提供一些交流的机会，给他们一些经验，还是以这个为主。我想明年（2010年）首先要健全我们的事务局，否则做事情很难展开。另一个，我们今年（2009年）成立了投资资金会，这个会以温州人为主，能投到我们这个会里的话,我们会运作,把资金投到哪个行业,是这样子,有回报的。

采访者:300宴就是商会投资的。

受访者:我们投资的第一家,今年(2009年)7月份开的。因为做生意风险还是比较大,开餐馆风险比较小一点,我们现在以这家为主,以后还会一直投下去。投资资金呢,是各个人投资进来。也是为大家赚些钱吧。因为很多人是在公司上班的,还有自己做生意的,可能有些剩余的钱,不知道怎么操作,我们的投资也不是很大,一口是50万日元嘛,50万日元投我们这个商会是没有风险的,我们商会承担所有的风险,3年后如果不继续投的话,我们可以还给他。如果赚了钱,总商会扣一点手续费,其他全部分红。

采访者:总商会不参与经营活动?

受访者:对,不参与,但是会监督。我们里面有个温州人,他开了11家这种300宴,如果觉得可以的话,他的那些店我们也可以投。

采访者:今后还是以开餐馆为主?

受访者:对,因为别的行业风险太大,看不准,毕竟是大家的钱。

采访者:其他的想法呢?

受访者:我们的常务副会长有好几个在温州,如果有好的项目可以去做。

采访者:您的出国是否背负着提升整个家族命运的殷切期待?

受访者:我的出国是为了改变个人的命运,当时温州有一种风气,就是大家都要出国。

采访者:您来日本后,和国内的联系多吗?比如回国次数,和国内家人的联系频率,和朋友的联系频率。

受访者:现在一个月回去一次,都是因为工作关系,我的生意都在温州,回去的时候都能见到家人和朋友。

采访者:您在日本的朋友圈里,温州人、其他地方的中国人、日本人的比例各为多少?

受访者:平时交往最多的还是温州人。

采访者:您现在的梦想是什么?

受访者:把总商会做大。

采访者:最终会选择落叶归根还是落地生根?

受访者:落叶归根。下一代我不知道,我自己想回去,这种情结还是在的。

参考文献

一、中文文献

(一) 专著类

陈达.南洋华侨与闽粤社会.北京：商务印书馆,1938.

陈里特.中国海外移民史.太原：山西人民出版社,2014.

陈慕榕.青田县志.杭州：浙江人民出版社,1990.

定宜庄.最后的记忆：十六位旗人妇女的口述历史.北京：中国广播电视出版社,1999.

定宜庄,汪润.口述史读本.北京：北京大学出版社,2011.

何天义.二战掳日中国劳工口述史.济南：齐鲁书社,2005.

黄晓坚,陈俊华,杨姝,等.从森林中走来：马来西亚美里华人口述历史.广州：广东人民出版社,2014.

李明欢.当代海外华人社团研究.厦门：厦门大学出版社,1995.

李明欢.欧洲华侨华人史.北京：中国华侨出版社,2002.

李明欢.国际移民政策研究.厦门：厦门大学出版社,2011.

林明江.八闽侨心系故园：福建归侨口述录.北京：中国文史出版社,2008.

林明江.岭南侨彦报国志：广东归侨口述录.北京：中国文史出版社,2008.

林明江.椰风蕉雨话侨情：海南归侨口述录.北京：中国文史出版社,2008.

林晓东.风雨人生报国路：山西归侨口述录.北京：中国华侨出版社,2007.

林晓东.蹈海赴国丹心志：广西归侨口述录.北京：中国华侨出版社,2008.

林晓东,张秀明.回首依旧赤子情:天津归侨口述录.北京:中国华侨出版社,2007.

刘国福.侨情变化与侨务政策.广州:暨南大学出版社,2013.

刘玉遵,黄重言,桂光华,等."猪仔"华工访问录.广州:广东人民出版社,2016.

罗晃潮.日本华侨史.广东:广东高等教育出版社,1994.

乔卫,包涛.中国侨乡侨情调查.北京:中国国际广播出版社,2010.

《青田华侨史》编纂委员会.青田华侨史.杭州:浙江人民出版社,2011.

瑞安市人民政府侨务办公室.瑞安市华侨志.北京:中华书局,2011.

王春光.巴黎的温州人:一个移民群体的跨社会建构行动.南昌:江西人民出版社,2000.

王欢.归根:日本残留孤儿的边际人生.北京:世界知识出版社,2004.

温州华侨华人研究所.温州华侨史.北京:今日中国出版社,1999.

温州市政协文史资料委员会,浙江省政协文史资料委员会.东瀛沉冤.杭州:浙江人民出版社,1995.

吴潮.浙江籍海外人士研究.上海:学林出版社,2003.

夏凤珍.从世界看浙南非法移民.天津:南开大学出版社,2008.

夏凤珍.互动视野下的海外新移民研究:以浙江侨乡发展为例.北京:中央编译出版社,2013.

徐鹤森.民国浙江华侨史.北京:中国社会科学出版社,2009.

乐清华侨志编纂委员会.乐清华侨志.北京:中国文史出版社,2007.

张晓.西江苗族妇女口述史研究.贵阳:贵州人民出版社,1997.

赵红英,宁一.五缘性华侨华人社团研究.上海:同济大学出版社,2013.

《浙江省华侨志》编纂委员会.浙江省华侨志.杭州:浙江古籍出版社,2010.

浙江省文成县外事侨务办公室.文成华侨志.北京:中国华侨出版社,2002.

郑乐静.日本温州籍华侨华人社会变迁研究.北京:科学出版社,2015.

中国侨务通论课题组.中国侨务通论.广州:暨南大学出版社,2012.

钟少华.早年留日者谈日本.济南:山东画报出版社,1996.

周望森.浙江华侨史.北京:中国华侨出版社,2010.

(二) 论文类

曹一宁.浅析海外华人商会与华人融入主流社会:以海外温州商会为例.前沿,2012(14):95-96.

曹一宁.融入视角下海外华人商会与同乡会之比较：以海外温州人为观测点.理论界,2012(3)：183-184.

郭剑波.浙江籍华侨华人社团概论.八桂侨刊,2002(4)：41-45.

鞠玉华.日本新华侨华人状况及未来发展走向论析.世界民族,2006(2)：38-44.

鞠玉华,岳程楠.日本归国残留孤儿眷属之社会适应性论析.世界民族,2010(4)：56-63.

李明欢."相对失落"与"连锁效应"：关于当代温州地区出国移民潮的分析与思考.社会学研究,1999(5)：83-93.

廖赤阳.日本中华总商会：以"新华侨"为主体的跨国华人经济社团.华侨华人历史研究,2012(4)：19-30.

罗晃潮.论日本华侨社会的形成与日本民族的关系.日本研究,1992(3)：61-63,55.

苗丹国,程希.1949—2009：中国留学政策的发展、现状与趋势（上).徐州师范大学学报(哲学社会科学版),2010(2)：1-7.

苗丹国,程希.1949—2009：中国留学政策的发展、现状与趋势（下).徐州师范大学学报(哲学社会科学版),2010(3)：1-9.

山下清海,小木裕文,张贵民,等.侨乡青田县的变迁：从日本老华侨的侨乡到欧洲新华侨的侨乡.南洋资料译丛,2013(1)：57-70.

王春光.流动中的社会网络：温州人在巴黎和北京的行动方式.社会学研究,2000(3)：109-123.

王春光.华侨华人社团的"拟村落化"现象：荷兰华侨华人社团案例调查和研究.华侨华人历史研究,2010(3)：1-12.

王欢.残留孤儿的社会适应性研究.北京邮电大学学报(社会科学版),2001(3)：14-17.

王雪萍.改革开放初期中国留学生的派出政策：1980年向日本派出的97名本科生的追踪调查.徐州师范大学学报(哲学社会科学版),2004(4)：4-11.

吴占军.国际关系视角下的近代日本海外移民：以近代日本的美国移民与日美关系为中心.日本研究,2014(4)：52-60.

夏凤珍.论浙南侨乡移民意识的生成、作用及其提升.浙江工商大学学报,2011(2)：86-91.

徐华炳.意大利普拉托的中国移民社会调查.八桂侨刊,2009(2)：36-40.

徐华炳.区域文化与温州海外移民.华侨华人历史研究,2012(2):44-52.

严晓鹏,张璐婷.普拉托华人与当地社会融合问题研究:基于文明冲突的视阈.八桂侨刊,2010(4):8-12.

杨祥银.当代中国口述史学透视.当代中国史研究,2000(3):47-58.

杨祥银.试论口述史学的功用和困难.史学理论研究,2000(3):37-46.

杨祥银.关于口述史学基本特征的思考.郑州大学学报(哲学社会科学版),2010(4):5-9.

张慧婧.日本中国新移民人口迁移的特征分析:以名古屋个案为例.华侨华人历史研究,2014(4):49-57.

张翔如.对日研修生派遣的现状与对策.国际经济合作,1999(2):23-25.

张一力.海外温州商人创业模式研究:基于32个样本的观察.华侨华人历史研究,2010(3):13-21.

章志诚.日本在关东大地震期间惨杀浙籍旅日华工与北洋政府对日本当局的交涉.浙江学刊,1990(6):163-167.

赵霞.当代日本大规模接纳中国留学生的原因探析.湖北大学成人教育学院学报,2007(4):56-59.

赵小建.从纽约到罗马:海外温州人经商理念、创业模式和运作特点探析.华侨华人历史研究,2016(1):1-10.

郑乐静.20世纪初日本排斥华工政策与旅日浙南华工群体.华侨华人历史研究,2015(1):85-93.

周欢怀.海外华人企业探究:以佛罗伦萨的温商企业为例.企业活力,2012(9):61-66.

庄少月.17世纪以来长崎华侨华人团体的变迁.八桂侨刊,2009(1):32-35.

二、日文文献

(一) 专著类

法政大学大原社会問題研究所.日本労働年鑑第四卷.東京:法政大学出版局,1923.

内田直作.日本華僑社会の研究.東京:同文館,1949.

内務省警保局.極秘外事警察関係例規集.東京：龍渓書舎，1979.

田原洋.関東大震災と王希天事件——もうひとつの虐殺秘史.東京：三一書
　　房,1982.

今野浩一郎,佐藤博樹.外国人研修生——研修制度の活用とその実務.東京：東洋
　　経済新報社,1991.

仁木ふみ子.関東大震災中国人大虐殺.東京：岩波書店,1991.

奥田道大,広田康生,田嶋淳子.外国人居住者と日本の地域社会.東京：明石書
　　店,1994.

山脇啓造.近代日本と外国人労働者——1890年代後半と1920年代前半における
　　中国人・朝鮮人労働者問題.東京：明石書店,1994.

駒井洋.定住化する外国人.東京：明石書店,1995.

田中宏.在日外国人.東京：岩波書店,1995.

岡益巳,深田博己.中国人留学生と日本.東京：白帝社,1995.

出入国管理法令研究会.出入国管理法講義.東京：日本加除出版,1998.

田嶋淳子.世界都市・東京のアジア系移住者.東京：学文社,1998.

朱慧玲.華僑社会の変貌とその将来.埼玉：日本僑報社,1999.

過放.在日華僑のアイデンティティの変容——華僑の多元的共生.東京：東信
　　堂,1999.

浅野慎一.日本で学ぶアジア系外国人——研修生・留学生・就学生の生活と文
　　化変容.岡山：大学教育出版,1999.

鈴木洋史.百年目の帰郷.東京：小学館,1999.

中華会館.落地生根——神戸華僑と神阪中華会館の百年.東京：研文出版,2000.

奥田道大,鈴木久美子.エスノポリス・新宿/池袋——来日10年目のアジア系外
　　国人調査記録.東京：ハーベスト社,2001.

アケミ・キクムラ＝ヤノ.アメリカ大陸日系人百科事典.東京：明石書店,2002.

駒井洋.国際化のなかの移民政策の課題.東京：明石書店,2002.

梶田孝道,宮島喬.国際化する日本社会.東京：東京大学出版会,2002.

陳焜旺.日本華僑・留学生運動史.東京：日本華僑華人研究会,2004.

呉万虹.中国残留日本人の研究.東京：日本図書センター,2004.

赤羽恒雄,アンナ・ワシリエバ.国境を越える人々——北東アジアにおける人口
　　移動.東京：国際書院,2006.

今井清一,仁木ふみ子.関東大震災下の中国人虐殺事件.東京：明石書店,2008.

譚璐美,劉傑.新華僑老華僑——変容する日本の中国人社会.東京：文藝春秋，2008.

早川智津子.外国人労働の法政策.東京：信山社,2008.

吉田忠則.見えざる隣人——中国人と日本社会.東京：日本経済新聞出版社,2009.

石川由香,関根政美,塩原良和.アジア系専門職移民の現在——変容するマルチカルチュラル・オーストラリア.東京：慶應義塾大学出版会,2009.

趙衛国.中国系ニューカマー高校生の異文化適応——文化的アイデンティティ形成との関連から.東京：御茶の水書房,2010.

段躍中.在日中国人（新華僑）の日本各界における活躍.21 世紀中国総研編.中国情報源 2010—2011 年版.東京：蒼蒼社,2010.

（二）论文类

斯波義信.明治期日本来住華僑について.社会経済史学,1981(47)：407－422.

田中宏.80 年代における日本の留学生受け入れ政策と中国人留学生.中国研究,1990(18)：1－14.

薬進.在日中国人留学生の推移と現状.季刊中国研究,1990(18)：59－70.

許淑真.労働移民禁止法の施行をめぐって.社会学雑誌,1990(7)：102－119.

今井清一.関東大震災下の中国人虐殺事件が明らかにされるまで.湘南国際女子短期大学紀要,1993(1)：31－59.

過放.初期在日華僑社会形成史についての一考察——エスニック集団と国家関係をめぐる研究ノート.中国研究月報,1994(48)：1－16.

阿部康久.1920 年代の東京府における中国人労働者の修業構造と居住分化.人文地理,1999(51)：23－48.

阿部康久.昭和初期の東京とその周辺地域における中国人労働者の排除と集住地区の衰退.地理学評論,2000(73)：694－714.

李蕙薫.華僑企業の企業家的特性.三田商学研究,2002(45)：53－67.

王津.「バーチャル・マイグレーション」と在日中国人 IT 技術者.中国研究月報,2003,57(3)：42－47.

山本須美子.民族的他者意識の形成過程——在日華僑女性のライフヒストリー

の分析から.人文学研究,2003(6):225-248.

佐藤忍.日本における外国人IT技術者.香川大学経済論叢,2004,77(2):17-54.

田嶋淳子.中国系移住者の新しい社会空間形成に関する一考察——北京・上海・福建調査結果から.淑徳大学社会学部研究紀要,2004(38):79-94.

王津.日本の外国人高度人材導入政策と在日中国人——中国人IT技術者に対する実態調査を中心に.中国系移住者からみた日本社会の諸問題,公益財団法人日工組社会安全研究財団,2005:67-138.

王小冰,周飛帆.中国人在職者の友人ネットワークに関する調査研究.人文と教育,2006(2):31-49.

王維.新移民にみられる「弱い紐帯」のネットワークの活用.香川大学経済論叢,2006(79):133-157.

成瀬千枝子.ある大阪老華僑のライフヒストリー——華人組織とのかかわりを中心として.日本オーラル・ヒストリー研究,2006(2):127-153.

山下清海.第二次世界大戦後における東京在留中国人の人口変化.人文地理学研究,2007(31):97-113.

楊華.中国人の海外移住と日本華僑——横浜華僑を中心に.武蔵野学院大学研究科紀要,2007(4):101-110.

趙衛国.中国系ニューカマーの教育戦略と社会的ネットワーク——中華料理人の場合.移民政策研究,2011(3):37-53.

山下清海,小木裕文,張貴民,杜国慶.浙江省温州市近郊青田県の僑郷としての変容——日本老華僑の僑郷からヨーロッパ新華僑の僑郷へ.地理空間,2012(5):1-26.

田嶋淳子.中国系ニューカマーズとエスニック・コミュニティの形成プロセスをめぐって.明海大学大学院応用言語学研究科紀要,2015(17):33-48.

索　引

后　记

　　温州人移居海外的历史悠久,足迹遍布世界各地。第一次世界大战前后,大批温州人为了谋生,纷纷东渡日本。时至今日,温州人活跃在日本的经济、文化等诸多领域,在努力融入日本社会和积极回报祖国方面做出了巨大的贡献。记录平凡而又普通的海外温州人的特殊人生历程一直是我的一个夙愿。

　　2012年,我申报的"日本浙籍华人调查与研究"有幸被宁波大学浙东文化与海外华人研究院列为重点项目。《温州人在日本——温籍华侨华人口述历史》作为课题成果之一,从立项到成书得到了宁波大学人文与传媒学院院长张伟教授、龚缨晏教授、郑洁西副教授的关心和支持,他们对拙稿提出了宝贵意见。借此机会,谨向各位专家致以诚挚的谢意。2014年,本研究有幸入选浙江省哲学社会科学重点研究基地东亚研究院课题(课题名称:日本浙籍华侨华人社会的构建与演变;课题编号:14ZDDYZS03YB),特此致谢。

　　本书得以付梓出版,要由衷地感谢书中的温州人腾出宝贵的时间接受采访,热情地协助调研工作。采访的顺利进行要归功于日本温州总商会会长林立先生的鼎力支持,以及日本温州总商会秘书长王平、日本温州总商会事务局长金喆、日本温州同乡会蔡鹏程在联络调查对象等方面提供的诸多帮助。

　　由于笔者才疏学浅,书中存在疏漏和不足之处在所难免,本书作为海外华侨华人口述历史的尝试,权充引玉之砖,敬盼各界读者不吝批评指正!

郑乐静
2016年9月